思想觀念的帶動者

文化現象的觀察者

本土經驗的整理者

生命故事的關懷者

心靈工坊
|PsyGarden|

Holistic

探索身體，追求智性，呼喊靈性
攀向更高遠的意義與價值
是幸福，是恩典，更是內在心靈的基本需求
企求穿越回歸真我的旅程

心理學家的面相術

解讀情緒的密碼【全新增訂版】

Emotions Revealed, Second Edition:

Recognizing Faces and Feelings to Improve
Communication and Emotional Life
by Paul Ekman

保羅・艾克曼——著

易之新——譯

|目錄|

來自各界的讚譽

「全世界沒有人像保羅・艾克曼那樣把臉部表情研究得如此
深入。他在《心理學家的面相術》中,以清晰、生動、最容易了
解的方式,呈現出他對或明顯或隱微的情緒表情的精彩觀察,這
是我們每天會遇到千百次的表情,卻往往誤解其意或無法看見。
自從超過一世紀之前的達爾文著名的《情緒的臉部表情》以來,
沒有一本書可以像此書一樣如此廣泛而深入的探討這個主題。」

——奧利佛・薩克斯(Oliver Sacks),
《鎢絲舅舅》(*Uncle Tungsten*)、《錯把太太當帽子的人》、《火星上的人類學家》作者

「《心理學家的面相術》展現出保羅・艾克曼四十年的學術
研究與偉大的常識,為我們生活中的情緒提供美妙又巨大的有益
圖像。」

——約翰・克里斯(John Cleese)

「達爾文之後,沒有人可以像保羅・艾克曼有那麼大的貢
獻,讓我們得以了解人如何傳達情緒。他在這本大師之作中,綜

論了情緒是如何傳遞的，情緒在各種主題的意含，範圍從心理衛生和人際關係，乃至法律的執行，以及暴力。這是一本迷人又重要的書。」

——羅伯特・薩波斯基（Robert M. Sapolsky），
史丹福大學教授，《為什麼斑馬不會得胃潰瘍》（*Why Zebras Don't Get Ulcers*）作者

「保羅・艾克曼是情緒表情的大師，本書是他這個領域的大師之作。他甚至提出我們可以如何運用情緒在表情上的發現，來引導並改善我們的生活。」

——約瑟夫・李竇（Joseph Ledoux），
紐約大學教授，《突觸的自我》（*Synaptic Self*）與《情緒大腦》（*Emotional Brain*）作者

「我們有保羅・艾克曼，是多麼愉快的事，他是臉部精細分析的先驅，幫助我們看見別人的感受。」

——法蘭斯・德瓦爾（Frans De Waal），
埃默里大學教授，《瑪瑪的最後擁抱》（*Mama's Last Hug*）作者

致謝辭

本書要獻給國家心理衛生研究院的一些朋友，他們影響我的生涯，時間可以回溯到 1955 年我剛成爲研究生的時候，接下來的歲月還有其他人加入。從 1955 年到 2002 年這段充滿驚奇的時期，我得到許多鼓勵與建議，以及在初期的大量信任。沒有他們的協助，我不會成爲研究型心理學家、大學教授，也不會學到我在本書寫下的內容。本書的寫作得到資深科學家獎的支持，得獎編號：K05MH06092。

我還要把本書獻給兩位舅舅，李奧‧西格爾與已故的羅勃‧賽摩爾，他們在我十八歲毫無人生經驗、首度自力更生時，讓我能繼續學業。沒有他們，我就無法深造。

衛理‧弗瑞生（Wally Friesen）與我一起工作二十五年，幾乎所有我寫到的研究都是我們一起完成的，我感謝他的協助與友誼。大衛‧里茲維格（David Littschwager）對於攝影的設定提供非常有用的建議，讓我做出第五到九章的伊芙照片。我的女兒伊芙很有耐心與天份，讓我拍了數千張照片，才有本書所呈現的各種臉部表情。松林萬達（Wanda Matsubayashi）是我二十多年來的助理，爲本書整理內容與參考資料。大衛‧羅傑斯（David Rogers）處理影像軟體的圖片，並大力協助取得商業照片的使用許可。

心理學家理查‧拉薩路（Richard Lazarus）與菲立浦‧薛弗

（Philip Shaver）對於本書前半段的初稿，給予我很有益的回饋。菲立浦還對我的文體提出詳細又有洞見的建議，也對我的思路提出有益的質疑。哲學家海蓮娜·克羅寧（Helena Cronin）對我的思索提出許多鼓勵與挑戰。精神科醫師鮑勃·萊尼爾森（Bob Rynearson）與心理學家南西·艾特考芙（Nancy Etcoff）和貝里爾·席夫（Beryl Schiff）都對初稿給予我有益的建議。在眾多給予我回饋的學生中，珍妮·畢爾斯（Jenny Beers）和葛瑞琴·洛瓦斯（Gretchen Lovas）特別慷慨地付出許多時間。我的朋友比爾·威廉斯（Bill Williams）與保羅·考夫曼（Paul Kaufman）也給予我有益的建議和批評。

托比·曼迪（Toby Mandy）現在是倫敦亞特蘭大出版社的發行人，在先前的職位曾鼓勵我把努力的方向擴大範圍，讓我著手處理第二到四章談到的議題。克勞蒂亞·索斯比（Claudia Sorsby）為早期的草稿提出批評、建議與編輯上的協助。我在時代書籍的主編羅賓·丹尼斯（Robin Dennis）大力幫忙，促使我考慮一些有時被忽略的議題，並提出一些細緻的校訂。我的經紀人羅勃·萊謝爾（Robert Lescher）一直是鼓勵與勸告的美好來源。

用科學的方式了解情緒的本質

洪　蘭（國立中央大學認知神經科學研究所教授）

　　在一個領域要找到一個大家都公認的開山始祖非常不容易，幾乎每次名字提出來都會有爭議，總會有人說已經有別人在他之前做出貢獻了。只有在「情緒」這個領域，艾克曼的名字提出來不會有爭議，大家公認他是以科學的方式研究情緒的第一人。事實上也沒有別人像他這麼清楚的知道臉上每一條肌肉跟表情的關係，更沒有人敢像他一樣用針刺穿皮膚，以電流刺激肌肉，看產生的是那一種表情。他一九七八年出版的「臉部動作編碼系統」（Facial Action Coding System），我們實驗室有買一套供作實驗用，到現在為止快四十多年了，全世界還是除了他，沒有別人。讀者可推知他在這個領域的地位。但是名聲的得來是沒有偶然的，艾克曼曾經坐單引擎小飛機深入不毛，去到新幾內亞，研究還生活在石器時代，不曾受到文明污染的原住民的表情，發現基本的喜怒哀樂情緒是全世界所有人都有的，不論這個表情叫什麼名字，所有民族都一眼都就能辨識，但是其他的表情如輕蔑、厭惡就比較困難了，依民族性不同而有不同的解讀。臉本來是洩露內心感覺的一個窗口，中國話也有「翻臉如翻書」、「頓時拉下臉來」的說法，艾克曼認為應用他的臉部肌肉的辨識方法可以在十五分之一秒的時間內判斷出這個人有沒有說謊，這點很讓人驚奇，果真如此，一些冷面殺手就法「眼」難逃了。

書中談到各種情緒的生理機制，也區分出心情和情緒的不同（情緒是暫時的，來來去去，心情是較長期性的感覺），因為情緒會在出現後，很短的時間之內掌控我們的行為，所以很多國家都投下大量的資源來了解人是否可以預知情緒，阻止悲劇的發生，或是事先做好準備以處理重大事件，當然更想知道的是，我們是否可以改變引發情緒的因素。目前因為腦造影技術的精進，已經有很多神經學家利用功能性核磁共振（fMRI）直接觀察受試者在不同情緒時大腦線上工作情形，比如說，一個人在看到情人相片時，大腦活化的地方與接受海洛英刺激時是同一個地方，難怪戀愛中的人如痴如醉，夏天不怕熱，冬天不畏寒，連墳墓都敢去。也有一個實驗是給男受試者看美麗女明星的相片，結果發現大腦受刺激的地方與吃巧克力等美食在同一個處，印證了我們老祖宗所說的「秀色可餐」。

　　本書最好的地方是用科學的方式讓你了解情緒的本質、來源、大腦機制以及表現出來的方式，釐清了過去的一些迷思，例如，驚嚇和驚訝的表情不一樣，而且是正好相反。這點很多人沒有想到，因為我們常把它們交互替代使用。艾克曼發現他用沒有裝子彈的槍頂住受試者時，那個人臉上的表情（不用說，這絕對是驚嚇）與驚訝有三點不同：第一，驚嚇的時間比驚訝短，表情只維持四分之一秒左右。我們在好的偵探小說內會看到某個以為已死的人突然出現時，兇手臉上會閃過驚嚇的表情。第二，驚嚇不因事先知情而不出現，我們在看到別人放鞭炮時，雖然已知會有巨響，但是當巨響出現時仍會驚嚇，只是強度沒有完全意外時那麼大而已。但是事先知情的話，就不會出現驚訝，所以，一個好的警察非常需要有辨識臉部表情的能力，使他在辦案時能對兇手故做驚訝的表情有正確的解讀。最後，驚嚇是身體反應，不是情緒反應；而驚訝不是身體反應，只是情緒反應。許多人在看過電影《油炸綠蕃茄》（*Fried Green Tomatoes*）時，都會對片頭那個穿了新鞋的男孩，腳卡在鐵軌裡，面對急駛而來的火車臉上的表情無法忘懷。艾克曼告訴我們為什麼有人遇到危險會僵住無法反應，眼睜睜地看著悲劇發生。因為人是演化來的動物，遇到潛行的掠食者突然出現時，第一個保命動作是僵住不動。眼睛的演化對會動的東西特別敏感，馬上會被吸引，但是對不動的東西常視而不見，所以，動物面臨危險演化出的第一個反應便是僵住不動，以期能騙過掠食者，假如掠食者更靠近時，就表示他沒有被這個「擬態」所騙，這時必須拔腿就逃才能保命。艾克曼接著指出生氣的目的，一個不生氣的人是不會打架的，戰士要上戰場之前，指揮官一定要讓他們心中充滿了憤怒，打仗才會贏，所謂的「同仇敵愾」。電影《鯨騎士》（*Whale Rider*）中，毛利人武士要出征前跳的勇士舞，吐舌頭、做出兇惡的表情、用力拍打胸脯、發出巨大聲音都是恐嚇對方，做出生氣的樣子要使勇士生氣。艾克曼告訴我們臉上的肌肉可以帶來情緒，每天強迫自己微笑的人的心情，會比每天哭喪臉的人好。其他如輕蔑、嫌惡表情的觀察更是現代婚姻中的男女不可不知的部分。的確，如果沒有「敬」，這個婚姻是維持不下去的，不論其他的條件是多麼的優厚。古人說「相敬如賓」是非常地正確。

　　這本書將每一種情緒的生理原因，臉上肌肉表情都做了詳細的說明。我們以前一再說年輕人沒有涵養，喜怒形於色，現在終於有了一本好書教我們如何控制情緒了。「了解」一向是所有學問的開始，要修身養性就從先了解自己的情緒開始吧！

【推薦序二】

當情緒與文化相遇

許木柱（慈濟大學人類發展與心理學系榮譽教授）

　　保羅‧艾克曼是情緒研究的先驅之一，一九六七年就到新幾內亞高地針對福爾人的臉部表情進行研究，並在一九八〇年出版極受注目的專書：《人類的臉部表情——新幾內亞一個部落的普同性表現》（*Face of Man: Expressions of Universal Emotions in a New Guinea Village*），強調福爾人的臉部表情，和西方人一樣會顯示出類似的基本情緒，如驚訝、悲傷、生氣、恐懼、厭惡與快樂等。延續先前的研究，艾克曼在《心理學家的面相術【全新增訂版】》這一本新書中，進一步強調情緒在日常生活的重要性，如他在第一章所強調的：情緒有時候勝過人類的重要驅力，如性、生存等。台灣社會晚近發生的案例，包括以極為兇殘的方式殺人，或「狠心」與年幼的子女同歸於盡，這些現象都指出情緒對人類的行為確實具有關鍵性的影響，同時也引發學術界及一般民眾對「情緒管理」或「情緒品質」（EQ）的重視。《心理學家的面相術【全新增訂版】》這本書在這一方面提供了極為重要的參考資訊，是值得深入閱讀的好書。

　　情緒是一種有組織或模式的行動傾向，這些行動傾向使得人類得以建立、維持或干擾與環境的關係，同時也影響了人類的社會行為。情緒的研究在文化人類學的早期研究中並不多見，即便是與情緒研究有密切關係的心理人類學，長期以來都強調動機、認知、知覺、價值觀的探討，只有少數的人類學家（例如本書提到的米德〔Margaret Mead〕）曾提及不同族群的情緒特性與文化經驗間的關係。一九八〇年代以後，情緒研究在人類學中開始迅速成長。至目前為止，人類學對情緒的研究主要包括情緒的社會化、文化對自我的塑模、情緒經驗與表達方式的跨文化變異性、情緒的語言與認知層面，以及對西方情緒研究理論的檢驗等。

由於情緒被認為具有明確的生物基礎，因此生物人類學家普遍認為，所有人類都具有類似的情緒基模，而這種基模取決於人類的腦部結構，特別是職司記憶與情緒的邊緣／額葉系統與腦部的某種物質（如多巴胺〔dopamine〕）的影響。在心理科學領域中，有許多學者和艾克曼一樣，強調情緒反應的普同性，例如在比較義大利與中國人時，雪佛（P. R. Shaver）等人發現：這二個不同文化群的情緒特徵與表達方式顯現出高度的相似性，每一個族群都表現出快樂、悲傷、恐懼與生氣等基本情緒，而且也都有愛、孤獨、傷痛與同情等和情感依附有關的情緒。在台灣喪偶婦女的研究中，高雄醫學大學的許敏桃博士也發現台灣喪偶婦女具有和西方相同的失落情緒，如哀痛、恐懼、生氣、罪感、後悔、想念、無力感、絕望、不安全和寂寞。

相對於前述的情緒普同性，許多文化人類學家強調不同文化脈絡下的特殊情緒表達。已過世的史丹福大學人類學家羅薩多（Michelle Rosaldo）在菲律賓伊洛哥族（Illogot）的研究，以及璐茨（Catherine Lutz）對大洋洲伊法魯克（Ifaluk）族情緒語彙的研究，發現這兩個族群的情緒表露和西方人相當不同，羅薩多認為這種差異並不只是單純語彙翻譯的問題，她發現伊洛哥族對情緒的想法不只迥異於西方，而且他們的感覺與處理感覺的方式也與歐美不同。在哀傷或失落經驗方面，跨文化研究顯示差異頗大的失落反應其實受到特殊文化脈絡的塑模。例如，多數美國人認為將悲傷形之於外是恰當的反應，但印度人則認為過度表現哀傷是一種罪惡，而許多亞洲民族都將哀傷視為個人內在的反應，必須加以掩飾。這些例子顯現出哀傷情緒、表現以及適應策略具有族群間的差異。哈佛大學人類學教授列溫（Robert LeVine）觀察到非洲古希族（Gusii）男性的哀悼行為是「抑制情緒和適可而止」，其反應與古希族女性有很大的不同。密克羅尼西亞（Micronesia）的伊法魯克人，對特定人物（如部落頭目）的失落有其應有的哀傷表現，過度的表現會被蔑視為「病態」。爪哇文化的理念規定：即使是親密的家人死亡，也必須保持隔離和忍住哭泣。

　　學者對情緒結構與表露方式的普同性或特殊性雖然各執異見，但是對於社會文化環境與經驗的重要性卻有頗為一致的看法，《心理學家的面相術【全新增訂版】》也提出同樣的觀點。在生物人類學中，搭馬西歐（Damasio）將情緒區分為基本與次級兩大類，基本情緒負責處理和驅力有關的思考訊息，次級情緒則與個人的情境和處理的事物有關。儘管搭馬西歐仍然強調次級情緒和腦部前額葉皮質層有關，但情境因素和個人所面對的事物顯然也被認為是影響情緒的重要因子。同樣地，雪佛等人雖然主張情緒結構的普同性，但也認為社會文化因素對情緒的次級層次有影響。

　　人類學家的研究也獲致相似的結論，例如我的指導教授柏克萊加大的人類學家雪珀-休斯（N. Scheper-Hughes）教授在巴西一個貧窮小鎮的研究，發現環境（食物）的匱乏可能降低母愛的表現，嬰兒及孩童的死亡通常都被視為不可避免的命運，因此母親的哀傷表現大多只持續幾天而已。此外，文化的各種分類法則，特殊事件與情境，都會賦予特定的情緒意義。情緒經常受宗教或政治象徵與儀式的影響，情緒與這些環境事物的連結通常會透過情緒語彙表現出來。總而言之，文化的法則使得人類的情緒表露產生豐富的變異性。

語言的社會化是影響人類學習情緒的重要工具。米勒（Peggie Miller）等人在美國巴爾的摩南部一個社區的研究，發現青少年透過故事的傳述而學得文化所認可的表達生氣與攻擊的方式。米勒和中研院民族所的心理學家馮涵棣博士等人，透過台北和芝加哥一些中產家庭親子間對話的敘事分析，比較二歲半至五歲間兒童的社會化歷程、機轉與內涵，都觸及這個重要的主題。

從人類發展的觀點，對人類情緒的了解一方面應該直接從個人的主觀經驗著手，但同時也必須了解情緒的塑模因子與過程。在處理這個理論課題時，我們認為語言、情緒與文化模式間的關係，並非靜態現象間的關聯，而是如維哥斯基（Vygotsky）所建議的「連結設置」（mediating devices）的概念，也就是透過社會互動過程，使得個人建立本身的內在符碼，由此而達成文化傳衍的工作。只有透過對個人內在世界的細緻理解，並將它們放在所處的社會文化情境下，予以動態性的解讀，我們對情緒的了解才有可能較為趨近完整而真實。當情緒與文化相遇，我們展現出和艾克曼一樣的表情。

參考書目

余安邦、薛麗仙（1997）親人死亡的情蘊現象之詮釋，會議論文
　　發表於中央研究院民族學研究所、台灣大學心理學系主辦

「思維方式及其現代意義：第四屆華人心理與行為科際學術研討會」，1997.5.29-31。

許木柱、李舒中（1998）〈台灣心理人類學的展望〉，發表於「探索台灣田野的新面貌研討會」，中央研究院民族學研究所主辦，5月5-8日，宜蘭明池山莊。

許敏桃、許木柱、張淑美（2002）文化與失落經驗：阿美族喪偶婦女的主觀感受與適應——兼論與泰雅族之差異。刊於胡台麗、許木柱、葉光輝（主編），《情緒、情感與文化》，頁87-128。台北：中央研究院民族學研究所。

Counts, D. R. & Counts, D. A. (1991) *Coping With the Final Tragedy*. Amityville, NY: Baywood Publishing.

Damasio, A. R. (1992) *Descartes' Error: Emotion, Reason, and the HumanBrain*. New York: Putnam.

Ekman, P. (1980) *Face of Man: Expressions of Universal Emotions in a New Guinea Village*. New York: Garland.

Harkness, S. (1994) Human Development in Psychological Anthropology. In Schwartz, T. G. M. G.

White, and C. A. Lutz (eds.), *New Directions in Psychological Anthropology*, pp. 102-122.

Cambridge, Eng.: Cambridge University Press.

Hsu, Min-tao（許敏桃）, D. Kahn & M. Hsu（許木柱）(2003) A single of orchid: Meaning of a husband's death for Taiwanese widows. *Ethos* 30 (4): 306-326.

Jenkins, J.H. (1994) The psychocultural study of emotion and mental disorder. In Bock, P.K. (ed.), *Handbook of Psychological Anthropology*, pp. 97-120. Westport, CN: Greenwood Press.

Lutz, C. (1988) *Unnatural Emotions: Everyday Sentiments on a Micronesian Atoll and Their Challenge to Western Theory.* Chicago, IL: University of Chicago Press.

Lutz, and White (1986). The anthropology of emotions. *Annual Review of Anthropology*, 15, pp. 405-436.

Mead, M.(1935). *Sex and Temperament in Three Primitive Societies.* New York: William Morrow and Co.

Miller, P. J., Fung, H., and Mintz, J. (1996). Self-construction through narrative practices: A Chinese and American comparison of early socialization. *Ethos* 24(2):237-280.

Miller, P. J., Wiley, A., Fung, H（馮涵棣）., and Liang, C. H. (1997) Story-telling with two-year olds in Chinese and American families. *Child Development*, 68(3).

Nathanson, D. L. (1992). *Shame and Pride: Affect, Sex and Birth of the Self.* New York: Norton.

Rosaldo, M. (1984). Toward an anthropology of self and feeling. In R.A. Shweder, and R.A. LeVine (eds.), *Culture Theory: Essays on Mind, Self, and Emotion*, pp.136-157. Cambridge, Eng.: Cambridge University Press.

Scheper-Hughes, N. (1985) Culture, society, and maternal thinking: Maternal detachment and infant survival in a Brazilian shanty town. *Ethos* 13: 291-317.

Shaver, P. R., Wu, S., and Schwartz, J. C. (1991). Cross-cultural similarities and differences in emotion and its representation: A prototypical approach. In M. S. Clark (ed.), *Emotion*, pp. 175-212. Newbury Park, CA: Sage.

表情真的反應情緒？

謝伯讓

（台大心理系副教授、《大腦簡史》與《都是大腦搞的鬼》作者）

　　一八五九年，達爾文的《物種起源》掀起狂風巨浪。較少為人知的是，達爾文在一八七二年出版的另一本著作《人類與動物的情感表達》（*The Expression of Emotions in Man and Animals*），也默默在情緒科學領域中造成洶湧暗潮。

　　達爾文在《人類與動物的情感表達》指出，有些靈長類動物也會出現類似人類的表情，尤其在接觸到會讓人恐懼和噁心的事物時，表情特別明顯。他因此推論，表情在演化上應該有利生存。比方說聞到噁心味道時，嘬嘴、皺鼻和瞇眼的表情，可能有助於阻絕吸入有毒物質。達爾文更進一步推測，透過演化而來的表情，必然具有普遍性（universality），亦即所有人類皆應如此。

　　達爾文這種「表情反映情緒，而且普世皆然」的想法，後來逐漸變成大眾的一般認知，但可惜的是，或許是因為這樣的想法非常符合大家的直覺，所以一直沒有人進一步去尋找相關的科學證據。

　　整整一百年過後，證據終於降臨。

　　一九六〇年代，本書作者艾克曼（Paul Ekman）前往太平洋西南部的巴布亞紐幾內亞，他測試與世隔絕的原始部落族人，請他們觀看臉上帶有情緒表情的照片（快樂、悲傷、恐懼、噁心、憤怒或驚訝的表情），然後再要他們從六個情緒詞中選出匹配的詞。結果發現，所有人都能正確完成配對。從巴布亞紐幾內亞到巴西、日本等世界各地，眾盡皆然。即便其中許多受試者根本不熟悉西方臉孔，也都能成功辨識出照片中西方臉孔上的情緒表情。

這項發現證實達爾文的理論，艾克曼也一舉成名！

艾克曼隨後開始推廣表情與情緒的必然與普遍關係理論，也開始販售實驗用的情緒臉孔圖片與「臉部動作編碼系統」（the Facial Action Coding System，簡稱 FACS）。經由艾克曼的理論架構與實驗方法，原本難以被測量的主觀情緒，變成可以透過客觀記錄臉部表情來捕捉。向來處於邊緣冷門的情緒心理學，也因此扶搖直上。

艾克曼的影響甚至深入實務領域。他主張可以觀察臉部的細微肌肉變化來辨識情緒與測謊。霎時間，艾克曼成為了軍警情報、國家安全與相關私人企業的座上嘉賓。美國中情局、國安局、運輸安全局、聯邦調查局、紐約市警局，都曾根據艾克曼的理論來訓練勤務人員，至今投入已超過數十億美元。

二〇〇一年，艾克曼獲美國心理學會提名為二十世紀最有影響力的心理學家之一，並在二〇〇九年獲選為時代雜誌的世界百大影響人物。

然而，就在艾克曼叱咤風雲之際，實務界與學術界都開始出現反思之聲：艾克曼的理論有沒有可能是錯的？

美國東北大學的巴瑞特（Lisa Feldman Barrett），就是反對艾克曼理論的代表人物。在巴瑞特早期的一項研究中，原本她以為人們應該如同艾克曼所描述，可以輕鬆區辨「憂鬱」與「焦慮」這兩種表情。但是事實卻非如此，在她的實驗中，無論如何測試，受試者都很難區辨兩者的表情差異。

在經過後續的一系列研究後，巴瑞特更決定直接挑戰艾克曼的經典實驗。巴瑞特認為，艾克曼在巴布亞紐幾內亞進行的實驗有一項致命缺陷，這項缺陷就是：受試者在看完情緒表情後，必須在六個情緒詞中選出匹配的其中一個。她懷疑這六個情緒詞可能提供了一個理論框架，而受試者就是因為受到了此框架的影響，才被迫進行思考分類，然後做出了眾人一致的反應。

有鑑於此，巴瑞特重新設計了一個「不受理論框架影響」的實驗。她直接交給受試者一大疊不同情緒的臉孔照片，然後要受試者自由把他們自認為類似的照片分組。結果發現，在這樣的實驗設計下，不同文化地區的人展現出了不一致的行為。例如非洲納米比亞的辛巴族人，就把快樂、恐懼和中性表情分別分成三堆，而其他的各種表情則全部混在一起。相較之下，熟悉傳統情緒類別的美國受試者，則展現出比較符合預期的分類方法。

那是否有新的理論，可以解釋這些和傳統理論不符的現象？

在理論方面，巴瑞特提出了她的「情緒建構理論」來和艾克曼的傳統「自然類別理論」做對比。傳統的自然類別情緒理論認為，人類有各種典型的「情緒」，每一種情緒都對應到一種特定的大腦及生理狀態，只要某些刺激出現，特定的情緒就會像反射一般地被「激起」，並展現在腦中及臉部表情之上。

但巴瑞特認為，情緒不但沒有放諸四海皆準的形式，大腦中也找不到和特定情緒相對應的腦狀態。她認為所謂的「情緒」，只不過是大腦針對身體「內感」（interoception；例如心跳速度或發抖等內在身體感覺）的加工結果。也就是說，大腦會利用過去經驗、當下環境，以及語言來把「內感」區分成某些文化上的不同類別。在她的理論中，喜怒哀樂等各種情緒，只是大腦在文化教育下所習得的類別，只是大腦針對「內感」進行詮釋後貼上的情緒標籤而已。

然而，傳統的「自然類別理論」並沒有因此倒地。其支持者仍可反駁：這些不符合傳統理論的實驗結果，可能只是顯示出某種形式的後天變異。人類可能仍具有各種典型的「情緒」，只不過這些類別會受到後天文化的影響罷了。此外，關於表情和情緒之間的對應，艾克曼也可以主張這是平均上的現象，少數的例外並不是理論的致命缺陷。

在二〇二一年的今日，藉由再次閱讀這本引發議論的經典著作，我們可以重新反思情緒的本質。情緒是什麼？大腦如何表徵情緒？表情是否與其對應？或許你也會有不同的嶄新想法！

發現情緒

潘怡如（亞東紀念醫院主治醫師）

　　情緒，其實無所不在。

　　在一個眼神，一句冰冷的話語裡。當氣惱的戀人轉身離我們而去，情緒，化作飄散空中決絕的髮梢。

　　體重計上晃動著的指針，緊急煞車，一片枯葉，一隻蘊含溫度的柔軟小手；鄉愁的曲調，或者，一隻跛腿小狗歪歪斜斜地踅過街角；凡此，都能誘發人的情緒。我們都曾感受到情緒，確知它的存在，但當我們試圖為它命名，卻忽然詞窮。

　　於是，我們在詩歌、哲思、文史、小說與媒體中尋找情緒。

　　不同於愛情與罪疚的古老主題，如此旗幟鮮明地、堂堂走入史詩篇章；情緒，從未高舉旗幟，卻一言不發、悄悄蔓延佔領整個王國。沿著作家的疆土蜿蜒前行，峰迴路轉、驚鴻一瞥處，盡是情緒的風景。透過閱讀與觀看，我們展開了自身情緒的文本再書寫。

　　情緒，從來只在感官中醞釀，在文字裡繾綣；當它置身此以科學為名的陌生時代裡，終究也羞澀開口，用陌生的科學語言敘說。

　　這條人類試圖探索並證實自身獨特性的歷史長路上，於是，加入了情緒科學（affective science）。在不遠處的上一世紀後半，情緒，繼認知（cognition）之後，成為行為科學及社會心理研究的重鎮。

　　本書作者保羅・艾克曼，在情緒研究的時代浪潮上，是奠定以臉部表情（facial expression）作為研究情緒方法的重要人物。直到現在，以臉部表情辨識，加上神經影像學或其他工具為主的研究方法，仍是情緒研究的主流。

　　自達爾文以降，情緒學者一直試圖在演化的地圖上，將情緒定位。

　　他們認為，情緒是與生俱來的，具有普世共通的特性（參閱第一章）。不同的情緒（包括快樂、悲傷、害怕、生氣、厭惡等），相應地會有不同的臉部表情及生理變化，在演化上具有各自不同的功能（例如害怕時的僵住不動或逃離反應；生氣時相應的準備攻擊狀態），這些功能，往往與種族或個人的生存利益息息相關。動物實驗學者，嘗試在其他物種身上，找出相應的情緒模式，例如約瑟夫・李寶（Joseph LeDoux）著名的害怕制約（fear conditioning）研究，證實了某些生死攸關的情緒反應，在人類及其他物種身上，並未有根本的不同。

　　每個領域的情緒研究者，各自從自身的觀點出發，展開屬於他們的情緒之旅，皆為給予情緒，一個遲來的身份證明。

　　社會認知學者，除了研究情緒對個人經驗和訊息處理過程的影響，同時也關注情緒所傳達的訊息，如何形塑人的社會行為；行為科學的研究，重視情緒對於大腦其他功能，諸如記憶（memory）、注意力（attention）、甚至是作決定能力（decision making）的影響，並藉由研究工具及方法的不斷改良，漸漸釐清情緒的知覺生成（perception）、經驗（experience）、以及行為反應（behavioral response）間，相關的不同神經迴路；至於精神醫學領域，格外著重在探討情緒調節失衡，與臨床精神疾病之間的關聯，在研究上，期待進一步探索精神疾病的發生原因，和可能的治療模式。

所幸，在記述已然繁瑣之餘，艾克曼未曾想在一本書裡，曠日費時地，將半世紀以來，各領域的努力同時一網打盡。

本書中，艾克曼先從演化的觀點切入，指出各種情緒在演化上的意義，並提出自動評估機制（參閱第二章）。他認為情緒是一套關乎生存的緊急應變系統，需在很短時間內，辨識環境中可能的危險，或其他有意義的刺激，並隨時準備反應。在綜說之後，他接著分述各種不同的情緒（參閱第五到第九章），在整個書寫過程裡，作者始終堅定不移、清楚地關注其自身對於臉部表情辨識的專門研究。在每個情緒章節中，他提供了各種情緒、從隱微、曖昧、到極度強烈的臉部表情照片，並仔細解釋其間的細微差異。他關注於詮釋每種情緒，可能有哪些不同的情緒誘因，以什麼形式出現在現實生活裡，以及可能相伴發生哪些情緒性行為。

作者使用認知行為治療（cognitive behavioral therapy）的部分技巧來教導讀者，如何在生活事件裡，分辨情緒誘因，觀察自身及他人的情緒，控制不當的行為表現，並減少情緒可能帶來的傷害。除此之外，他引用動作模仿理論（motor mimicry），教導讀者，藉由模仿各類情緒表現於臉部不同肌肉的細微動作，體會不同的情緒經驗，並學習各種不同情緒所伴隨的特殊身體感受。作者期待，透過理解自身及他人的情緒，讓我們更能與自己的情緒愉快共處。

即便決心客觀的書寫，作者本身的個人性，依然在字裡行間顯現。最終，作者在最後一章裡，除討論情緒的共通性外，更提及每個人情緒經驗的個別差異。

透過本書，我們彷彿看到年輕時的艾克曼，為了研究情緒，隻身前往新幾內亞蠻荒未知之地的那一天；在字與字間，我們可以瞥見他與妻子、女兒、研究夥伴及競爭對手的蹤跡；透過他的評論，我們得以了解他的一些看法及價值觀；最重要的，還有他的情緒，關於他為何書寫，為何此刻書寫，為何如此書寫；我們試著去想像、拼湊，或者是再造，半世紀以來，他對於情緒研究的追求。

　　閱讀本書後半時，有一天，恰巧接到數月前與我發生擦撞的車主電話，內容是關於一些繁瑣事項的討論。空氣中，有一言沒一語地，乾澀飄蕩著我冷淡異常的語句，拿著電話的那隻手一直發熱，控制不住微微地顫抖，忽然間我發覺，原來自己正在生氣（參閱第六章生氣）。與舊時如出一轍的情緒，卻被十分新穎地再發現，一種荒謬的心情，讓人幾乎想要微笑。

　　本書是作者為自己半世紀的浪漫追求所下的註記，也是一本實用的小書。藉由關注體會自己及他人的情緒變化，人得以了解靈魂某處，深刻卻無法言語的那一面。

　　增訂版的結論中，作者提到「我們對情緒的經驗，好像是發生在我們身上的事，而不是出於我們的選擇。」多年後再收到親切的編輯來信說要出增訂版時，心中除驚喜外也浮現了一種多愁善感：「原來已經過了這麼久了啊。」情緒就是這樣突如其來地發生在我們的身上。

　　增訂版的前言裡，作者強調了用以改善我們情緒生活的四種基本技巧：除了覺察自身情緒外，作者也提到了發現「他人」情緒的重要性，我們應該學習對他人的情緒更敏銳，在許多重要的關係當中，謹慎運用這些資訊。此外，作者再度提到了「選擇」，雖然我們不能選擇情緒，但是我們可以選擇如何去表現，能更好地達到目的並且不要傷害到他人。

　　期許大家不只用科學家的眼睛來看這本書，更能以一個平常人的心去感受充滿酸甜苦辣的人生。

【全新增訂版】

前言

　　我非常高興這本《心理學家的面相術【全新增訂版】》讓我有機會分享新的想法、洞見與研究的發現，可以幫助讀者走向更優質的情感生活。第一版發行後，已過了四年，我更新了結論與後記，並加了全新的第十章，討論謊言與情緒，結合了我最近的想法，說明情緒在謊言中扮演的角色，並特別強調情緒的跡象如何有助於評估事情的眞實性。這反映了我近幾年的經驗，我花了大部分時間研究如何把我的發現應用到國家安全。

　　我寫這本書的目的是幫助人改善四項基本技巧，因此在書中放入一些建議與練習，希望你覺得有益且得到啓發。這四項技巧是：

　　第一，當你有情緒時，能更有意識地覺察，甚至在你説話或行動之前就有所覺察。這是最難獲得的技巧，第二章會解釋爲什麼如此困難，並在第三章提供練習的方法，幫助你增進對自身情緒的覺察。第五到八章處理特定情緒的段落也有一些練習的方法。發展這項技巧可以讓你在自己情緒升起時擁有一些選擇。

　　第二，當你有情緒時，選擇如何表現，好讓你可以達到目的而又不傷害別人。任何情緒事件的目的都是要幫助我們得到我們想要的，也許是引發別人來安慰我們，也許是嚇走壞人，或是其他成千上萬的目的。良好的情緒事件不會傷害那些與我們相關的人，也不會對他們造成問題。這並不是容易發展的技巧，但經過練習，就可以成爲生活的一部分。（這個主題的資訊與練習會在第四到八章討論。）

第三，**對別人的感受更敏鋭**。由於情緒是我們每一項重要關係的核心，我們必須敏於別人的感受。如果你在閱讀本書之後，還想有更多的學習，我的網站 https://www.paulekman.com/micro-expressions-training-tools/ 有提供一些線上教學套裝課程，可以幫助你快速發展這個技巧。

第四，**你對別人感受的了解所取得的資訊，請謹慎運用**。有時是要向對方詢問你發現的情緒，認可他或她的感受，或是就你所辨識到的，重新校正你的反應。你的回應要依據對方是什麼人，以及你與他過去的關係而定。這在家庭裡、在工作場合，以及在友誼中，都是不同的，第五到八章每一章的最後一段都會加以解釋。

引言

　　情緒決定我們的生活品質。我們所關心的每一項關係中——工作場所、友誼、家人,以及最親密的關係,都會出現情緒。情緒能挽救我們的生活,但也會造成十足的破壞。情緒可能引導我們以最實際、恰當的方式來行動,但也可能讓我們事後極度後悔自己的行為。

　　如果老闆嚴詞批評你原本以為會受到稱讚的報告,你的反應是不是害怕、順從,不敢為自己辯護?你的反應會保護你,避免受到進一步的傷害,還是你可能根本誤解了他的目的?你能隱藏感受,「表現得像個專業人士」嗎?老闆開始說話時,為什麼微笑呢?是否表示她打算責罵你,還是尷尬的微笑?她的微笑有沒有可能是要你放心呢?所有微笑的樣子,看起來都一樣嗎?

　　如果妳發現丈夫沒有先和妳討論,就買了一件昂貴的東西,妳質問他時,他的表情是害怕還是嫌惡?或是拉下臉,一副「妳過度情緒化」的樣子呢?妳是否以同樣的方式感受情緒?妳和別人的方式是否相同?妳會不會對某些事生氣、害怕或傷心,而別人卻覺得無所謂呢?遇到這種情形時,你怎麼辦?

　　如果十六歲的女兒比規定的時間晚了兩個小時才回家,你會不會生氣呢?引發生氣的原因是什麼?是不是因為你一直擔心地看時鐘,而她沒有打電話說會比較晚回來呢?還是因為你等她回家,以至於睡眠不足呢?隔天早上和她談這件事時,你會不會把情緒控制得太好,使她以為你並不在乎她晚歸呢?還是她會看見你隱藏的怒氣，而採取防衛的態度？你能不能從她臉上看出她覺得不好意思、內疚，還是心存反抗呢？

我寫這本書，是想為上述疑問提出答案。我的目的是幫助讀者更了解自己的情緒，並藉此改善生活。有一件事令我非常驚訝，就是直到最近，不論是科學家還是一般人，都不太了解對生活非常重要的情緒。不過，情緒的本質本來就讓人難以完全了解，我們不知道它如何影響自己，也不知道如何在自己和別人身上辨識情緒的跡象。我會在本書詳細解釋。

情緒的啟動往往非常快速，快到自我意識並沒有參與，甚至看不到在某一刻是什麼在我們心裡誘發了情緒。這種速度可以在危急時挽救性命，但也會在過度反應時破壞生活。我們很難控制讓我們產生情緒的事，但有可能（雖然不容易）稍微改變誘發情緒的因素，以及情緒出現之後的行為。

我研究情緒已經超過四十年，主要專注在情緒的表達，最近則轉移到情緒的生理學。我檢視過精神病人、一般人、成人，還有一些小孩，包括美國和許多其他國家的人，研究他們在過度反應、反應不足、反應不當、誠實和說謊時的情緒。第一章〈跨越文化的情緒〉就是描述這項研究，我將從這一點開始討論情緒。

我在第二章提出下述疑問：當我們產生情緒時，是為什麼呢？如果想改變讓我們產生情緒的情形，就必須知道這個問題的答案。什麼因素誘發了各個情緒？我們能否消除特定的誘因呢？如果配偶說我們繞了遠路，我們可能因為受對方指揮或開車能力受到質疑，而在內心升起惱怒，甚至生氣。為什麼我們不能不帶情緒地接受資訊？為什麼會受到影響？我們是否能有所改變，不被這種小事引發情緒呢？第二章〈情緒的產生〉將討論這些議題。

第三章解釋我們如何、以及在什麼時候可以改變產生情緒的情形。第一步就是要辨認是什麼強烈的情緒誘因導致我們做出事後懊悔的行為，我們也要能分辨某個特殊的誘因是否很難改變，還是較容易減輕。雖然不會每次都成功，但透過了解情緒的誘因是如何建立的，就有較佳的機會改變產生情緒的情形。

　　第四章解釋情緒反應（包括我們的表情、行動和想法）是如何形成的。我們是否能控制惱怒的情緒，不在聲音或臉部表現出來？為什麼有時會覺得自己的情緒好像奔馳的火車，似乎完全無法控制？除非能更了解自己在什麼時候會有情緒化行為，否則毫無控制的機會；我們經常毫無所覺，直到有人抗議我們的所做所為，或是事後反省時，才發現自己陷入情緒之中。第四章將解釋如何更加注意自己的情緒，而有可能以建設性的方式表現情緒。

　　為了減少破壞性的情緒發作，並增加建設性情緒反應，我們必須知道每一種情緒的故事，了解每一種情緒與什麼相關。藉著了解各個情緒的誘因，包括我們和別人共有的誘因，以及個人特有的誘因，或許能減輕情緒的衝擊，至少也可以了解為什麼某些情緒誘因如此強而有力，以至於完全無法減輕其影響。每一種情緒也會在身體產生獨特的感覺模式，如果能認識這些感覺，就有可能早點知道自己的情緒反應，而有機會選擇繼續或打斷它。

　　每一種情緒都有獨特的訊號，最容易辨認的訊號在臉部和聲音。目前還需要做許多研究，才能了解情緒在聲音裡的訊號。本書討論各種情緒時所附的照片，能顯示最細微而容易忽略的臉部表情，這是情緒剛開始產生或受到壓抑時的訊號。如果能及早看出情緒，我們或許就更能和各種情境裡的人打交道，並控制自己對別人產生的情緒反應。

　　第五章描述哀傷和悲痛，第六章是生氣，第七章是驚訝和害怕，第八章是嫌惡和輕蔑，第九章則討論各種愉快的情形，每一章都包括下述幾個主題：

- 情緒最常見的特定誘因。
- 情緒的作用，情緒怎麼幫助我們，又如何使我們陷入麻煩。
- 情緒和精神疾病的關係。
- 一些實用的練習，幫助讀者了解情緒有什麼身體感覺，並幫助讀者在情緒升起時，有能力選擇如何反應。
- 從照片來看情緒最細微的跡象，讓讀者能更了解別人的感受。
- 解釋如何運用這種資訊，而能在工作場合、家庭、友誼等關係中，了解別人的感受。

　　附錄提供了一項測驗，你可以在閱讀本書前先做一次測驗，看看自己是否能辨識細微的臉部表情。並在讀完本書後再做一次，看看是否有進步。

　　你也許會覺得奇怪，為什麼本書沒有談到某個令你好奇的情緒。我選擇描述的情緒都是普遍存在的，是所有人類都會經驗的情緒。雖然尷尬、內疚、羞愧、羨慕可能也是到處都有的情緒，可是我把重點放在表情清楚而普遍的情緒。我在討論愉快的章節也會討論愛；暴力、恨和妒忌則放在生氣的章節。

　　科學仍致力於研究每一個人體驗情緒的方式，比如為什麼有些人的情緒較強烈，或是較快產生情緒。我在本書的結論談到現在的研究，還有將來可能的發現，並說明如何把這些資訊運用到自己的生活。

情緒對生活的重要，是再怎麼強調也不爲過的。我的恩師，已過世的席爾旺・湯金斯（Silvan Tomkins），曾說情緒是激發生活的因素，我們會盡可能增加正向情緒的經驗，減少負向情緒的經驗，雖然無法一直成功，卻是我們嘗試的方向。他宣稱所有重要的選擇都是出於情緒的激發。這篇文章寫於一九六二年，那是行爲科學完全忽視情緒的年代，他的話雖然有點言過其實（當然還有其他激發的因素），但突顯出情緒在生活中的重要性。

　　情緒可以輕易勝過大部分心理學家認爲推動生活最有力的基本動機：飢餓、性、求生存的意志。人如果認爲唯一可吃的食物很噁心的話，會寧可不吃，即使別人可能認爲這種食物很可口；討厭的人卻可能寧願餓死也不吃。**這是情緒勝過飢餓的驅力！**性的驅力最容易受到情緒干擾，人可能因爲恐懼或嫌惡，以至於不願有性行爲，或是無法好好性交。**這是情緒勝過性的驅力！**絕望的情緒甚至能壓過求生存的意志，而導致自殺。**這是情緒勝過求生存的意志！**

　　簡單地說，人想要快樂，大部分人都不想經歷害怕、生氣、嫌惡、傷心或悲痛，除非這些情緒局限在安全的電影院或是小說的扉頁。可是，我們的生活不能沒有這些情緒，問題在於如何在與這些情緒共存時，活得更好。

第一章

跨越文化的情緒

我決定投入臉部表情的研究，去新幾內亞找出證據，支持我已知道是正確的事：至少某些臉部表情的情緒是有共通性的。由於表情是不需要學習的，天生失明的人才會表現出和明眼人一樣的表情。

這本書涵蓋我過去四十年對情緒的研究，我相信有助於改善人的情感生活。我寫的內容大部分根據自己的科學實驗，或是其他研究情緒的科學家。我自己的研究專長是發展專門技術，以解讀和測量情緒的臉部表情，在這個前提下，我能看見陌生人、朋友和家人臉上細微到幾乎每一個人都會忽略的差別，藉此我學到許多事情，但因為個人時間有限，有些還沒有得到實驗的證明。當我所寫的內容只是根據自己的觀察時，會加入下述之類的話，「我觀察到」、「我相信」、「我覺得似乎是……」。如果我寫的內容是根據科學實驗，則會在書末的附錄具體註明相關的研究。

本書的內容大部分和我對跨文化臉部表情的研究有關；我對心理學的整體看法（特別是關於情緒的部分），因為出現新證據而徹底改變。這些發現來自巴布亞新幾內亞、美國、日本、巴西、阿根廷、印尼和前蘇聯，我因此發展出自己對情緒本質的看法。

我在一九五〇年代末期開始做研究時，對臉部表情並沒有興趣，當時引起我興趣的是手部動作。我為手部動作分類的方法，可以分辨憂鬱的病人屬於精神官能症還是精神病，並顯示病人接受治療後進步的情形。[1] 到一九六〇年代初期，還沒有發展出任何工具，可以直接精確地測量憂鬱的病人複雜而快速變化的臉部動作。我不知道該如何進行，所以沒有做這方面的研究。二十五年後，我發展出一種測量臉部動作的工具，於是重新觀看那些病人的記錄影片，找出重要的發現，我會在第五章討論這些發現。

機緣下，發現新大陸

若非兩次幸運的機緣，我不會在一九六五年把研究焦點轉到臉部表情和情緒。先是國防部高等研究計劃署出乎意料之外撥給我一筆經費，用來研究跨文化的非口語行為。我並沒有主動申請這筆經費，而是因為一樁醜聞（一項研究計劃被用來掩飾鎮暴活動），使得一項重要的研究被取消，而該項計劃的預算必須在那個會計年度用於某個沒有爭議的海外研究，而我恰好走進必須消化這筆預算的人的辦公室，他的妻子是泰國人，對彼此非口語溝通的差異感到驚訝，希望我找出非口語溝通中，什麼是普世皆然的，而什麼又是有文化差異的。我起初很不情願，卻又不想迴避這個挑戰。

計劃之初，我相信表情和姿勢都是從社交學來的，具有文化差異。我一開始徵詢意見的人，也都抱持相同的看法，包括瑪格麗特・米德（Margaret Mead）、葛瑞格利・貝特森（Gregory

Bateson）、艾德華・霍爾（Edward Hall）、雷・博懷斯特爾（Ray Birdwhistell）和查理斯・歐斯古德（Charles Osgood）。達爾文（Charles Darwin）曾提出不同的看法，但我深信他是錯的，所以沒有去讀他的著作。

第二件幸運的機緣是見到席爾旺・湯金斯，他剛寫完兩本關於情緒的書，主張臉部表情是與生俱來的，不同種族有共通性，可是缺少支持的證據。如果不是因為我們同時把非語言行為的文章交給同一本期刊（他的文章是關於臉部的研究，我的文章是身體動作的研究），[2] 我恐怕不會閱讀他的書，也不會認識他。

我對席爾旺想法的深度和廣度有非常深刻的印象，但我認為他的想法可能是錯的，就像達爾文一樣。我很高興這個問題有不同的論據，不是只有一百年前的達爾文才反對米德、貝特森、博懷斯特爾和霍爾，表示這個議題還有討論的空間。在著名科學家和前輩政治家之間有不同的說法，年方三十的我竟然有機會又有經費嘗試徹底解決這個問題：表情是普世共通的嗎？還是像語言一樣，在各個文化中有獨特的表現？我難以抗拒這個誘惑！雖然我不在意誰對誰錯，但心裡並不認為席爾旺是正確的。*

我在第一個研究中，向五種不同文化的人（智利、阿根廷、巴西、日本和美國）展示照片，請他們判斷各個臉部表情所顯示的情緒，不同文化的人對大部分情緒都有共識，表示臉部表情可

---

* 研究結果和我的預期剛好相反，這樣很好，行為科學的研究結果如果違反科學家的預期，反而更加可靠。大部分科學領域的情形剛好相反，如果結果和事前的預期相同的話，比較受人相信，因為偏見或錯誤的可能性會一再受到科學家重覆實驗的傳統所檢證，以確定是否能得到相同的結果。不幸的是，這個傳統並不存在行為科學界，實驗很少被自己或別的科學家重覆檢證。少了這種屏障，行為科學比較容易在不知不覺中，找出自己想要的結果。

能是普世共通的。[3] 另一位曾向席爾旺請益的心理學家卡羅‧以撒德（Carrol Izard），對不同文化的人進行相同的實驗，並得到相同的結果。[4] 席爾旺並沒有讓我們知道對方的存在，當我們知道並不是只有自己在做這項工作時，原本心懷不滿，但就科學而言，有兩組獨立的研究者得到相同的結果，是比較好的。看來達爾文是正確的。

但有一個問題：雖然發現不同文化的人對臉部表情流露的情緒有共識，為什麼還有那麼多聰明的人抱持相反的看法呢？並不是只有旅遊者才認為日本、中國或其他文化中人的表情，具有非常不同的意義。瑪格麗特‧米德的門生博懷斯特爾是備受尊重的人類學家，專精於表情和姿勢的研究，在著作中談到許多文化中的人會在不高興時微笑，所以不接受達爾文的看法。[5] 博懷斯特爾的主張符合文化人類學和大部分心理學的主流觀點：任何在社交上重要的事，比如情緒的表達，都必然是學習的產物，所以在各個文化中是不同的。

我的研究發現情緒是普世共通的，但博懷斯特爾卻觀察到不同文化間的差異，我提出「表現規則」（display rules）的觀念來說明兩者並不衝突。我認為表現規則是在社交中學來的，常常有文化差異，這些與表情有關的規則，會說明某人可以向什麼人、在什麼時候表現某種情緒，這就是為什麼大部分公開的運動競賽中，輸家不會表現心裡的難過和失望。表現規則具體呈現於父母的告誡：「不要得意忘形」。這些規則會支配真實感受的情緒表達，或是減輕，或是誇大，或是完全隱藏，或是加以掩飾。[6]

我用一系列研究檢驗這個構想，結果顯示日本人和美國人在獨處時，看見手術和意外事件的影片時，會表現相同的臉部表情，可是當科學家和他們一起觀看影片時，日本人比美國人更會以微笑來掩飾負面的表情。在獨處時會表現與生俱來的表情，在公開的場合則會控制表情。[7] 由於人類學家和大部分旅遊者都是觀察公開的行為，所以得到與我不同的結果。相反地，具有象徵意義的姿勢，比如點頭稱是、搖頭拒絕、一切順利的姿勢，其實是有文化特性的。[8] 就這一點而言，博懷斯特爾、米德和大部分其他行為科學家都是正確的，可是他們對情緒的臉部表情的看法，卻是錯誤的。

我當時沒有看出我的研究有一個漏洞，想盡辦法反駁我研究結果的人也沒有發現（比如博懷斯特爾和米德）。這個漏洞就是我們研究的對象可能從電影和電視中的卓別林與約翰‧韋恩學得西方世界臉部表情的意義；來自媒體的學習，或是接觸其他文化的人，可以解釋為什麼不同文化的人對我展示的白種人圖片的情緒有相同的看法。我需要未受視覺經驗干擾的文化，生活其中的人沒有看過電影、電視、雜誌，很少見過外來者，甚至不曾看過。如果他們對我展示的圖片所代表的情緒，和智利、阿根廷、巴西、日本和美國的受試者有相同看法的話，我才能證明自己的論點。

表情可有地域之別？

帶我進入石器時代文化的人是神經學家卡列頓‧葛吉謝克（Carleton Gajdusek），他在巴布亞新幾內亞與世隔絕的高地工作了十幾年，試圖找出一種名為「庫魯病」（kuru）的原因，這種病殺死了新幾內亞某個文化中半數的人，當地人相信是巫術造成的。我抵達時，葛吉謝克已經知道這種病是一種慢性病毒造成的，這種病毒會在出現症狀前，在人體內蟄伏多年（愛滋病毒也是這類病毒），但還不知道這種病毒如何傳染。（後來知道是經由食人的習俗傳染，當地人並不吃敵人，死於戰鬥的敵人其實比較健康。他們只吃死去的朋友，而這些人多半死於庫魯病。他們沒有經過烹煮就食用，使疾病很容易散布。幾年後，葛吉謝克因為發現慢性病毒，獲得諾貝爾獎。）

幸運的是，葛吉謝克知道石器時代的文明不久就會消失，所以錄下十幾萬呎的影片，記錄兩種文化的日常生活。他自己不曾看過這些影片，因為光是看一次就要花費大約六週的時間。

他很高興有人基於科學的理由想檢視影片，樂於借我。我和同事衛理‧弗瑞生（Wally Friesen）花了六個月仔細檢視影片。影片包括兩個非常有說服力的證據，可以說明情緒的臉部表情具有共通性。首先，完全找不到我們所不熟悉的表情，如果臉部表情是學習而得的，與世隔絕的人就應該表現出新奇的表情，可是影片中沒有我們不曾見過的表情。

但我們熟悉的表情也可能表示截然不同的情緒，雖然影片並沒有顯示每一個表情的前因後果，可是當看得出前因後果時，都能證實我們的解釋。如果同樣的表情在各個文化代表不同的情緒，不熟悉此文化的外來者就無法正確解讀他們的表情。

我試著想像博懷斯特爾和米德會怎麼反駁我的主張，他們可能說：「沒有新的表情並沒有關係，你看見的表情其實有不同的意義。你猜對意思是因為當地社會背景向你透露出跡象，你並未看見一個沒有前因後果和當時背景的表情，如果有的話，你一定猜不到那個表情的意義。」為了解決這個漏洞，我們把席爾旺從東岸請來我的實驗室，和我們共度一週。

在他抵達之前，我們先剪接影片，使他只能看見臉部特寫鏡頭下的表情，卻不知道當時的社交背景。席爾旺的解讀完全無誤，他雖然沒有看見社交背景，但對表情都提出正確的解釋，他甚至能精確知道自己是如何做出判斷。衛理和我雖然能了解每一個表情所傳遞的情緒訊息，卻只是根據直覺來判斷，除了微笑以外，通常無法具體精確地說出臉部傳遞的訊息。席爾旺卻能走到螢幕前，準確指出哪一個特定的肌肉動作代表該種情緒。

我們還請他對兩種文化提出整體的印象，他說其中一個似乎非常友善，另一個則容易爆發憤怒，如果沒有達到偏執程度的話，也非常多疑，而且有同性戀的情形。他所說的是安加文化（Anga），他的描述符合葛吉謝克的說法，這個文化會不斷攻擊試圖建立官方機構的澳洲官員，鄰族都知道他們極度多疑，男性在婚前都過著同性戀的生活。幾年後，生態學家伊瑞納斯‧艾伯-亞貝費特（Irenäus Eibl-Eibesfeldt）試圖與他們共處，結果卻不得不逃走以保住性命。

之後，我決定投入臉部表情的研究，去新幾內亞找出證據，支持我已知道是正確的事：至少某些臉部表情的情緒是有共通性的。我要找出測量臉部動作的客觀方法，讓每一個科學家都能客觀認識席爾旺敏銳看出的臉部動作。

看相片說故事

一九六七年，我前往東南高地研究福爾人，他們住在海拔兩千多公尺的小村莊。我不會說當地方言，但靠著幾位在傳教士辦的學校學過簡單英語的小男孩幫忙，可以把英語譯成福爾語，再把福爾語譯成英語。我帶著幾幅臉部表情的照片，大部分是原先研究已開發文化時，席爾旺給我的照片（第47頁的附圖是其中三張）。因為擔心他們無法判讀白種人的表情，我還帶了幾張從記錄片選出的福爾人照片。我甚至擔心他們可能因為以前沒見過照片，而完全無法了解照片是什麼東西。曾有幾位人類學家宣稱，沒有見過照片的人，必須經過學習才能看懂照片。不過福爾人沒有這種問題，也不認為福爾人和美國人的照片有什麼不同。問題在於我該怎麼要求他們回應。

福爾人沒有文字，所以無法要他們從清單中選出符合照片情緒的字。如果我唸出關於情緒的字，又擔心他們記不住，唸出來的順序也可能影響他們的選擇。於是我請他們把每一種臉部表情編成一個故事：「告訴我發生了什麼事，照片中的人顯現這種表情之前發生了什麼事，之後又發生什麼事。」可是太困難了，我不知道問題出在翻譯的過程，還是他們根本不懂我想要聽什麼，也可能是他們不了解我為什麼要他們這麼做，也說不定福爾人只是不願意向陌生人說故事。

我得到我要的故事，但每個人每說一個故事都要花很長的時間，每次會談都弄得我和他們筋疲力竭。我猜我的要求對他們並不容易，可是仍不缺自願者，他們有強烈的動機來看照片：我給每一位幫助我的人一塊肥皂或一包香菸。他們沒有肥皂，所以肥皂很重要；他們自己會種菸草，用煙斗來吸，但似乎比較喜歡我帶來的香煙。

他們的故事大多符合照片中的情緒，例如，看到一張已開發文化會判斷為哀傷的照片，他們大多會說這個人的小孩死了。棘手的是，在說故事的過程中，要證明不同的故事都符合一個特別的情緒，並不容易。我知道應該以不同的方式來進行，卻不知道該怎麼做。

我還錄下許多自發的表情，例如鄰村的人見到朋友時愉快的樣子。我會安排一些情境來誘發情緒。我錄下兩個男人玩樂器的聲音，拍到他們第一次從錄音機聽到自己的聲音和音樂時的驚訝和喜悅。我還用橡皮刀戳一位小男孩，拍下他和朋友的反應，他們覺得我在開玩笑。（我還算聰明，沒有拿這個把戲用在成年男子身上。）這些片段的影片不足以成為我的證據，因為抱持相反看法的人，可以辯稱我只有選擇出現共通表情的少數場合。

幾個月後，我離開新幾內亞，心中並沒有不捨，因為我渴望與人談話，在那裡沒有人可以和我聊天，我也渴望吃點不一樣的東西，我先前誤以為自己會喜歡當地的食物，結果不然，我對芋頭和蘆筍已經感到厭煩。那是我一生最刺激的一次冒險，可是我仍擔心自己並沒有找出確切的證據。我知道福爾文化不久就會受到外界影響，而世上其他像福爾文化一樣孤立的文化已經不多了。

返鄉後，我偶然發現心理學家約翰·戴胥爾（John Dashiel）在一九三〇年代用來研究小小孩如何解讀臉部表情的方法，太小的孩子還不會閱讀，無法從許多字中做選擇，戴胥爾並沒有要他們編故事（像我在新幾內亞所用的方法），他的方法比較好：向小孩讀一個故事，然後請小孩從許多照片中選出一張符合故事的照片，我也可以使用這個方法。我重溫新幾內亞人編的故事，選出最常用來代表各種情緒的故事，這些故事很簡單：「他的朋友來訪，他很快樂；他很生氣，快要吵起來了；他的小孩死了，非常傷心；他看到自己不喜歡的東西，或是看到很難聞的東西；他看見新奇而出乎意料之外的東西。」

但最常用來描述害怕的故事有個問題，原本的故事是一隻野豬造成的危險，為了避免有人想成驚訝或生氣，我必須修改成：「他獨自坐在家中，村莊空無一人，家裡沒有刀子、斧頭或弓箭，一隻野豬突然站在門口，他非常害怕地看著野豬，野豬在門口站了幾分鐘，不肯離開，他害怕野豬會來咬他。」

我安排幾組照片，每組三張（下圖為其中一例），請他們聽完故事後從一組照片中選出一張，只需要指出照片即可。我做了好幾組照片，以避免重複出現同一張照片時，他們會用消去法來選擇：「喔，這張照片是小孩死掉時的照片，那張是準備吵架時的照片，答案當然是剩下的那一張。」

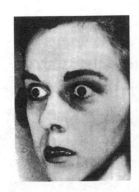  

圖 1-1　　　　　　　　圖 1-2　　　　　　　　圖 1-3

　　一九六八年底，我帶著故事和照片回到新幾內亞，還多了一組同仁幫忙收集資料，[9] 以及許多罐頭食品。我們的再度來臨引起轟動，因為除了葛吉謝克和他的攝影師理查・蘇連生（Richard Sorenson）（他在前一年幫了我很多忙），很少有外地人來訪，更少有人會重遊此地。我們去了幾個村莊，當他們知道這次的要求很簡單，各地的人就自動前來，他們喜歡這個工作，也很高興能拿到肥皂和香煙。

　　我非常小心，確定團隊裡的人不會在無意中向受試者透露出正確的照片是哪一張，照片裱貼在透明的紙上，背後有編號，只有從後面才看得見號碼。展示照片的人不知道配合各個表情的照片編號是幾號，負責記下答案的人也不知道前面的照片是什麼。讀完故事後，受試者指出照片，由一位工作人員寫下那張照片的編號。*

不出幾個星期，我們已測試三百多人，占了該文化百分之三的人口，足夠進行統計分析。快樂、生氣、嫌惡和哀傷的結果都非常明確，害怕和驚訝則無法區分，很多人聽了害怕的故事後，會把驚訝的相片當成害怕的表情，同樣地，聽了驚訝的故事後，常常選出害怕的相片。可是，害怕和驚訝都不會與生氣、嫌惡、傷心和快樂混淆。直到今天，我還不知道他們為什麼無法區分害怕和驚訝，問題可能出在故事，或是這兩種情緒在這些人的生活中常常交織在一起，無法區分。在已開發的文化中，害怕和驚訝是可分辨的。[10]

在所有受試者中，除了二十三個人，其餘都沒有看過電影、電視或相片，不會說英語，也不會說混雜當地方言與英語的皮欽語（Pidgin），不曾住過任何西方殖民地或城鎮，更沒有為白種人工作過。這二十三個例外的人都看過電影、會說英語，曾就讀傳教士辦的學校一年以上。大部分沒有接觸過外界的受試者，和這些少數例外的人，在判斷情緒時，並沒有差別，男性和女性之間也沒有差別。

我們又做了一個對受試者比較難的實驗，由一位會說皮欽語的人讀一個故事，請受試者假設自己是故事的主角，然後表現出

---

* 雖然我們非常謹慎，可是有一位堅持表情是學習而來、不是天生的人，卻在十五年後說我們可能以某種方式暗示受試者應該選哪一張照片，他沒有指出我們怎麼透露答案，只是認定我們一定有透露，只因堅持表情必然有文化差異，就認定我們洩露答案。

故事中人可能有的表情。我錄下九個人的反應，他們都沒有參與前述實驗，然後把未經剪接的錄影帶放給美國大學生看，如果表情有文化差異，這些大學生就無法正確解讀他們的表情，可是不然，他們能正確區分各個情緒，只是無法分辨害怕和驚訝，就像新幾內亞人一樣。在此列出新幾內亞人擺出四種情緒的照片。

圖 1-4 快樂

圖 1-5 哀傷

圖 1-6 生氣

圖 1-7 嫌惡

批評與疑問

　　我在一九六九年全國人類學年度研討會中，宣布我們的發現。許多人對我們發現的結果很不高興，我雖然提出證據，他們還是堅信人類行為都是環境因素造成的，不是與生俱來的，各個文化中的表情必然不同。我在日裔美國人的研究中，發現臉部表情的「控制」有文化差異，但仍無法讓大家滿意。

　　消除疑惑的最佳方式，就是在另一個未開化的孤立文化中，重做整套研究，最好是由想證明我錯的人來進行，如果這個人的研究結果和我一樣，更能證明我們的結果。由於另一個機緣巧合，人類學家卡爾・海德爾（Karl Heider）進行了相同的研究。

　　海德爾花了幾年研究但尼族，不久前才回國，但尼族是另一個孤立的團體，現在稱為西伊利安，是印尼的一部分。[11] 海德爾說我的研究一定有問題，因為但尼人連描述情緒的字眼都沒有，我把自己的研究資料給他，教他如何進行實驗。他的研究結果完全吻合我的發現，就連無法區分害怕和驚訝的情形，也都一樣。[12]

　　可是，直到現在，並不是所有人類學家都信服我們的研究結果。少數心理學家（大多是研究語言的心理學家），認為我們在已開發文化所做的研究有問題，我們雖然請受試者找出符合表情的情緒字眼，但不能支持表情的共通性，因為描述各個情緒的字眼並沒有理想的翻譯。當然了，如何以語言表示情緒是文化的產物，而不是演化的結果，可是在二十多個東西方已開發文化的研究中，各個文化裡大多數人判斷表情顯示的情緒時，都得到相同的結果。雖然有翻譯的問題，但在比較任何兩個文化的大多數人時，並沒有把相同表情解讀成不同情緒的情形，從來沒有！當然了，我們的發現並不局限於必須以單一字詞來歸類照片的研究，在新幾內亞除了運用描寫情緒事件的故事，還請他們刻意擺出各種情緒的表情；我們曾在日本實際測量臉部的動作，顯示單獨觀看令人不舒服的電影時，不論是日本人或美國人，都會牽動相同的臉部肌肉。

還有一個批評者因為我們以故事來描述社交情境，不是用單一的字詞描述，而貶抑新幾內亞的研究。[13] 這位批評者假定情緒就等於該字詞，事實當然並非如此，字詞只能代表情緒，並不是情緒本身。情緒是一種過程，一種特殊的自動評估，受到演化和個人過往的影響，當我們感覺發生某種對幸福很重要的事，就會產生一套生理變化和情緒性行為，開始處理當前的情境。字詞只是說明情緒的方法之一，我們在情緒中確實會以言語表達，但不能說情緒就是那些字詞。

沒有人能精確知道我們看見某個人的臉部表情時，會自動得到什麼訊息。我認為生氣或害怕之類的字眼並不是在情境中傳遞的訊息，而是我們討論情緒時使用的語言；我們得到的訊息往往很像我們在故事中的感覺，不是抽象的字詞，而是那個人接下來要做什麼的感覺，或是有什麼事讓人感受到情緒的感覺。

還有一個完全不同的證據，也支持達爾文認為臉部表情是演化共通產物的主張。如果表情不需要學習，出生時就失明的人，應該會表現出和明眼人一樣的表情。過去六十年間有許多這方面的研究，都一再證明相同的結果，特別是自發的臉部表情。[14]

我們這項跨文化的發現，激發了許多關於臉部表情的疑問：人能做出多少種表情？表情能提供正確的訊息，或是造成誤導？臉部的每一個動作都是一種情緒的跡象嗎？人的表情是否能像言語一樣說謊？現在已經對上述疑問提出答案，而且有更深入的了解。

　　我發現臉部的表情有一萬種以上！我還找出與情緒最有關的表情。二十多年前，我和衛理・弗瑞生寫出第一本臉部的圖譜，以文字和照片有系統地描述，並以解剖術語在影片中說明如何測量臉部動作。為了這項工作，我必須學習如何在自己臉上做出每一種肌肉的動作，有時為了證明我做的動作是某條特定的肌肉造成的，會用一根針穿過皮膚，以電流刺激肌肉，產生那種表情。一九七八年，我們測量臉部的工具「臉部動作編碼系統」（Facial Action Coding System，簡稱 FACS）得以出版，現在仍被世界各地數百位科學家用來測量臉部動作，電腦科學家也努力研究如何更快速、自動地使用這套方法。[15]

　　從此以後，我使用「臉部動作編碼系統」研究數千張照片和數萬部臉部表情的影片和錄影帶，測量每一個表情中的每一個肌肉動作。我曾透過測量精神病人和冠狀動脈心臟病人的表情，來了解情緒。此外，我還研究一般人，比如出現在 CNN 新聞現場的人，或在實驗室中被我誘發情緒的人。

　　過去二十多年來，我和其他科學家合作，了解臉部出現情緒性表情時，身體和大腦會有什麼變化。生氣、害怕、嫌惡和哀傷不但有不同的表情，身體器官也會有不同的生理變化，使各個情緒產生獨特的感受。當今的科學正在研究各個情緒背後的大腦活動型態。[16]

　　使用「臉部動作編碼系統」可以找出臉部洩露謊言的跡象，我稱之**微量表情**（micro expressions），這是非常快速的臉部動作，持續時間不到十五分之一秒，是洩露祕密的重要來源，顯示人企圖掩飾某種情緒。虛假的表情會以好幾種方式洩底：通常是非常輕微的不對稱，不夠流暢，或以斷斷續續的方式出現。我對撒謊的研究，使我有機會接觸法官、警察、律師、聯邦調查局、中央情報局、煙酒槍炮及爆裂物管理局，以及許多友邦的類似機構，我教導這些人如何更準確地判斷一個人可靠還是說謊。這種工作也讓我有機會研究情報人員、暗殺者、金融罪犯、謀殺犯、外國領導人的臉部表情和情緒，以及身為學者的我平時難以接觸的各色人等。[17]

這本書寫到一半時，我有機會以五天時間和達賴喇嘛討論破壞性情緒，另外還有六位科學家和哲學家參與，各自在討論中呈現自己的觀點。[18] 傾聽他們的專長和大家的討論，使我得到新的想法，並放入本書。我頭一次了解藏傳佛教對情緒的看法，那完全不同於西方的觀點。我驚訝地發現第二、三章所寫的想法竟然與佛教觀點若合符節，而佛教觀點更啟發我把自己的想法做進一步的延伸和推敲，於是我大幅重寫這兩章。更重要的是，從經驗到知識的各個層面，達賴喇嘛都讓我有所學習，使本書獲益良多。[19] 本書並不是從佛教觀點來討論情緒，但我因為與達賴喇嘛會談而引發特殊的見解，所以有時會談到兩者相同的部分。

目前科學研究最活躍的新領域之一，就是情緒的大腦機制。[20] 本書雖然包括這方面的資訊，可是目前對大腦的知識還不足以回答本書提出的許多疑問。但我們確實對情緒性行為有許多了解，足以解答情緒在日常生活扮演什麼角色的最重要疑問。下一章要談的，主要是根據我自己對情緒性行為的研究。我曾詳細檢視各種文化中，許多不同情緒性情境下的人的行為，並由此知道，人需要了解什麼，才能更認識自己的情緒。

雖然本書是根據我的研究和其他人的發現而寫成的，但我又超越已經得到科學證明的資料，進一步涵蓋我相信是正確，不過還未得到實證的事。我還談到一些議題，可能是意圖改善自己情

感生活的人想知道的事。這本書的籌劃，使我對情緒有嶄新的認
識，希望你也得到相同的收穫。

第二章

情緒的產生

　　情緒最特殊的特徵，就是誘發情緒的事件不
只受個人經驗的影響，也受到祖先經歷的影響，
情緒反映出的是「自古以來的智慧」，包括情緒的
主題和反應。

　　大部分時候，情緒把我們照料得很好，推動我們處理生活中
最重要的事，提供各種不同的樂趣。可是，情緒有時會讓我們陷
入麻煩。不恰當的情緒反應會以三種方式出現：第一種是感受
到且表現出正確的情緒，卻以錯誤的強度表現；比如擔心是合理
的，但過度反應時，就會變成極度害怕。第二種是感受到恰當的
情緒，卻以錯誤的方式表現；例如生氣原本是正當的，卻以冷漠
的方式表現，反而顯得幼稚而產生不良後果。我在第四章會談到
改變這兩種不當情緒反應的方法。本章和第三章要討論的是第三
種不適當的情緒反應，這是比較難改變的，也比前兩種反應更不
好，是完全感受到錯誤的情緒。問題既不在於過度害怕，也不在
於以錯誤的方式表現害怕，而是事後才發現當時根本就沒什麼好
怕的。

　　為什麼會誘發不適當的情緒呢？我們是否能完全消除情緒的

誘因，好比有人插隊時，可以不生氣嗎？或是能改變情緒反應，在有人插隊時以逗趣或輕蔑取代生氣呢？如果無法消除誘因或改變我們對誘因的情緒反應，是否至少可以減輕情緒的強度，而不致於產生不適當的反應呢？

　　如果所有人遇到相同的事時，都以相同的方式反應，如果每一件事都會在每一個人身上引發相同的情緒，就不會有上述各種疑問了。顯然事實並非如此：有些人怕高，有些人不怕；有些人因為黛安娜王妃的死而哀悼，好像自己的親人過世，有些人卻不太關心。可是，有些誘因確實在每一個人身上引發相同的情緒，比如差點出車禍時，幾乎都會引發短暫的害怕。為什麼會有這種情形呢？我們為什麼有自己獨特的情緒誘因，同時又對其他誘因產生與別人相同的情緒反應呢？如果坐的椅子突然垮掉，幾乎每一個人都會害怕，可是有些人怕坐飛機，其他人卻不害怕。我們共有某些誘因，就好像共有各個情緒的表情一樣，卻又有一些誘因不只是出於文化差異，甚至有個人的差異。我們是怎麼得到自己不想擁有的情緒誘因呢？這些疑問是本章要討論的問題。我們需要知道答案，才能處理下一章探討的實際問題，下一章會討論我們是否能改變誘發情緒的因素。

　　很難回答這些疑問，因為我們無法看透人的腦袋，也無法單靠詢問人，就知道為什麼產生情緒或何時產生情緒。雖然有一些大腦造影技術，比如功能性磁振造影術，可把頭放進磁性線圈，只要兩、三秒就能看見大腦活躍部位的影像，可惜對情緒如何開始的研究來說，這段時間還是太長了，因為情緒的啟動常常不到一秒鐘。即使功能性磁振造影術可以同步顯影，也於事無補，因為這項技術只能找出活躍的大腦部位，但無法解讀大腦在進行什麼活動。

雖然還沒有科學證據能提供最終的答案，告訴我們情緒誘因是如何在大腦中被確立的，是否能將之消除（恐怕還需要幾十年才能得到答案），但仔細檢查人如何產生情緒性行為，以及在什麼時候發生，可以約略推知答案。我所認為的答案雖然只是出於推斷，但或許可以幫助我們以更好的方式，處理自己的情緒和別人的情緒反應。

情緒的奇妙特徵

　　我們不會對每一件事產生情緒，也不是一直在情緒的掌握之中。情緒會來來去去，我們在某個時刻感受到一種情緒，可能在別的時刻感受不到任何情緒。有些人比別人更容易產生情緒（參見最後一章的結論），但即使是最情緒化的人，也有沒有感受到任何情緒的時候。少數科學家主張人一直會有某種情緒，只是太輕微而沒有注意到，或是不影響行為。如果情緒小到無法察覺，我認為就可以說是沒有情緒。（附帶一提，即使認為我們一直有某種情緒的人，也承認並不是一直存在相同的情緒，但他們無法解釋為什麼人會在這一刻有一種情緒，而在另一刻有別種情緒。）

　　即使並不是每一分鐘的生活都有情緒，卻還有另一個問題：為什麼會產生情緒呢？情緒產生的最常見情形是，感覺到（不論感覺正確或錯誤）正在發生或即將發生某種嚴重影響我們福祉的事，可能是好事或壞事。這並不是產生情緒的唯一途徑，卻是最重要或核心的途徑，所以我要把焦點放在這裡（稍後會描述另外八種產生情緒的途徑）。這是很簡單但很重要的觀念：情緒的演化是讓我們遇到攸關生死的事件時，能快速反應。

回想你以前開車的時候，突然出現一輛高速行駛的車，看起來就要撞到你，而你正專心和鄰座的朋友聊天，或是聆聽廣播節目。頃刻間，在你來得及思考前，在你有意識、能自我覺察的大腦能考慮這件事之前，你就已感覺到危險而開始害怕。

　　情緒開始的時候，會在幾毫秒內掌管我們，指揮我們的行為、言語和思想。你會在沒有意識的選擇之下，自動轉方向盤，以避開其他車輛，並用腳踩下煞車，同時臉上會閃現害怕的表情：眉毛抬高、向中間聚攏，雙眼圓睜，嘴唇向後方耳朵的方向拉長，心臟快速跳動，開始冒汗，血液湧向腳部的大肌肉。即使車上沒有別的乘客，你還是會有這些臉部表情，就好像你雖然沒有做出需要增加血液循環、迅速費力的動作，但心臟還是開始快速跳動一樣。這是因為在演化過程中，那些反應有助於讓別人知道我們感覺到危險，也有助於我們在害怕時做好逃跑的準備。

　　情緒讓我們做好準備，以處理重大事件，而不需要思考該如何反應。如果你沒有隨時偵測危險跡象的部分，可能會眼睜睜看著車禍發生。如果你必須思考如何面對迫在眉捷的危險，可能來不及死裡逃生。情緒在你還不知道發生什麼事時，就做出反應，多半是對你有益的，比如差點發生車禍的情形。

　　等危險過去，你還會感受到內心翻騰的害怕，那些感覺大約要十到十五秒才會逐漸平息，你無法縮短這段時間。情緒使大腦的一部分產生改變，促使我們處理引發情緒的原因；情緒也會改變自主神經系統，以調節心律、呼吸、出汗，以及許多身體的變化，讓我們準備好做出不同的動作。情緒還會送出訊號，改變我們的表情、神色、聲音和身體姿勢。這些改變一定會發生，我們無法加以選擇。

　　當情緒很強烈，發生得很突然時，好比上述開車的例子，我們在事後對情緒事件的記憶不會很精準。你無法知道大腦做了什麼，也不知道牽涉哪些過程才發現鄰車造成危險。你知道自己轉動方向盤，踩下煞車，但可能不知道臉上閃過什麼表情。你會覺得身體裡有某些感覺，卻很難用言語描述。如果問你爲什麼在專心聊天或聽廣播時，還能感覺到危險，你一定無法說明。你無法目睹或指揮救你一命的過程，這是情緒的奇妙特徵，常常在我們還沒有覺察到牽涉的過程時，情緒就已發動。同樣的特徵也可能產生反效果，造成不適當的情緒反應。關於這點，稍後會有更詳細的說明。

如果過程較慢的話，我們可能會覺察大腦裡發生什麼事；事實上我們可能就會知道本章所提疑問的答案是什麼，但我們反應的速度也會不夠快，就無法避開即將發生的車禍。在那一瞬間，產生情緒時所做的決定或評估，是非常快速的，完全無法覺察。我們必須有一直監測周遭世界的**自動評估機制**（automatic appraising mechanisms），查看是否正在發生什麼會嚴重影響我們幸福和生存的事。

如果我們眞的能觀察大腦自動評估的運作，我推測會發現許多機制，而不是只有一個機制，所以從現在起，我談到自動評估機制時，都是指複數，簡稱爲**自動評估群**（autoappraisers）。*

---

* 我在三十年前第一次談到自動評估群時，並沒有明確指出可能牽涉哪些感官，可能是視覺、聽覺、觸覺、嗅覺、味覺中的任何一個。我推測視覺可能是最重要的，但也可能只是我的偏見，因爲我的視覺一直是最敏銳的感官，所以我對情緒的興趣也始於臉部表情的魅力。我們應該假設每一個感覺器官都爲自動評估群提供輸入的訊息。

自動評估群如何做功課

　　時至今日，幾乎每一個研究情緒的人都同意我到目前為止所談的：首先，情緒是針對可能影響我們幸福的重要之事，所做的反應；其次，情緒的啟動常常非常快速，所以無法覺察大腦運作的過程。[1] 大腦的研究也符合我的看法，我們可以快速到在幾毫秒內做出非常複雜的評估，自己卻不知道評估的過程。

　　現在可以用另一種方式來敘述第一組疑問：為什麼同時有普世共通和個別差異的情緒誘因？自動評估群對什麼誘因敏感，又如何對它們敏感呢？情緒誘因是怎麼建立的？這些答案會說明人為什麼有某種情緒，也能幫助我們回答另一個問題：為什麼情緒有時不恰當，但有時又完全符合當時的處境，甚至能挽救自己的性命。

　　這些答案也會告訴我們是否可能改變引發情緒的因素。例如，我們是否能在飛機遇到氣流時，不再覺得害怕？（飛行員說他們能做到這一點，因為他們的裝備幾乎都能事先警告即將遇到惡劣的天候。可是，如果沒有先得到警告，是不是還會覺得害怕呢？飛行員都無法回答，但空服員說確實會感到短暫的害怕。）再舉一例，我們需要怎麼做，才能不再有以牙還牙的衝動？這是不是不可能達成的目標？也許我們所能做的，只是改變自動評估群對某些誘因的敏感度，但說不定我們連這一點也做不到。我們將會加以討論。

　　藉著檢視情緒的發生時間，我們可以推測自動評估群對什麼事件敏感。我們了解的知識，大多不是來自人們體驗某種情緒時的直接觀察，而是請他們回憶某個情緒，然後回答問卷。哲學家彼得・葛爾迪（Peter Goldie）在其見解深刻的書中，稱這種資訊爲「事後的合理化」，[2] 意思並不是貶抑這種資訊，因爲回答這類問卷就好像在情緒事件後，給自己的一番解釋，說明自己爲何這麼做，只是這些回答經過當事人覺知和記憶的過濾，可能不夠完整，也可能很老套，所以問卷會附帶問到當事人願意讓別人知道哪些事情。不過，他們的答案仍然可以讓我們了解許多事情。

心理學家傑瑞·包契爾（Jerry Boucher）以前是我的學生，他在一九七〇年代向馬來西亞人和美國人詢問上述問題，[3] 幾年後，我的同事心理學家克勞斯·席瑞爾（Klaus Scherer）也與人合作類似的研究，對象是八名西方文化中的學生。[4] 他們的研究都找到共通性的證據：同類型的誘因會引發不同文化中人的相同情緒。他們也找到引發某種情緒的特定事件有文化差異的證據，例如，在每一種文化中，失落都是引發哀傷的重要誘因，但失去了什麼會引發哀傷，在各個文化就有所不同。

包契爾的研究中，有一位馬來西亞人談到一個故事，有個人在回教的主要節日有任務在身，「他想到妻子和小孩在村裡慶祝，就覺得傷心。他是有任務在身的軍人，在茂密的叢林保衛國家，因而無法和妻小一起慶祝節日。」席瑞爾的研究中，有位歐洲人說：「我想到一位學校裡的朋友因爲車禍死亡，他是傑出的學者，是非常好的人，卻莫名其妙失去生命。」兩個故事的主題都是失落，卻是完全不同的失落。

我面談了許多和我有相同文化的人，發現引發美國人哀傷、生氣、害怕、嫌惡等等情緒的原因，有許多差異，但這些原因並非沒有相同的部分。有些事會使幾乎每一個人都有相同的情緒：比如黑暗的街上突然出現一位面帶威脅、手中拿著棍子的人，幾乎都會使人害怕。可是，我妻子怕老鼠，我卻完全不怕；餐廳服務生動作太慢時，我會覺得氣惱，我妻子卻完全不在乎。所以，又有一個問題：自動評估群是如何感覺到共通的情緒誘因，同時又能接收各人不同的情緒誘因？

雖然讓我們困惑，但顯然自動評估群一定能警覺到兩類不同的誘因。他們必然一直在掃描人人都會遇到的事，注意對所有人類福祉或生存重要的事。對每一種情緒而言，每一個人的大腦可能都儲存了一些這類的事件，也許是個輪廓，一種抽象的概要，或是某個景像的骨幹，比如傷害的威脅會造成害怕，重要的失落會產生哀傷。另一個可能是儲存的不全然是抽象的東西，而是一個明確的事件，比如就害怕而言，是失去支撐，或是某個東西快速接近，幾乎打到我們；就哀傷而言，共通的誘因可能是失去摯愛的對象或是強烈依戀的人。目前還沒有科學基礎可以判斷何者的可能性較高，可是就我們如何引導自己在生活中的情緒而言，這兩種可能性並沒有差別。

在一生的過程中，我們會遇到許多特定事件，並學習將之解釋為使我們害怕、生氣、嫌惡、傷心、驚訝或快樂的事，這些事會被加入原有的共通事件，增加自動評估群會警覺的對象。這些學來的事件可能很接近原先儲存的事件，也可能只是略微相似。這些事件或是先前共通經驗的細節，或是額外添加的內容，在所有人身上並不相同，會因各自的經驗而有差別。我在一九六○年代末期研究新幾內亞的石器時代文化時，發現他們害怕被野豬攻擊；而住在美國市區的人則較怕被人搶劫，但兩者都代表被傷害的威脅。[5]

在另一本書中，[6] 我和共同研究者衛理・弗瑞生描述各種情景，說明七種情緒在不同人中的普遍現象。心理學家理查・拉撒路（Richard Lazarus）後來也做出相似的提議，[7] 他以**相關的核心主題**說明他的觀點，認為情緒基本上和我們如何與他人相處有關，我非常同意（不過與人無關的事件也能引發情緒，比如落日或地震）。**主題**這個字眼用得很好，既可以用在共通的主題，也能用在個人經驗產生的主題。

面臨一個主題時，比如坐的椅子突然倒下，會在未經評估的情形下引發情緒。自動評估群可能要花較久的時間來評估與主題相關的各種變型，我們的成長過程就是學習這些變型。變型與主題的差異越大，就需要花越多時間學習，直到產生**反思性評估**（reflective appraising），[8] 於是我們能在意識中覺察自己評估的過程，會思考、細想發生了什麼事。假定有人聽說工作單位要裁員，就會想到是否波及自己，考慮這種潛在的威脅時，可能開始害怕。此人需要薪水才能過活，不能丟掉工作。這件事和失去支撐的主題有關（我認為是害怕的主題之一），可是與主題很遠，所以不會產生自動的評估，而是反思的評估，此人的意識會參與評估的過程。

學習，還是演化？

顯然各人情緒誘因的獨特差異是後天學來的，反映出各人的不同經驗（搶劫或野豬）。可是共通的主題是怎麼學來的呢？它們是怎麼儲存在大腦裡，讓自動評估群能敏銳察覺到呢？也是學來的，還是演化產物的遺傳？這個問題值得仔細考慮，因為答案和這些主題能否修改或消除有關。可惜目前沒有證據可以說明共通的主題是怎麼學來的，不過，我會詳細說明兩種可能性，並解釋我為什麼認為其中一種比較正確。

第一種解釋認為不是只有變型才是學來的，各個情緒的主題也是學來的。既然許多不同的文化都有相同的主題，就必然是基於每個人都有的經驗而來的，稱之為**人種恆定的學習**（species-constant learning）。

以生氣為例，每一個人對於自己很想做或是正在做的事，受到別人阻撓時，都會有挫折感，每一個人也都學會，如果走向阻撓的來源，施以威脅或攻擊，有時會成功地排除障礙。這項解釋假定遺傳基因在人性中建立的東西是追求目標的欲望、威脅或攻擊的能力，以及透過排除障礙來學習的能力。如果我們同意有這些欲望和能力的話，就能推斷人會學習以威脅或攻擊的方式，來排除障礙。這種動作需要增加心跳速律，在預期要攻擊障礙來源時，讓血液流到手部：這些都是已知的生氣反應。[9]

如果具有共通性的主題是學習而得的，就應該有可能去除原有的學習。如果我們是學會生氣的主題，那麼就有可能去除學會的生氣。我開始進行研究時，相信情緒的每一個面向都是在社交中學來的，包括誘發情緒的因素。我在研究中發現臉部表情的共通性，再加上別人的發現，使我的想法產生改變。情緒過程所發生的事，並不是以學習為獨一的來源，「人種恆定的學習」無法解釋先天失明的小孩為什麼擁有相似於明眼小孩的臉部表情，也無法解釋特殊表情會運用哪些肌肉。舉例來說，愉快時，為什麼雙唇會朝上而不是朝下，而眼睛周圍的肌肉會收縮呢？為什麼全世界都有這種現象，而在試圖掩飾表情時就可能不會出現這種現象呢？人種恆定的學習也不容易解釋我們最近的發現，就是生氣、害怕、哀傷和嫌惡，在心跳速率、出汗、體溫與血流的變化是不同的（第四章將詳細討論）。這些發現迫使我推論情緒反應的形成主要是受到演化的影響，如果確實如此的話，引發情緒的共通主題就很可能也是由演化來決定的。這些主題是天生的，只有主題的變型和細節是學來的。[10]

顯然地，天擇形塑了生命的許多面向。請想想可以與其他手指相對的大拇指，其他動物大多沒有這種特徵，人類怎麼會有呢？可能在遠古時，我們的祖先因為基因突變恰巧生出這種有用的特徵，可以更成功地捕食、對付肉食動物、繁衍照顧子女，於是擁有更多子孫，最後每一個人都有這種特徵。擁有可以與其他手指相對的大拇指是出於**天擇**，而現在成為基因遺產的一部分。

　　根據類似的推論，我認為面對阻撓時，會以強烈的企圖排除障礙，並以明確的訊息表明意圖的人，比較能在競爭中獲勝，包括食物或配偶的競爭。他們較可能有更多子孫，所以經過一段時間之後，每一個人都擁有這種生氣的主題。

　　關於共通主題的兩種解釋（人種恆定的學習和演化），差別在於特定的事發生在什麼時候。演化的解釋認為這些主題（以及情緒的其他面向）的發展時間是古老的過去，人種恆定學習的解釋也承認部分生氣的主題（比如想要追逐目標）發生在演化的過程，可是其他部分（藉威脅或攻擊來移除障礙）卻是各人在生活中的學習，只是每個人都學到相同的事，所以有共通性。

　　我認為天擇對情緒誘因這樣重要的事，不太可能不起作用。人出生時就已做好準備，能敏銳覺察與人類生存關係重大的事件，就像身為獵人或採集者的祖先對環境的敏銳一樣。自動評估群一直掃描環境有沒有這些主題，當事人卻又不自覺，所以這些主題是演化過程的選擇。

　　瑞典心理學家厄尼・歐曼（Arne Ohman）做了一系列傑出的研究，得到符合上述觀點的證據。[11] 他推斷大部分演化歷史的過程中，蛇和蜘蛛是非常危險的，所以學會快速認清危險而避開的祖先，比較容易活下來、生養子女，而較慢學會害怕蛇和蜘蛛的人則較少生存下來。如果我們真的在演化中，學會害怕過去環境中有危險的東西，他推測今天的人會更快學會害怕蛇和蜘蛛，而不是花、蘑菇或幾何物體。他的研究結果正是如此。

電擊在專業術語上被稱為「無條件刺激」，因為電擊不需要任何學習，就能激發情緒。歐曼以電擊伴隨與害怕相關（蛇、蜘蛛）或不相關（蘑菇、花、幾何物體）的刺激。與害怕相關的刺激只要和電擊配對一次，就會使人在沒有電擊時，也害怕蛇或蜘蛛；花、蘑菇、幾何物體需要和電擊配對較多次，才會使人在沒有電擊時，也對這些與害怕無關的刺激產生害怕。受試者對蛇或蜘蛛的害怕會持續下去，可是對花、蘑菇或幾何物體的害怕會隨時間逐漸消退。*

可是，在當前的環境中，我們本來就怕蛇和蜘蛛，難道真的可以用演化來解釋歐曼的研究結果嗎？如果相反的觀點才是正確的話，人對當今環境中的危險物品，比如槍枝和電源插座，應該也會產生對蛇和蜘蛛相同的反應，可是歐曼卻發現並非如此，對槍枝和電源插座要產生制約的害怕，所花的時間就像對花、蘑菇和幾何物體一樣久。因為槍枝和電源插座存在的時間還不夠久，不足以經由天擇成為共通的情緒誘因。[12]

情緒反映自古以來的智慧

達爾文的書《人與動物的情緒表達》（*The Expression of the Emotions in Man and Animals*），具有特殊的先見之明，書中描述

---

* E. O. 威爾森討論對蛇的害怕時，非常符合上述的論點。雖然他沒有把自己的構想具體應用到情緒，但非常符合我對情緒資料庫的看法，請參考他的著作《知識大融通》（*Consilience*）。

一百多年前他所做有關蛇的實驗，完全吻合歐曼最近的研究。他說：「我把臉湊近動物園展示的鼓腹毒蛇前的玻璃板，以堅定的決心要自己在毒蛇攻擊時，絕不退縮，結果我的決心毫無用處，牠的攻擊撞到玻璃時，我以奇快的速度向後跳開一、兩公尺。我的意志和理性不足以對抗想像中的危險，這種危險是我不曾經歷過的。」[13] 達爾文的經驗顯示，理性思考面對天生就會害怕的主題時，仍然無法避免產生害怕的反應，稍後我會再談這個主題。

目前還無法確定，這類情緒主題是否都以主動的方式運作，不需要有連結到情緒的經驗。在歐曼的研究中，受試者原先接觸蛇和蜘蛛時，並不害怕，需要先有某種經驗，才能將牠們變成害怕的誘因。雖然只要一次連結到不愉快的結果，就變成害怕的誘因，但仍然需要這一次經驗。也許不一定需要這一次經驗，因為達爾文的書表示他之前沒有任何與蛇直接接觸的經驗，就害怕蛇。是否需要學習才能建立情緒主題，或是某些主題不需要任何經驗，只要第一次遇到就會很敏感？從實用的角度來看，上述問題並不重要，因為兩種情形都有助於人類快速對誘因產生反應，這向來是人在地球生存的重要因素。

我相信情緒最特殊的特徵，就是誘發情緒的事件不只受個人經驗的影響，也受到祖先經歷的影響。[14] 理查‧拉撒路的說法很好，他認為情緒反映出「自古以來的智慧」，包括情緒的主題和情緒的反應。自動評估群一直在掃描的，不只是我們自身生活中對生存很重要的事，也包括祖先的獵人和採集者生活中對生存很重要的事。

我們有時會對早期生活中很重要，但現在已無關緊要的事，以強烈的情緒回應。每個主題的各種變型，會在非常早年的學習中，就透過自動評估添加許多內容和細節，有些早在嬰兒期，有些則在童年期。對於早年使我們生氣、害怕或嫌惡的事，我們可能發現原有的反應已不適用於成人。更常見的情形是，我們在早年學習情緒誘因時，因為學習機制尚未得到良好的發展，而產生錯誤的學習。可是，和後來的學習比起來，早年的學習具有更大的效力，也較不容易解除。（這個假設常見於各種學派的心理治療，也得到某些研究的支持。）

強而有力的自動評估群會不斷掃描環境，在意識的覺察之外，一直注意與生存有關的主題和各種事件。以電腦來比喻，自動評估機制會一直搜尋環境有沒有符合儲存在「情緒警戒資料庫」的事情，這個資料庫有一部分是透過天擇記錄在生物裡面，還有一部分是個人的經驗記錄。[15]

天擇的記錄內容可能不是誘因本身，而是預備措施，讓某些誘因可以在資料庫中快速建立起來。許多心理學家把注意力放在另一組雖然相關卻有所不同的議題，就是自動評估群如何評估新的事件，以決定是否符合已經儲存在資料庫中的項目。我有點懷疑這種觀點的效度，因為這種研究要根據受試者的說法，問題是沒有人知道自動評估的過程中，自己的大腦在幹什麼。雖然這項研究提供良好的模式，可以說明人如何解釋自己為什麼產生情緒，可是，他們的看法與我的理論沒有直接關聯。本章剩下的部分，就要提出我的理論，說明人為什麼會產生情緒。

這個資料庫是開放的，不是封閉的；資訊會不斷加進來。[16]我們在一生中會遇到許多新的事件，有可能被自動評估群解釋成類似某個儲存在資料庫的主題或其變型，於是引發情緒。心理學家尼可·佛瑞達（Nico Frijda）特別強調我所謂的變型不只是先前直接經驗的結果，而常常是遇到新的刺激，只是看似與我們關切的主題有關，他稱之為我們的「利害關係」。[17]

由於我們不需要把注意力用來觀察引發情緒的事件，所以能把意識的過程用在別的事情（如果意識心靈充滿各種可能發生的情緒事件，就是精神疾病的徵兆）。一旦學會開車，我們就能自由地把心思放在談話、聽廣播、思考即將面對的事等等；左轉時，不需要關掉收音機就能轉進正確的車道。這是情緒最大的力量之一，所以情緒是有用的。

　　可惜我們的反應並不一定適合當前的環境，如果到開車方向相反的國家遊玩，自動處理的機制可能害死自己，因為車子開到圓環或轉彎時，很容易走錯方向，這時就無法與人聊天或聽廣播，必須刻意防範自動的判斷。有時我們可能發現自己在情緒上好像住在另一個「國家」，不像平時自動評估機制習慣的環境，這時對事件的情緒反應可能會變得不適當。

　　若不是情緒評估機制的運作速度過於快速的話，可能不會造成問題。如果這些機制的速度較慢的話，就不會如此有用，但也會讓我們有時間意識到使自己產生情緒的原因是什麼，就可以在不適當或沒有用的情緒出現前，以意識的評估打斷情緒的過程。但大自然不給我們這種機會，如果在人類歷史中，慢速的機制比快速的機制更有用的話，我們現在就不會擁有如此快速、無法覺察的自動評估機制了。

　　雖然情緒最常因自動評估群而誘發，但這不是啟動情緒的唯一方式。現在來看看另外八種引發情緒的途徑，其中有些能提供更好的機會來控制情緒的產生。

情緒的其他來源

　　情緒有時是起於反思性評估。當我們不確定事件的意含時，會以意識來考量現狀，隨著情境的明朗化，或是開始了解情境，而有某種體悟，發現符合情緒警戒資料庫的內容，然後才由自動評估機制接管。反思性評估負責處理模稜兩可的情境，因為這種情境是自動評估機制還無法辨識的。假設有人開始對你訴說他的生活，你不清楚他為什麼告訴你，也不知道重點何在，於是開始斟酌他所說的話，試圖理解這些話對你有何意含，可能到某個時間點，你了解他在威脅你的工作，這時自動評估機制就會接管，你開始覺得害怕、生氣，或是其他相關的情緒。

反思性評估的代價就是：時間。自動評估機制能為我們節省時間，省下來的幾分鐘常常能救我們脫離不幸。

從正向的角度來看，當情緒是由反思性評估的結果來啟動時，會讓我們有機會影響當時發生的事。*要做到這一點，我們必須熟悉容易引發自身情緒的誘因，也就是各個情緒在我們生活中的共通主題裡最明顯的特定變型。閱讀第五到九章所談的主題和常見的變型，能幫助你了解自己和別人最常見的誘因是什麼。如果知道自己最常見的誘因，就可以努力不受其影響，避免對事件產生錯誤的解釋。

假設你的哀傷／悲痛反應有一項誘因，就是出現非常隱微的跡象，顯示女人發現你內心覺得自己毫無價值，而準備離棄你。如果時間足夠的話，你可以運用反思性評估發現自己將被拋棄的

---

* 我與達賴喇嘛對談他所謂的破壞性情緒，以及企圖透過佛教修行擺脫破壞性情緒之後，我認為他和有些人的修行成果是以反思性評估取代自動評估。經過多年修行後，有可能在大部分時間選擇不要有情緒化反應，或是在情緒出現時，以不傷害別人的方式說話和行動。在未來幾年，我希望能進一步研究如何達到這種成果，以及是否有其他方法以較短的時間達到這種成果。

判斷是錯誤的。這種方法並不容易，可是多加練習就有可能減少你沒被拋棄卻落入哀傷／悲痛的機會。反思性評估使意識心靈扮演更吃重的角色，有機會學習不慌不忙地避免對事件做出錯誤的解釋。

　　回想過去引發情緒的景像時，在當下也會產生情緒。回憶可能是出於自己的選擇，重新尋思過去的景像，以了解當時發生了什麼事，或是想知道為什麼發生這件事，或是思考當時可以有什麼不同的反應。回憶也可能不是出於自己的選擇，而是腦中突然想到。不論回憶是怎麼開始的，都有可能不光是想到以前的景像與引發情緒的過程，而是在當下也有真實的情緒反應，有可能是重溫以前的情緒，也可能感受到不同於以往的情緒。例如，你可能對自己竟然在原初的景像感到害怕，而嫌惡自己，現在只覺得嫌惡，完全沒有原先的害怕。也可能在開始回憶情緒性事件時，並沒有經驗到任何情緒；也可能在心中出現景像時，就馬上產生情緒。

　　我和羅勃‧雷文生（Robert Levenson）曾在實驗室以記憶引發情緒，研究各個情緒的特殊表情和生理反應。我們原本認為受試者知道自己被錄影，而身上又纏繞各種測量心跳、呼吸、血壓、出汗和體溫的電線，可能很難重新經驗過去的情緒性景像。結果完全相反，大部分人很熱衷有機會重新經歷過去的情緒性景像，有些人幾乎是立刻產生情緒。

　　我們請他們從引發各個情緒的共通誘因中，選擇一項來回憶，但要屬於個人的經驗。例如，為了引發哀傷，我們請受試者回憶某個親近的人死亡的經驗，看見自己最哀傷的那一刻，然後嘗試再次經驗親人死亡時的情緒。

簡短的指示一說完，他們的生理反應和主觀感受就開始改變，有些人甚至連臉部表情都不一樣了。這種情形並不令人驚訝，因為每一個人都有回憶重要事件而感受某種情緒的經驗。但在研究之前所不知道的是，回憶情緒時發生的變化是否類似其他方式引發情緒時的變化，結果發現確實如此。經過選擇的情緒性事件的回憶，也可能不會立刻使我們重新經歷原初的情緒，而有機會學習如何重新建構生活中發生的事，進而改變引發情緒的原因。

　　想像是另一種引發情緒反應的方式，如果運用想像來創造原本會使我們產生情緒的景像，就有可能冷卻誘因。我們可以在腦海裡練習，試圖以其他方式解釋事件，使之不符合已習慣的誘因。

　　談論過去的情緒經驗，也能誘發情緒。我們可能和產生情緒反應的對象討論自己的感受，以及有這種感受的原因，也可能是告訴別的朋友或心理治療師。有時光是討論某個情緒性事件，就會重新體驗整個情緒，比如我們在實驗中請人試著去討論時，就可以重新引發情緒。[18]

　　重新體驗過去情緒事件中的感受，使我們有機會了解事情可以有不同的結果，也可能得到聽者的支持或了解。當然也可能使我們陷入麻煩，比如你以為可以冷靜地和配偶討論幾天前的誤會，結果卻發現自己再度生氣，甚至比原先更生氣。即使你希望不要出現這種情形，但還是可能發生，因為我們大多無法控制情緒。真的有情緒時，別人可以從我們的臉色看出來，於是配偶因為我們再度生氣，也開始生氣。

　　假設你告訴朋友，當獸醫說你鍾愛的狗生了致命的疾病時，你覺得有多麼可怕。說這件事使你重新體驗到哀傷，並表現出來，傾聽的朋友也有哀傷的表情。雖然不是朋友的狗，也不是朋友自己的失落，但這種反應並不少見，因為人都能同理別人的情緒。這是啓動情緒的第六種方式：**目睹別人的情緒反應**。

但不一定會有這種反應。比如我們不關心這個人，或是不認同這個人，就不會同理他的情緒。有時目睹別人的情緒時，自己卻有完全不同的情緒。例如，我們可能對別人的生氣或害怕感到輕蔑，或是因別人生氣而害怕。

要啓動同理的情緒反應，不一定需要是朋友的不幸，對方可能根本是陌生人，甚至是不在現場的陌生人，比如電視或電影中的人，或是在報紙和書上看到某人的事。我們確實會因為讀到陌生人的事而產生情緒，這實在很奇怪，因為文字在人類發展後期才出現，卻能引發情緒。我推測文字在腦中被轉成感官、圖像、聲音、氣味，甚至味道，然後這些意象就像其他事件一樣，經由自動評估機制產生情緒。如果能阻斷這些意象的產生，我相信光靠文字是無法誘發情緒的。

別人可能會告訴我們，應該害怕什麼、對什麼生氣、在什麼時候快樂等等，**這種被教導的象徵途徑**通常出於早年生活的照顧者，我們被教導的情緒如果非常激烈，影響的力量就會加強。我們也可能觀察生活中重要的人對什麼事情有情緒，在不知不覺中接受引發他們情緒的變型。例如，母親如果害怕人群，小孩可能也有相同的害怕。

探討情緒的文章都會談到違反規範的情形，就是當自己或別人違反重要的社會規範時，所感受到的情緒，[19] 我們可能會生氣、嫌惡、輕蔑、羞恥、內疚、驚訝，甚至可能會愉快、高興，這要看違反的人是誰，以及違反什麼規範而定。規範當然不是普世共通的，即使是同一個國家或文化的人，也不見得有完全相同的規範。例如，當代美國的年輕人和老年人，對口交的適當與否和其意義，會有不同的看法。我們不只在早年生活學習規範，也在一生中學習。

最後一種引發情緒的方式是一種**新奇、出乎意料之外的方式**。這是我與同事衛理·弗瑞生研究測量臉部動作的技巧時發現的，我們想要了解臉部肌肉如何改變臉部外觀，於是錄下自己的表情，有系統地做出各種臉部動作的組合。我們從單一肌肉的動作開始，一直研究到六種肌肉同時產生的動作，我們經過幾個月的練習，終於學會如何做出各種動作，然後錄下一萬種不同組合的臉部肌肉動作，之後研究錄影帶，了解各個表情是由哪些肌肉產生的。（這項知識是我在第一章提到的臉部動作編碼系統的基礎。）[20]

我發現自己做出某些表情時，心裡會充滿強烈的情緒。並不是所有表情都會如此，只限於我先前發現屬於所有人類共通經驗的表情。我詢問弗瑞生是否也有這種經驗，他說在做出某些表情時，也會感受到情緒，而且通常是不愉快的情緒。

幾年後，鮑伯·雷文生（Bob Levenson）到我的實驗室待了一年，他剛好有一年的公休假，人又在舊金山，願意花時間幫我們測試瘋狂的想法：光是做出表情，就能產生自主神經系統的變化。接下來十年，我們做了四個實驗，其中一個是針對非西方文化的研究（蘇門答臘島西側的美南庫保族），受試者依據我們的指示牽動肌肉時，生理功能會跟著改變，而且大多數人會感受到情緒。同樣地，並不是所有肌肉動作都會產生這種變化，只在先前研究發現的共通表情，才會產生變化。[21]

另一項研究只針對微笑，我和研究大腦與情緒的心理學家理查·戴維生（Richard Davidson），發現做出微笑的動作會使大腦產生許多快樂時才有的變化。並不是所有微笑都有這種結果，只有代表真正快樂的微笑才會如此（見第九章）。[22]

我們在這項研究中，請受試者做出某些肌肉動作，但我相信如果要他們發出各個情緒時的聲音，也會得到相同的結果。可是對大多數人來說，刻意產生某種情緒才有的聲音，比做出臉部表情要困難許多。不過，我們找到一位能刻意發聲的女性，她不論是用發聲或臉部表情，都得到相同的結果。

刻意裝出某個情緒的外觀，以產生情緒經驗、改變生理反應，這種方式可能不是一般人體驗情緒的方法，但可能比我們原先以為的還要常見。愛倫・坡就知道這一點，他在《失竊的信》（*Purloined Letter*）一文寫道：

> 當我想知道任何人有多聰明或多愚笨，多善良或多邪惡，或是想知道他當下的想法時，我就會盡可能精準地模仿他的臉部表情，然後看我腦海或心中會浮現什麼想法或心情，是與這種表情一致的。

以上描述九種產生情緒的途徑，最常見的是透過自動評估群的運作；第二種則始於反思性評估，然後啟動自動評估群；第三種是過去情緒經驗的記憶；第四種是想像；第五種是討論過去的情緒事件；第六種是同理心；第七種是別人教導我們何時產生情緒；第八種是違反社會規範；最後一種則是主動裝出情緒的外觀。

下一章將根據我們對情緒如何被誘發的了解，進一步了解情緒產生時，為什麼那麼難以改變、從什麼時候開始很難改變。並提出建議，了解我們能做什麼，可以在開始透過自動評估而產生

情緒時，有更大的覺察，因爲那是最常使我們陷入麻煩、事後對
自己的行爲感到後悔的時間點。

第三章

改變情緒誘因的影響力

> 我們真的想消除這些動機嗎?沒有興奮的感
> 覺、感官的樂趣、對自身和子孫成就的自豪、生
> 活中許多奇怪和突如其來的事產生的趣味,這種
> 生活還值得過嗎?情緒是生活的核心,使生活更
> 有意義。

　　走在懸崖邊緣,即使清楚看見防止人掉下去的欄杆,還是會
令人恐懼。即使地面不易滑倒、欄杆非常堅固,心臟還是加速跳
動,手掌仍然一直冒汗。光是知道沒有什麼可怕,並不能消除恐
懼。雖然大部分人能控制自己的行動,留在懸崖邊的小徑,但可
能只敢快速偷瞄一眼美麗的景色。即使客觀上沒有真正的危險,
卻還是覺得危險。[1]

　　懸崖邊的小徑顯示知識並不都能勝過產生情緒反應的自動評
估群。情緒反應被引發後,我們可能在意識上知道自己不需要有
情緒,可是情緒仍然持續。我假設這種誘因大多是演化而來的情
緒主題,或是學習來的誘因,但與演化主題非常類似。當學習的
誘因與演化主題沒有什麼關聯時,意識的知識較能阻斷情緒經
驗。換個方式來說,如果我們擔心的事與演化主題無關,就能透

過選擇來克服。

　　還有另一種更嚴重的情形，就是情緒會壓過理智。情緒會讓我們無法運用所有自己知道的事，甚至無法採用原本在沒有情緒時瞭如指掌的資訊。當我們陷入不適當的情緒時，會以符合自身感受的方式來解釋所發生的事，而忽視不符合感受的知識。

　　情緒會改變我們對世界的看法，以及對別人行為的解釋。我們不會質疑自己為什麼感受到一種特殊的情緒，反而會想辦法證實它。我們會以符合自身情緒的方式來評估一件事，於是證明這種情緒是正當的，而保持原有的情緒。在許多處境中，這種方式有助於我們注意如何對即將發生的問題做反應、了解緊急的事，並做出決定。可是，這種反應也能造成問題，因為陷入情緒時，會忽略可以證明自己情緒並不適當的知識，也會忽略周圍不符合當下情緒的新資訊。換句話說，引導我們專注的機制，也會扭曲我們以新知和原有知識處理事情的能力。*

　　假設有人在公開場合受侮辱而很生氣，他或她在大發雷霆的當下，很難想到對方的話是否真的是侮辱。不論是過去對這個人的認識，或是對侮辱本質的了解，都只會被選擇性地運用，光記得支持生氣理由的知識，而不會想到與之矛盾的知識。即使侮辱者解釋或道歉，生氣的人可能仍然無法立刻接受新的資訊（道歉的事實）。

　　情緒會有一段**不反應期**，在這段期間無法接受不符合當下情緒、無法持續原有情緒、不能將情緒合理化的資訊。如果不反應

---

* 我的看法非常類似心理學家傑瑞·佛度爾（Jerry Fodor）關於資訊如何被封閉的說法，也就是原本儲存在大腦的資訊，如果不符合我們解釋世界的方式，就會暫時無法被取用。

期很短，只持續一、兩秒的話，是利多於弊的，可以在這短短的期間，把注意力放在眼前的問題，運用最恰當的知識做出初步的行動，並為接下來的行動做好準備。如果不反應期持續太久，長達數分鐘，甚至數小時的話，可能會引發問題，或有不適當的情緒化行為。過長的不反應期，會使我們看待世界和自己時心存偏見。[2]

在幾乎發生車禍的情形中，一旦已閃避來車，就不會一直留在害怕的狀態，我們會很快明瞭剛才的危險，然後等待呼吸和心跳回復正常，時間大約在五到十五秒之間。可是，如果害怕的事無法立刻消除，比如一個人害怕下背的疼痛是肝癌的症狀，就會在不反應期排斥反證的資訊，忘記其實是昨天幫忙朋友搬傢俱才導致背痛。

意識你的不反應期

試想下述的常見情境：早上出門上班前，吉姆告訴妻子海倫，他很抱歉，因為臨時有事，不能接放學的女兒回家，必須由海倫來接。海倫被惹惱了，語調尖銳、臉上露出怒容地說：「你為什麼不早點告訴我？我已安排那個時段要見一位客戶！」海倫並沒有意識到自己的反應，她是未經選擇就覺得惱怒，因為自動評估群把丈夫的話解釋成沒有為她考慮，會阻礙她達到目標（這是生氣常見的主題）。

吉姆從她的聲音和表情感覺到她的惱怒，質疑她有什麼權利生氣，也對海倫惱火，因為生氣常常會引發對方也生氣。「有什麼好生氣的？我沒辦法事先告訴妳，是因為老闆剛剛才打電話通知要開一個緊急會議，我必須在場。」海倫現在知道吉姆並不是不體貼，因此沒有理由為無法避免、出乎意外的挫折生氣，但她如果還在不反應期的話，就會造成內心的掙扎。由於惱怒之情想要證明自己是合理的，她可能很想批評對方：「你為什麼一開始不說清楚！」但她也可以約束自己，不要繼續生氣。

　　如果海倫能接收吉姆提供的新資訊，就會改變自己對吉姆的看法，放掉「他不體貼」的想法，惱怒就會逐漸消退。可是有許多原因會讓不反應期變長，使海倫緊抓著怒氣不放，在吉姆提出解釋後，仍不肯讓步。她可能前一天晚上睡眠不足；或是承受極大的工作壓力而無法處理，於是把這些挫折轉到吉姆身上；也許他們為一件重要的事爭執了好幾個月（比如要不要再生小孩），海倫早就因為吉姆自私的態度而心懷怒氣；也可能生氣本來就在海倫的人格型態占有重要的角色（我在第六章會談到一項研究，討論本來就具有敵意的人格特質）；或是海倫把人生中另一部分的腳本「引進」（importing）當時的處境，而那份一再重演的腳本充滿強烈的情緒。

　　所謂腳本，會有許多角色，包括當事人和其他重要的人，加上發生在過去的情節。並不是每個人都會把不符合當下的情緒腳本，引進當前的處境。精神分析人格理論的傳統智慧認為，當人過去有尚未解決的感受，這些感受不曾充份表現出來，或是表現出來但沒有得到滿意的結果，就會引進腳本。腳本會扭曲當前的現實處境，造成不適當的情緒反應，並延長不反應期。

　　假設海倫是家中較小的孩子，而哥哥比爾是一直宰制她的惡霸。如果海倫烙印了那種經驗，父母又站在比爾那一國，認為她言過其實的話，她可能常常把「我受到支配」的腳本引進類似的情境（即使只有一點點相似）。海倫最在意的就是不要受人支配，以至於別人即使無意支配她，她也很容易有受到支配的感覺。海倫並不想引進這種腳本，她是個聰明的女人，可以從親近的人給的回饋，了解自己容易有這種誤解和過度反應，可是她在不反應期仍然無法改變情緒，甚至不知道自己處於不反應期。只有在事後反省時，她才了解自己的反應並不適當，而爲原先的行爲懊悔。她想從情緒警戒資料庫排除「他試圖支配我」的誘因，如果能消除這種誘因，生活就會更美好，不容易長時間生氣，也不會扭曲他人的動機。

許多人想要好好控制自己的情緒反應、許多人接受心理治療的理由就是不想再爲某些事而情緒化，可是，沒有人想徹底關閉所有情緒，否則生活會變得單調、乏味、無趣，甚至可能較不安全。

害怕確實能保護我們，使生命得以保全，因爲我們能不經思考就對傷害的威脅做出保護的反應。厭惡的反應使我們小心避免陷入可能有害的活動。失落造成的哀傷和絕望，可能使我們得到他人的協助。甚至最多人想關閉的情緒——生氣，也對我們有用。當受到阻撓時，生氣的情緒可以向別人和自己提出警告，這種警告可能帶來改變，但也可能引發對方的生氣。生氣推動我們改變世界、引發社會公義、爲人權奮戰的企圖。

我們真的想消除這些動機嗎？沒有興奮的感覺、感官的樂趣、對自身和子孫成就的自豪、生活中許多奇怪和突如其來的事產生的趣味，這種生活還值得過嗎？情緒並不像盲腸，不是用不著而需要割除的累贅。情緒是生活的核心，使生活更有意義。

全年無休的情緒警戒資料庫

與其完全關閉情緒，大部分人想要的是有能力選擇性地關閉我們對特定誘因的情緒反應。我們想要用刪除鍵，刪掉儲存在情緒警戒資料庫中的特定誘因或整組誘因，消除某個腳本或掛念，可惜的是，並沒有確定、具體的證據說明是否能做得到。

心理學家約瑟夫・李竇（Joseph LeDoux）是研究大腦和情緒的重要學者，他最近寫道：「經由制約學來的恐懼，特別難以克服，事實上，可能代表最難以消除的學習[3]⋯⋯學習來的恐懼難以消除，有好的一面，也有不利的一面。過去與危險有關的刺激和情境，能保留在大腦的記錄中，顯然有非常有益的作用。可是這些強大的記憶主要是創傷事件形成的，會表現在日常生活中，影響那些它們在其中並沒有特殊益處的處境⋯⋯」[4]

我寫這一章時，有幸能與李竇討論這一點，追問確切的意思，並了解他有多大的把握。首先我必須澄清一點，李竇指的只是學習來的誘因，也就是我所謂的變型。我和李竇都相信演化產生的主題是難以消除的，比如誕生在實驗室、從來沒見過貓的老鼠，在第一次看到貓時，仍然會表現出害怕，這是天生、不需要學習就有的恐懼誘因。每一項誘發情緒的先天主題，雖然可以減輕其力量，但無法完全消除。問題在於能否藉由學習來消除變型，也就是後天學來的誘因呢？

雖然不需要了解李竇大腦研究的專業細節，但必須知道一點，就是情緒誘因被建立時，比如學會害怕某樣東西時，大腦會有一組細胞建立新的連結，李竇稱之為**細胞組合**（cell assembly），[5] 這些細胞組合包含該項誘因的記憶，就像是學習留下永久的生理記錄，形成我所謂的情緒警戒資料庫。但是，我們能透過學習阻斷細胞組合和情緒性行為之間的連結。雖然誘因仍會觸動既有的細胞組合，但至少能暫時打斷細胞組合和情緒性行為之間的關係，比如我們雖然會害怕，可是不會表現出害怕。我們也能學習阻斷誘因和細胞組合間的連結，所以不會引發情緒，但細胞組合仍然存在，資料庫並沒有被消除，以後仍然可能重新將誘因和反應連接起來，比如在某種壓力下，誘因會再度起作用，連接到細胞組合，而產生情緒反應。

雖然李寶的研究完全針對恐懼，但他認為生氣或悲痛並無不同，這一點符合我的個人經驗，以及我對別人的觀察，所以我會假定他的發現也能類推到其他情緒，甚至可能包括好的情緒。*

神經系統產生情緒的機制不易改變，不論是學習去除情緒性細胞組合和反應的連結，或誘因和情緒性細胞組合之間的連結，都非易事。情緒警戒資料庫是開放的系統，會不斷加入新的變型，但資料一旦進入，就不容易去除。情緒系統的建立是為了讓誘因進來，而不是出去，以便在不經思考的情形下做出情緒反應。我們的生物結構原本就不允許輕易受到破壞。

現在回到差點出車禍的例子，看看李寶的發現如何有助於了解當我們試圖改變產生情緒的情形時，發生了什麼事。每一位會開車的人都有這種經驗，當坐在乘客的座位遇到另一輛車切換車道而逼近時，會不自覺伸腳踩向不存在的煞車踏板。踩煞車是害怕被車撞而學來的反應，誘因也是學來的，因為我們祖先的環境沒有汽車；向我們逼近的車輛並不是內建的主題，而是學來的變型。我們很快學會這種變型，因為非常近似一種害怕的主題：某件東西快速接近，好像快要打到我們。

---

* 並不是所有造成情緒的事都是出於制約的結果。佛瑞達指出，有些引發情緒的刺激和「引起嫌惡或愉悅經驗的特殊刺激」不怎麼有關。情緒如果是出於「推論的結果或原因……失業、受到批評、被忽視或輕視的跡象、被人稱讚、看到別人違反規範（行為違背我們奉行的價值觀），這些情形都相當間接或只稍微連結到真正令人嫌惡或愉悅的情境，這種情境是生活中的情緒來源。」我認為這些例子即使與共通主題的關係不大，至少也是與主題類似的變型。

雖然大多數人坐在乘客位上感到危險時，會不自覺踩向並不存在的煞車，但駕駛教練卻學會不這麼做，他們仍會害怕，但已學會阻斷身體的反應（我認為他們的表情或聲音還是會顯露出一絲害怕），或是學會阻斷誘因（突然靠近的車輛）和這種害怕的誘因建立的大腦細胞組合之間的連結，*他們也許細緻地調整了誘因和細胞組合的連結，因此只有在危險極可能發生時，才會感到害怕而做出踩煞車的保護動作。可是如果他們昨晚睡得不好，或是還在想著早上和配偶的爭吵，就會和沒有學過阻斷這個誘因的我們一樣伸腳踩煞車，這是因為誘因、細胞組合和反應間的連結只是減弱，並沒有完全消除。

減緩誘因的六因素

本章接下來的重點會放在減弱情緒的誘因，不論此誘因是直接透過制約建立的，或是間接透過某個情緒主題的連結而建立的。我在下一章會解釋如何減弱事件和情緒反應間的連結。兩者都不容易，容我以另一個例子解釋如何有可能做到。

假設有一個叫提姆的男孩，被父親以非常強烈的方式戲弄（表面上只是玩笑），嘲笑他的表現不佳。可能早在提姆五歲之前，這種有影響力的人以戲弄表現輕視的腳本，就已進入他的情緒警戒資料庫。他長大後，遇到戲弄時，都幾乎立刻以生氣反應，即使是沒有惡意的玩笑，也是如此。他父親以此取樂，會進一步奚落他禁不起玩笑。大約二十年後，提姆一感覺到戲弄的跡

＊ 透過生理反應的測量，可以知道他們是用哪一種方式，但此處的重點不在這裡。

象，就馬上以生氣反應，雖然不是每次都生氣，但提姆覺得最好不要一遇到別人開玩笑，就必須和內心的衝動掙扎。

有六種相當不同的因素決定人是否能減輕情緒誘因的熱度、顯著程度和力量強度，以及不反應期的長度，我們在不反應期只能運用支持當時情緒的資訊。第一個因素就是**與演化主題的相近程度**，學來的誘因越接近不需學習就有的主題，就越難減輕其力量。不滿別人搶車道所引起的憤怒，是接近演化主題的例子，而不是學來的變型，下述難題可以說明這一點。我部門的主任每天開車到大學時，會遇到一段雙車道會合成單車道的道路，一般的默契是兩個車道的汽車輪流開過去，但有時會遇到搶車道的人，即使只會因此晚到幾秒鐘，他仍會勃然大怒。可是在工作中，如果有同事寫文章批評他非常努力做出來的重要計劃，也很少生氣。為什麼對一件看似小事的情形生氣，卻不對一件重要的事生氣呢？

因為駕駛人的動作很像生氣的演化共通主題：受到某人身體動作的阻撓，妨礙人追逐目標，而不是受到文字的阻撓。無禮的駕駛動作比同事的批評文章更接近生氣的演化主題。（有些人納悶搶車道造成的暴怒為什麼變得如此常見，我認為其實一直都有這種情形，只是以前車輛較少，所以較少發生，再加上媒體以前沒有特別談到這種現象，現在才加以注意。）

把這些觀念應用到提姆的問題上，可以預期提姆對於和演化主題較無關的誘因，會比較容易減輕其力量。被父親以言語戲弄、羞辱，和扭住他的手而無法動彈的「玩笑」比起來，前者離演化主題較遠。就成人而言，如果原初的經驗是語言的戲弄，也會比控制身體的嘲弄，更有機會減輕誘因的影響。

第二個因素是**當前的誘因和原初學會誘因的情境有多相似。**

原先無情戲弄他的是父親：強壯、支配的男性。所以被女性、同儕或部屬戲弄，嚴重性都不如擁有某種權威的男性戲弄，前者的影響力也較易削弱。

第三個因素是**學習誘因的年紀**。根據推測，越早學到的誘因越難減弱。部分原因是早年還未發展出良好的能力來控制自己對任何情緒誘因的情緒反應，所以對早年學到的誘因會有較強烈的情緒反應，而成年後學到的誘因，即使同樣重要，但產生的情緒會比較輕微。另一部分原因則是童年早期可能是形成人格和情緒狀態的關鍵期（部分發展學家和所有精神分析師都支持這個觀點，現在又從大腦和情緒研究得到更多證據），[6] 所以那時的學習有較強的影響，也較難改變。在關鍵期學得的誘因，可能造成較長的不反應期。

第四個關鍵因素是**最初的情緒強度**。最初學得誘因時的情緒體驗越強烈，就越難減輕其影響。如果原先的戲弄並不強烈，失去力量時的羞辱、無用、怨恨感較輕微，就比較容易將誘因平息下來。

第五個因素是**經驗的密度，這個因素會影響誘因的力量與持久性**。密度是指在短時間內重複發生極為強烈情緒、使人完全淹沒其中的次數。如果提姆有一段時間一再受到無情、強烈的戲弄，就很難削弱誘因。原初的情緒負荷非常強烈、密集時，我預期後來對誘因產生情緒時的不反應期會較長，很難在前一、兩秒就知道自己的反應不適當。如果最初的情緒非常強烈，即使不密集，也沒有一再發生，但光憑這個因素就足以延長不反應期的時間。

第六個因素是**情感類型**。[7] 每個人情緒反應的速度和力量都不一樣，讓情緒平息所需的時間也不同。我過去十年來的研究集中在這方面（結果發現在速度、力量和期間之外，情感類型還有另外四個面向）。情緒反應較快較強的人，也較難平息升溫的誘因。

減輕誘因的步驟

現在看看提姆可以怎麼樣減輕戲弄這個誘因的影響力。第一步是確認生氣的原因，他可能不知道被權威人士戲弄是使他生氣的強烈誘因，因為自動評估的速度只需要幾毫秒，遠比意識還快，他可能還不知道為什麼，就已生氣了。也許他知道與戲弄有關，卻還不知道對方也要對他有一些支配的力量。他也可能不知道這和童年被父親無情戲弄的經驗有任何關連。提姆可能防衛心很重，還沒準備好接受自己正在生氣，或是還無法面對父親對他無情的事實。所以第一步就是要察覺自己正在生氣，辨識身體的感覺（第六章會談到如何辨識生氣），並了解他對別人造成什麼影響。

假設提姆有時體認自己的生氣並不適當，但不了解為什麼或何時會生氣，下一步就是開始記錄生氣的事件，包括自己發現正在生氣，或是別人說他在生氣。記錄內容要盡可能包括生氣前的狀況。朋友或心理治療師也許能幫他從這些事件了解生氣的誘因是他把戲弄解釋成羞辱，但願當他考慮這一點時，可以覺察自己引進的腳本，也就是他和父親在一起時的可怕場景。我不確定他是否必須知道這些，才能減輕腳本的影響，也許只要了解自己對戲弄的反應過度，知道自己每次都把戲弄視為羞辱，就已足夠。

最簡單的解決之道，似乎是避免任何使提姆容易被戲弄的情境，但這意味他永遠不能在公司的饗會出現，因為他容易在餐會被人修理，也不能參加其他可能被戲弄的場合。所以較好的方式是試圖平息誘因。

提姆需要想一想自己覺得被戲弄時，有多少次其實不是戲弄，或沒有羞辱的意思。他必須學習如何重新評估他覺得被戲弄的情境。如果能不斷從這個角度考量，會很有幫助，[8] 他可以在每次發生戲弄之後，仔細考量他被戲弄的原因有沒有不同的解釋，不見得是羞辱的主題。一段時間後，即使仍在情境之中，他也能學會較快就重新評估。他也能學習去感覺什麼時候有被戲弄的可能，並能做好準備，不要將之解釋成侮慢或是羞辱他的企圖。一段時間後，戲弄可能變成較緩和的誘因。如果提姆能了解戲弄是一種誘因，而且引爆情緒的原因是自己將之解釋成故意羞辱，那麼至少在他生氣時，能以較好的方式控制生氣。[9]（情緒反應的控制，詳見第四章。）

如果上述方法沒有用，情緒的誘因持續不斷引發難以控制的情緒反應，還可以考慮其他方法，比如心理治療，不過我的經驗顯示心理治療往往局限於讓人察覺誘因和引進的腳本，但不一定有助於減輕誘因的影響。行為治療是另一種方法，還有一個方法是靜坐訓練。[10]

假設提姆已經能辨認誘因，花時間分析自己容易誤認為戲弄的情境，並練習重新評估情境，就能把戲弄看成玩笑，而不是侮慢或羞辱。我們就可以進一步認為較容易達到這個結果的原因，在於他早年受到戲弄的次數不多，而且分散在數個月的時間，每次戲弄都不會持續很久，也就是強度和密度都很低，並可以推斷提姆沒有背負快速而強烈的憤怒圖像。提姆現在遇到有人戲弄他時，很少需要為了生氣而掙扎。但他還是可能生氣，特別是因為其他原因而**心情煩躁**的時候。

此處正適合說明**情緒**（emotion）和**心情**（mood）的差異。兩者都涉及感受，但並不相同。最明顯的差別在於情緒比心情短暫，心情可以持續一整天，有時長達兩天，而情緒可以在幾分鐘內來去，甚至只有幾秒鐘。心情好像一種輕微但持續的情緒狀態，煩躁的心情有點像一直處於略爲惱怒的狀態，容易變成生氣；鬱悶的心情就像輕微的哀傷，容易變成非常傷心；不屑的心情與嫌惡和輕蔑的情緒有關；欣快或高昂的心情和興奮、愉快的情緒有關；憂慮的心情和害怕的情緒有關。

一種心情會激發好幾種特定的情緒。煩躁時會找機會生氣，用我們可以或必須生氣的方式來看待世界，對本來不會使我們生氣的事生氣，也比心情不煩躁時的生氣更強烈、更持久。心情在表情或聲音中並沒有自己的訊號，我們認爲某人有什麼心情，是因爲看到吻合該種心情的情緒跡象。心情會降低人的彈性，使人對環境不斷改變的細微差異較無反應，產生偏差的解釋和反應。情緒也有這種現象，但只要不反應期沒有延長，就不會持續很久。

還有一種區分心情和情緒的方式，就是一旦出現情緒，我們就能覺察，通常能指出引發的事件。但我們很少知道自己爲什麼有某種心情，心情似乎是自然發生的，也許早上醒來就有某種特殊的心情，或是在一天當中，沒有明顯的理由就覺得悶悶不樂。雖然心情的引發和維持，必然也有自動的神經化學變化，但我相信心情也可以被極爲濃厚的情緒經驗引發，濃厚的生氣會造成煩躁的心情，就好像濃厚的愉悅能產生高昂或欣快的心情。在這種情形下，我們當然知道爲什麼有某種心情。

我先前指出生活不可以沒有情緒，人不會想要完全擺脫情緒，但我不太相信心情對我們有什麼用處。[11] 心情可能是情緒結構無意間產生的結果，不是經由演化的選擇，因為心情是可以調適的。[12] 心情會限制選擇、扭曲思考，使人很難控制自己的行為，而且常常沒有合理的理由。也許有人會辯稱，心情如果由濃厚的情緒經驗所引發，就有使我們做好心理準備的作用，也許如此，但我認為和心情造成的困擾比起來，益處實在太小。如果可能的話，我寧可再也不要有任何心情，只要情緒就夠了。若是能擺脫煩躁和鬱悶的心情，我願意放棄欣快的心情，但這不是我們能選擇的。

心情與誘因一致時，原本努力平息下來的誘因會再度升溫。當提姆心情煩躁時，戲弄可能再度引發生氣。就如李竇所說的，把誘因和情緒連結起來的，並不是只有緊張的情境，心情也有這種作用。即使誘因已經減弱或平息，不致於引發情緒，還是會在相關的心情下再度升溫。

即使沒有因為心情而特別脆弱，許多人有時仍會引發不想表現出來的情緒，下一章就要討論不由自主的情緒反應，以及在情緒上頭時，如何控制我們的行為。

第四章

情緒性行為

　　情感程式是開放的，而非封閉的，我們一生
不斷學到新的情緒性行為，加進預先設定的情緒
性行為。情感程式的這個特徵使我們能適應各
種生活環境，所以情緒反應不只連結到過去的演
化，也連結到個人自身的過去和現在。

　　你正要和老闆一起參加會議，卻不知道內容和議題，老闆的
祕書安排這個會議時只告訴你「很重要」。你的反應（看起來害
怕、生氣、傷心、冷靜或超然，以及你的言行），可能對結果有
重大的影響。你信賴自己的情緒反應嗎？你能在必要時控制情緒
性行為嗎？或是會事先喝杯酒，吃顆鎮靜劑呢？

　　利害關係巨大時，容易產生強大的情緒，很難沒有情緒性行
為。情緒常常是最好的嚮導，指引我們表現符合情境的言行，但
不是每個人都能一直做到這一點，有時我們會希望自己能不受情
緒影響。可是，如果能完全關閉情緒的話，情況可能更糟，因為
別人可能認為我們冷漠，甚至沒有人性。* 要體驗情緒、關心所

---

　*　近午注射肉毒素以減輕老化跡象的人，確實付出這種代價：臉部僵硬，外觀較不生
　　動、缺少情緒，矛盾的是，表情較不生動的人也比較沒有魅力。

發生的事，又要以自己和他人都覺得不過於情緒化的方式表現，有時是非常困難的。有些人的問題剛好相反：他們感受到情緒，也很在意，卻沒有以一般人預期的方式表現情緒，或是根本沒有表現，別人會認為這種人過度自制。

我們無法選擇自己的外觀和聲音，在情緒當頭也無法選擇自己的言行，更無法選擇出現情緒的時間，可是，我們能學習減少事後會後悔的情緒性行為，壓抑或克制自己的表現，以制止或緩和自己的行動和言語。如果我們的問題是表現出毫無情緒的樣子，也能學習不要過度控制。如果我們能學習如何選擇感受的方式，並選擇如何表達情緒，以建設性的方式表現情緒，就更好了。

關於建設性的情緒性行為，可以回顧亞里斯多德對節制的人所描述的標準：[1]情緒必須適量，和引發的事件相稱，也必須適時表達，表達的方式合乎情緒誘因和當時的環境，而且不會造成傷害。*這些觀念雖然抽象，但可以說明我們為什麼有時在事後會為自己的行為感到後悔。

第三章談到什麼是情緒的誘因，以及如何減輕強烈的誘因，好讓我們不會一直為此產生情緒。接下來的問題在於：我們是否能選擇自己的言行？我們在不反應期時，沒有能力運用資訊來改變感受，那時不會想要壓抑自己的情緒，因為情緒驅策我們做出來的事和說出來的話，在當時似乎是合理而必要的。

如果我們試圖控制言行，必然會在刻意的努力和不由自主的

---

* 有一個例外，當其他人威脅到我們或別人的生命時，如果沒有其他方式避免受傷，生氣地傷害對方是合理的。達賴喇嘛對這一點，在略為猶豫後表示同意。

情緒性行為間掙扎。對大多數人來說,這種掙扎非常巨大,因為情緒的經驗非常快速、強大,有時我們能做的只是離開現場。有些人在某些情緒事件中,光是離開現場就需要強大的意志力。但經過練習後,比較容易緩和情緒性行為,不過這需要時間、專注和了解。就好像有些因素會決定在什麼時候、用什麼方式可以減輕強烈的誘因,也有一套相關的因素決定我們是否能成功地緩和情緒性行為。做不到時(每個人都會有失敗的時候),可以透過幾個步驟從失敗中得到益處,減少再度失敗的可能。

在談這兩個議題(如何緩和情緒性行為、失敗時如何從錯誤中學習)之前,必須先考慮我們試圖緩和的情緒性行為是什麼,這些行為有什麼訊號、動作,以及內在的變化。也需要了解情緒性行為是怎麼產生的,要如何影響其過程。以下從情緒表現的訊號談起。

藏不住的情緒訊號:表情

別人散發出的情緒訊號,常常會決定我們如何解釋他們的言語和行為。他們的表現也會引發我們的情緒反應,進而影響我們對別人言談、動機、態度和意圖的解釋。

上一章提到吉姆說當天無法接小孩放學時,海倫惱怒地回答:「你為什麼不早一點告訴我?」如果她的聲音不尖銳、臉上沒有寫明生氣的話,吉姆可能不會跟著生氣,不過,光是她的言辭就可能足以引起吉姆生氣。相同的話可以用較溫和的方式來說:「我希望你可以早點告訴我」,或是「什麼原因讓你沒有早點告訴我呢?」後面這句話或可讓吉姆知道,她認為必然有某種原因才使吉姆對她造成不便。但即使是較溫和的言辭,如果以生氣的聲音和臉色來說，也沒有用。

即使海倫什麼也沒說，光是臉上的表情，就可以透露出惱怒，因為情緒是藏不住的。我們的情緒大多都有特殊的訊號，使別人知道我們的感受。相反地，思想是可以完全隱藏起來的，沒有人知道我們正想到母親、昨晚錯過的電視節目或是如何改變網路上的投資組合，除非這些想法混雜了情緒（常常如此）。沒有外在的訊號可以讓別人知道我們正在思考，更何況是我們正在想的內容。但情緒就不同了，雖然每個人會有不同的表現方式，但情緒絕不是無形或靜默的，別人看著我們、聽我們說話，就可能知道我們的感受，除非我們極力壓抑表情，但即使如此，還是有一些蛛絲馬跡會洩露情緒。[2]

我們有時恐怕不喜歡這個事實：別人能知道我們的感受。即使是最坦誠的人，有時也寧可把感受藏起來。海倫可能不想讓吉姆知道她的惱怒，但即使什麼也不說，表情還是可能背叛她。情緒升起時會有訊號，這是演化的遺產，也許人類歷史再過一段時間，不讓別人知道我們的情緒比較有益的話，這種遺產就會消失。以海倫為例，輕微的惱怒表情可以提醒吉姆解釋為何沒有早點通知妻子：「甜心，我知道這會困擾妳，可是我也沒辦法，妳剛才淋浴時，老闆才打電話說有一場緊急會議。」海倫知道吉姆不是不體貼，生氣就消退了。可是，就如第三章所提的，如果她為了其他事心懷怨恨，或是把當時的處境連結到被哥哥欺負的經驗，生氣也可能不會消退。

情緒訊號系統（emotion signal system）有另一個值得注意的特色，就是它總是「開啟」的，隨時準備播放我們感受到的每一個情緒。想想看，如果情緒訊號有開關，不想打開就可以關閉的話，會是什麼情形？必然會使我們無法照顧小孩，因為小孩關閉的時候，我們怎麼知道該做什麼、什麼時候去做呢？身為青少年的父母，我們是不是會懇求他們把開關打開呢？在友誼中、在追求異性時，甚至在工作場合，核心的議題將變成：「你的情緒訊號是開著還是關的？」如果別人知道我們選擇不讓人知道感受，除了為最瑣碎的事情而往來的人（比如賣報紙給我們的人），還有誰願意花時間和我們在一起呢？

還好我們沒得選擇，即使有能力減輕情緒訊號，也不可能完全壓抑下來。當然了，有些人比較擅長壓抑情緒訊號，甚至將之消除，但還不確定是因為這些人的情緒經驗較不強烈，還是有較佳的壓抑能力。約翰‧葛特曼（John Gottman）和羅勃‧雷文生發現，像「石牆」一樣的男性在妻子表達生氣時，雖然盡量不表現感受，但生理層面其實有非常強烈的情緒。[3]「石牆」本身就是一種情緒訊號，是受人壓制的訊號，不願或無法處理當下問題的訊號。雖然我沒有做這方面的研究，但我預期在仔細檢視後，會發現堅如石牆的表情出現之前或當時，都可以在表情或聲音中找到細微的訊號，顯示內心的害怕或生氣。

情緒開始時，幾乎會立刻出現情緒訊號。例如，傷心時，聲音會自動變得較輕柔低沉，眉毛內緣會向上拉。如果情緒開始得較緩慢，在幾秒內逐漸加強時，訊號也會越來越明顯，或是快速出現一系列訊號。情緒開始時的訊號較明顯，結束時較不清楚。只要情緒還在，就會影響聲音，但表情不一定一直有變化。當聲音裡沒有情緒，表情不再有變化，或是聽到和看到另一個情緒的表現，就可以說這個人已脫離原先的情緒。

請牢記：情緒訊號無法告訴我們情緒的來源。我們可能知道一個人生氣，但不知道確切的原因，他可能是對我們生氣，也可能是對自己生氣，或是想到令他生氣、但與我們無關的事。有時可以從當下的背景了解情緒的來源，假設你對兒子說：「強尼，你今晚不能和朋友出去看電影，必須留在家裡照顧弟弟，因為保母臨時有事，而爸爸媽媽必須參加晚宴。」如果強尼看起來在生氣，很可能是因為想到你的宴會比他的電影重要，妨礙他的計劃，而對你生氣。當然了，他也可能是為了自己太在意或太失望，而對自己生氣（但可能性較低）。

我們必須避免**奧塞羅的錯誤**（Othello's error）。[4]在莎士比亞的名劇中，奧塞羅指責妻子戴思迪蒙娜愛上卡西歐，要妻子認罪，然後要為了她的背叛殺死她。戴思迪蒙娜要求找卡西歐來證明她的清白，奧塞羅說已殺死卡西歐，戴思迪蒙娜知道無法證明自己的無辜，將會被奧塞羅殺死。

> **戴思迪蒙娜**：唉！他受到背叛，我完了！
> **奧塞羅**：滾出去，婊子！你竟然為他把淚滴到我臉上？
> **戴思迪蒙娜**：喔！趕我走，主人，但不要殺我！
> **奧塞羅**：下去，婊子！

奧塞羅的錯誤並不是沒有發現戴思迪蒙娜的感受，他知道她悲痛、害怕，他的錯誤在於相信情緒只有一個來源，把她的悲痛解釋成聽見情人死亡的消息造成的，而她的害怕則是出於身為不忠的妻子被發現背叛丈夫。他殺她時，並沒有想到悲痛和害怕可能有不同的來源，那是無辜婦女知道滿心嫉妒的丈夫要殺死她，又無法證明自己清白時的反應。

如果要避免奧塞羅的錯誤，就必須拒絕過早做出結論的誘惑，並要努力想想看，有沒有不同的理由可以解釋對方流露的情緒。有許多來源可以產生害怕，有罪之人害怕被抓時，看起來就像無辜之人害怕被懷疑一樣。*情緒訊號可以提供重要的資訊，了解人的感受，以及接下來可能做什麼反應，但可能性不只一種。比如充滿害怕的人，可能會起而反抗，而不是逃走或躲藏。

現在要談最短暫的情緒訊號：臉部表情。我在第一章談到自己的研究，確定有七種情緒各自有明顯、共通的臉部表情：哀傷、生氣、驚訝、害怕、嫌惡、輕蔑和愉快。我不需要定義這些字眼，但輕蔑例外，因為輕蔑雖然很容易辨認，但不是英文常用到的字眼。輕蔑是自覺比另一個人更好或優越的感受，通常是出於道德的優越感，但也可能是對智力或力量較差的人而有的感受。輕蔑有可能是很愉快的情緒。

每一種情緒的用語（哀傷、生氣、驚訝、害怕、嫌惡、輕蔑和愉快），都代表一組相關的情緒。例如，生氣有不同的強度，從惱怒到暴怒都包括在內，還有不同的類型，比如鬱悶的生氣、怨恨的生氣、憤慨的生氣、冷漠的生氣。各個情緒的強度差異，都會清楚顯示在臉上，但科學研究還無法為各個情緒的不同類型，分別找出獨特的臉部表情。

今天的科學常常把生氣、害怕、嫌惡、傷心和輕蔑放在一起，視為負面情緒，相對於正面的情緒。由於驚訝可以是正面或負面的，所以常常被人忽視。這種簡單的二分法有兩個問題，首先是忽略了所謂負面情緒還有非常重要的差別，包括各個情緒的誘因、感受的方式、產生的言行、臉部和聲音的訊號，以及別人的反應。另一個問題是，即使是所謂的負面情緒，並不總是令

---

*　這個問題在所有測謊中都很嚴重。測謊家堅稱儀器的準確性，試圖減少無辜者對於被誤判的害怕，可是測謊器其實不準確，越來越多人知道這一點，因為無辜者和有罪者都可能表現出相同的害怕。

人不舒服,舉兩個例子來說明,有些人覺得生氣的辯論是一種享受,許多人看了一場哀傷的電影後,喜歡大哭一場。另一方面,被視為正向情緒的樂趣,也可能很殘忍,比如嘲笑別人。我相信必須檢視各個情緒事件的特性,才能分辨是使人愉快還是不愉快的感受。

快樂(happiness)這個用語是有問題的,就像不快樂一樣,因為不夠明確。第九章會談到許多不同的快樂情緒,例如**逗趣**(amusement)和**輕鬆**(relief)是非常不同的快樂經驗,差別之大,就像害怕和生氣的差別一樣。不同的快樂情緒並沒有不同的臉部表情,而是共有一種微笑的面容。不同種類的快樂都可能會適時在臉上露出笑容,但快樂情緒的基本訊號在於聲音,而不在臉部。

其他情緒訊號:聲音和身體動作

聲音是另一種情緒訊號系統,和臉部表情一樣重要,但兩者有許多有趣的差別。[5] 臉部是可觀察的,除非人不在現場,或因文化要求戴上面具或面紗(這種情形已越來越少)。聲音則是時斷時續的系統,可以憑意志完全關閉。我們無法完全隱藏面容,卻有想要完全隱藏表情的願望,這可能是人常常以電話取代面對面溝通的原因之一。(打電話當然還有其他好處:不需要穿戴整齊、可以邊聽人講話邊做一些私事等等。)電子郵件甚至不需要說和聽,既不會從聲音流露情緒,也不需要立刻回覆或反駁。有些人為了達到這種效果,會挑對方可能不在的時候打電話,以便在答錄機留言,但還是有機會被對方接到電話。

我相信席爾旺‧湯金斯的話是正確的,他說情緒升起時,會有發出聲音的衝動（各個情緒有不同的聲音），但人可以輕易忍住不發出聲音。可是一旦開始說話，就很難不從聲音透露情緒的訊號。

極少數人可以在沒有某種感受時，逼真地模仿那種感受的聲音。這需要有演員的技巧，而演員能逼真模仿，常常是藉回想過去的事來製造情緒。相反地，要做出不誠實的表情比較容易，我的研究顯示這種表情可以愚弄大多數沒有練習過如何鑑別表情的人。[6] 聲音很少傳達錯誤的情緒訊息，但如果不說話的話，可以完全不提供訊息。臉部較常傳達錯誤的情緒訊息，可是無法完全關閉，但即使光聽不說，也可能隱約流露某種表情的跡象。

聲音和臉部訊號的最後一種差異，就是即使忽略了傳遞訊號的人，還是會注意到聲音，而捕捉表情時必須專注於對方。如果聲音裡沒有情緒訊號，只有臉部才能發出情緒訊號的話，每當嬰兒一離開照顧者的視線，就要冒很嚴重的風險，照顧者必須一直探頭看嬰兒，才知道他的情緒狀態。還好，嬰兒因飢餓、疼痛、生氣、害怕或快樂而有的聲音，可以抓住視線之外的照顧者的注意，只要聽得到嬰兒的聲音，照顧者就有機會在別的地方做其他事，套用電腦的專門用語就是執行多工任務。

雖然聲音很重要，可是和臉部表情比起來，我們對聲音如何表達情緒，仍所知不多。克勞斯・席瑞爾是我的同事兼研究伙伴，他是研究聲音與情緒的重量級科學家，他的研究顯示，聲音的情緒訊號和臉部表情一樣，也是普世共通的。[7] 席瑞爾也研究如何精確指出各個情緒的聲音訊號有什麼不同，但目前的發現比面部表情少很多，部分是因為研究還不夠多，再就是很難以實用的方式描述不同情緒的聲音，必須聽見聲音才能了解，就好像解釋臉部的情緒線索時，最好的方式是透過相片、影片或錄影帶。

對大多數人來說，以言語解釋時，想像看到什麼表情比想像聽到什麼聲音要容易多了。接下來幾章，我會描述目前所知關於情緒的聲音訊號，同時以相片說明各個情緒的不同表情。

除了表情和聲音的訊號，還可以分辨情緒衝動產生的身體動作，我相信這個部分和表情與聲音一樣是普世共通的，不過相關的研究並不多。我要在此簡短描述一下，因為我們對身體動作並不像對表情和聲音那麼熟悉。生氣時會有往情緒誘因移動的衝動，某些種類的愉快也會如此。害怕時，如果可以避免被發現的話，會有僵硬不動的衝動，如果無法避免被發現，則會有逃離傷害的衝動。嫌惡也有類似的衝動，但我認為沒有害怕時那麼強烈，不見得急於避開令人嫌惡的對象。例如，如果看見令人討厭的東西，會轉開目光，如果是味覺或嗅覺引發的嫌惡，則會引起噁心，甚至嘔吐。

哀傷時會失去全身的肌肉張力（但悲痛則不會），姿勢是縮成一團，沒有動作。輕蔑時的衝動是從上往下看對方。驚訝和驚奇則是把注意力固定在產生情緒的對象。輕鬆時有放鬆的身體姿勢；觸覺的愉悅感會使人靠近刺激的來源，其他感官的愉悅則會使人轉向刺激來源的方向，但除了目光的轉向，可能沒有其他動作。觀賞運動員達成困難的得分時，可能會有做出動作的衝動，通常是以雙手做出完成某事而感到自豪的動作。在強烈的逗趣中產生的大笑，會產生重複的身體動作，並伴隨陣陣笑聲。

嚴格說來，這些產生動作的衝動沒有一樣能算是訊號，[8] 因為在演化過程中，並沒有特別用來傳達清楚的訊息，它們雖然像臉部和聲音的情緒訊號一樣是不自主的，但比較容易壓抑。它們和臉部與聲音訊號一樣是普遍存在、預先設定的，也就是不需要學習就會的。

我們在情緒中所做的其他事都是學來的，不是預先設定的，而且很可能是文化或個人所特有的。這些學來的動作包括身體活動和談話，是一生經驗（和評估）的產物，在處理情緒的誘發和伴隨情緒過程的事件中學來的。如果學習的動作與預先設定、自動產生的情緒動作一致，會學得較快、較容易。以害怕為例，我們比較容易學會實際或象徵的退縮動作模式，而不是攻擊的動作。可是任何情緒都可以建立任何動作模式，一旦學會，就能自動運作，好像這些模式原本就存在似的。

　　我們可以用相當不同的動作或完全沒有動作，來干預、撤銷或代替自己的反射和衝動。干預的情形也可能是自動發生的，由過度學習來的習慣主導，不一定是刻意做出來的。像石牆般小心翼翼的男人，可能不經思考就如此反應，並非意識的選擇。不論是刻意的選擇或根深柢固的習慣，當情緒非常強烈時，干預情緒的表達和行動，可能會造成內心的衝突。對大多數人而言，制止身體的動作，比完全不露出臉部和聲音中的情緒訊號，更為容易，我相信是因為我們對身體肌肉（骨骼肌）有絕佳的控制，否則無法做出求生存所需要的複雜精密動作。事實上，我們對身體肌肉和言語的控制，比臉部肌肉或發聲器官的控制，要好太多了。

　　不能只因為我們會不由自主做某件事（透過自動評估、未經意識考量），就說一定是演化的共通產物。習慣雖然是學來的，但也能自動運作，只是常常自己沒有察覺。要了解情緒事件的一連串變化過程，必須記住最初一、兩秒會出現預先設定的臉部表情和聲調，以及預先設定和學習而來的動作，還有其他看不見也聽不到的身體變化。

　　到目前為止，我已描述人在情緒產生時，可以觀察、聽到、看到什麼。還有一整套內在的生理變化，也會產生一些可見或可聽到的跡象。我和羅勃‧雷文生曾研究情緒發生時的自主神經系統變化，比如可以看見或聞到流汗，聽見呼吸，但心臟活動和皮膚溫度是看不見的。我們發現各個情緒會有不同型態的自主神經活動，支持我先前所說的預先設定的動作。例如，在生氣和害怕時，心跳都會加快，讓人做好移動的準備。生氣時，手部的血流會增加而變得暖和，準備攻擊對方。害怕時，腳部的血流會增加，導致手部較冷，讓腳做好逃走的準備。[9]生氣和害怕時會增加流汗，尤其是情緒強烈的時候。害怕、生氣和悲痛時的呼吸會加速，放鬆時會有一種不同的呼吸：深深吐一口氣。（臉紅是另一種明顯可見的跡象，但我保留到本書的結論才討論。）

看不見、聽不到的內在變化

　　現在我們要從外顯的行為（自主神經系統的訊號、動作、跡象），來探討看不見也聽不到的內在變化。遺憾的是，目前對於情緒事件中一連串思維變化的研究還很少，但我深信我們對周遭世界的解釋會有極大的改變。一項研究顯示，原本在沒有情緒時不容易想到的記憶，在出現情緒的當下，相關的記憶會被喚起。[10]最重要的是，我們對事件的評估方式，會與當時的情緒一致，使情緒得到合理的解釋而維持下去，並產生有助於延續情緒的期望和判斷。

　　情緒開始出現時會發生另一套內在的變化，就是調整情緒性行為的企圖。傳統上，我們認為情緒的調整發生在情緒出現之後，而不是在情緒開始之時。當然了，刻意控制情緒的企圖是發生在情緒出現之後，但這會記錄在意識之中，可是我的研究伙伴理查・戴維生認為所有情緒變化（訊號、思維的變化、行動的衝動）開始之時，同時會出現情緒的調整。[11] 雖然還沒有得到確證，但我認為戴維生是對的，在所有情緒變化開始時，就啟動了自動的調整。可是戴維生還無法釐清其過程，也不知道是如何建立的，[12] 未來十年，我們對這一點會有更多了解。

我相信，最初的調整模式是學習來的，可能是早年的社會學習，而且能加以修改。調整模式可能包括對情緒經驗的覺察速度、覺察後辨識情緒所需的時間、是否要立刻約束行動，或是要放縱衝動的行為。無可否認地，我們對最初的調整模式仍不太了解，可是一旦開始學習，情緒似乎不會毫無節制地表現，而這種學習是早在嬰兒期就開始的。這些調整模式很可能已學習得很好，所以能自動運作，而且不容易改變。我們不知道有多難改變，但只要有改變的可能，就有調整情緒的機會。

試想，如果有人極度缺乏情緒，對情緒反應的約束強到生活無味的程度，他恐怕寧可有更多情緒反應。氣質（temperament）是遺傳決定的情緒傾向，雖然可以用此解釋其了無生氣的情感，可是，如果情緒的調節是在非常早年學來的，這個人也可能是從經驗學會過度控制情緒，也許他在小時候因為任何情緒跡象就受到處罰、輕視或忽略。如果行為是出於學來的調整，就有可能改變其反應，如果是天生氣質造成的，改變的機會就不大。這種最初的調整型態，表示嬰兒與小孩和其他人的互動非常重要，會形成一個人日後情感生活的本質，許多關於這個主題的研究，[13] 還有精神分析的基本原則，都同意這個看法。

當我們陷入情緒時，在短短幾秒內會發生一連串變化，是我們無從選擇也無法立即覺察的，包括臉部和聲音的情緒訊號、預先設定的行為、學習來的行為、自主神經系統調節身體的活動、

相關記憶與期望的喚起，以及我們對自己和周遭世界的解釋。＊
這些變化是自動產生的，並未經過選擇，心理學家羅勃·薩瓊克
（Robert Zajonc）說它們是**無可避免的**。[14]但透過對它們的覺察，
以及我們在情緒事件結束前某個時間點的作為，就有機會加以選
擇，願意的話，還可以試圖中止這些變化。在解釋這種覺察需要
什麼條件，以及有哪些步驟可以提高覺察之前，必須先討論情緒
過程的另一個面向：什麼東西產生一連串無可避免的情緒活動？

　　有如此多的反應（各個情緒會有不同的反應，而所有人類的
反應又大致雷同），以如此快的速度發生，表示有重要的大腦機
制負責管理我們的情緒反應。管理情緒反應的核心機制是透過第
二章討論的自動評估展開行動，在這些核心機制中，必然儲存了
許多指導我們做事的指令，這些指令反映出演化歷史中，曾適應
過什麼環境。如果想知道人一旦達到對自己瞬間情緒經驗的覺察
時，對於調節他們的情緒性行為有可能得到什麼成果，就必須了
解我所提出關於核心機制及其運作的理論。

情感程式如何運作

　　湯金斯提出**情感程式**（affect program），說明指導情緒性行
為的遺傳核心機制。**程式**（program）這個詞是由兩個字組成的，
pro 的意思是「之前」，**graphein** 的意思是「寫」，所以程式是
指把事先寫好的資訊儲存起來的機制，也就是遺傳的機制。大腦
裡必然有很多程式，各個情緒都有許多不同的程式。情感程式就

＊　還有神經化學的變化，雖然這些變化也有此處所談的性質，但我不打算在此討論。

像情緒資料庫一樣，是一種隱喻（因為我不認為大腦裡真的有什麼像電腦程式的東西），也不是指大腦只有一個部位負責管理情緒。我們已知大腦有許多部位涉及情緒性行為的產生，但在我們對大腦和情緒有更多認識之前，隱喻可以幫助我們了解情緒。[15]

假如是由情感程式控制情緒性行為，那麼對情感程式的運作有更多認識，會有助於我們控制情緒性行為。動物學家恩斯特·梅爾（Ernst Mayr）區分出開放性和封閉性程式，封閉性程式不受經驗影響，而開放式遺傳程式「允許在一生中加入新的輸入程式」。[16] 梅爾指出，接受父母長期照顧的生物，就有長時間的學習，擁有開放性程式會比封閉性程式更具天擇的優勢。（有一個觀點與梅爾的想法一致，就是所有能表現情緒的動物，會有開放式情感程式，因為這正是情緒本質所不可少的部分。）例如印尼北蘇拉維西島有一種鳥，和人類有多年依賴期相反，母鳥把蛋埋在溫暖的火山土中，然後離開，雛鳥爬出蛋殼，憑自己努力脫離土堆，它們必須立刻知道求生存的方法，因為完全沒有依賴父母的期間可以學習。人類則在另一端，如果在出生時被拋棄的話，就活不下去。我們的情感程式是開放的，所以能學習在特殊環境中如何活下來，並把資訊儲存起來，日後自動指引我們的行為。

人類共通的情感訊號和自主神經系統活動的某些變化，顯示情感程式雖然向經驗學來的新資訊開放，但一開始並非沒有資訊存在，而是原本已有傳導路徑，然後在成長過程展現出來，並受到經驗的影響。各個情緒的不同反應必然有不同的傳導路徑，演化預先在開放式情感程式中設定指令或迴路，以產生情緒訊號、行動的情緒衝動、自主神經系統的最初變化，並設定一段不反應期，好讓我們用符合當下情緒的方式解釋世界。[17]

此外，情緒訊號和自動生理反應的共通性，表示對每一個人而言，除非受到特殊經驗的修正，否則產生這些變化的指令都是以相似的方式發展出來的。雖然還沒有足夠的證據說明這些經驗如何修正臉部表情，但創傷後壓力症候群的研究顯示，引發自主神經活動的門檻是可以徹底改變的。例如，受邀在一群人面前說話時，這是會讓有些人感到不安的事，而早年受到虐待的婦女和對照組中比較幸運的婦女比起來，會在這種場合產生更多與壓力有關的荷爾蒙。[18]

　　情感程式不只包括演化時對祖先有用的情緒，也包括處理重要人際互動時有用的情緒。各個情緒相關的最初調節模式會因人而異，和早年的學習有關，早年的學習一旦進入情感程式，就會像演化預先設定的內容一樣自動運行，而且不易改變。我們在一生中處理不同情緒誘因而學到的行為模式，也會進入情感程式，可能和預先設定的內容一致，也可能非常不同，但在學習後也會自動運作。

　　我不相信人能重寫情感程式預先設定的指令，但我的看法仍有待證明。我們可以試圖干預這些指令，但需要極大的努力，因為無法完全消除或重寫。（有個例外，大腦受傷可能損壞這些指令。）如果能重寫指令的話，就會看到許多人的情緒與眾不同，有不同的訊號、不同的行動衝動、心跳呼吸的變化也不同，那時不只語言需要翻譯，連情緒也需要翻譯了。

　　但這不表示預先設定的指令在每個人身上會產生相同的變化，指令會在身體的不同器官系統運作，因為各人對情緒性行為的處理會有不同的學習，所以在不同人和不同文化中，會有很大的差異。即使預先設定的指令是相同的，情緒經驗仍是既有個別差異，又有共通性。

　　一旦自動評估系統設定了動作，情感程式的指令就會運行，直到執行完畢，無法中斷。指令產生的變化會有多長時間無法中斷，要根據特定的情緒反應而定，就臉部表情和動作衝動而言，根據人去掉臉部表情的速度、縮短出現的時間或以其他表情取代的速度，我判斷不到一秒鐘。聆聽人在試圖隱藏感受時所說的話，我發現聲音的控制需要較長的時間，但仍只是數秒到數分鐘的事，除非情緒過於強烈，或是有新的事件強化情緒。呼吸、流汗、心跳的變化也會持續較久，可以長達十到十五秒。請注意，指令無法被干預的觀念並非依據堅實的科學證據，但確實符合我對人在情緒升起時會如何表現的觀察。

還記得海倫的例子嗎？她在丈夫吉姆說無法接小孩放學時生氣，惱怒的表情閃現在臉上，反問先生為什麼不早點說時的聲音尖銳，身體略為前傾，皮膚溫度、血壓和心跳都升高，這些都是情感程式預先設定的變化。當下一刻了解吉姆為什麼沒有早點說時，大部分身體變化就會消失（皮膚溫度、心跳和血壓需要較長時間才會恢復）。但事件也可能持續下去，如果不反應期持續的話，她可能繼續生氣，也許是積壓已久的怨恨，或是連結到哥哥欺壓的腳本，也可能是吉姆真的不體貼，這次只是老戲重演。如果海倫不相信吉姆的理由，解釋成他只顧自己需要的又一次實例，生氣就會再度上揚。我的重點在於自動評估引發情緒時，最初由情感程式產生的預設變化是短暫的，並不會持續，有時這些變化符合實際情形，需要加以處理，比如吉姆真的不體貼，如果她不阻止的話，他會踩在她頭上。有時這些變化並不適當，比如吉姆實在無法早點通知；或是他並沒有支配她的習慣；或是她的睡眠不足，醒來時的心情不好。

無法干預反應並不是指無法處理這些反應，而是無法立刻做出選擇，完全關閉自動反應。即使重新評估所發生的事，已經進行的情緒反應仍無法立刻停止，而是由新的反應加上（或混雜著）原已產生的情緒。假使海倫對吉姆的憤怒是出於聯想到哥哥欺負的腳本，一旦聽到吉姆真的出於不得已，並不是要支配她時，她就知道繼續為此生氣是不恰當的；但如果欺負的腳本正在運作，她的生氣就會持續下去，或是她可能想起自己醒來時心情不好，是自己的心情造成不適當的生氣，這時海倫可能開始因為自己的怨恨而內疚。從科學研究得知，兩種情緒可以快速地接連發生，一再反覆，也能交織在一起形成一種「混合狀態」，不過在我的研究中，較常見的是反覆快速地交替出現。

　　重新評估並不是讓我們在兩種不同情緒反應之間交替來回的唯一方式，湯金斯指出我們常常對一種感受產生感受，也就是對一開始的情緒產生情緒反應。我們可能因為自己害怕而生氣，或是對自己如此生氣感到害怕，也可能對自己傷心時的行為感到害怕。第二種情緒和第一種情緒的連結可以出現在任何情緒的配對。湯金斯還認為有一種了解人格獨特性的方法，就是分辨一個人對一種感受是否常常產生特別的感受。他又指出，我們有時無法覺察最初的情緒反應，只知道對最初情緒反應產生的後續情緒。我們可能不知道一開始的害怕，只知道害怕引發的生氣。可惜還沒有人研究這些有趣的觀念是否正確。

　　情緒很少單獨發生，也很少以純粹的形式出現。我們對環境的反應常常快速改變，對情境的記憶和想像可能改變，我們的評估也會改變，還可能產生感受的感受。典型的情形下，人會經歷一連串不同的情緒反應。有時各個情緒之間會間隔數秒，在最初的情緒反應結束後，才產生新的情緒反應，有時則會重疊在一起，以混合的方式出現。

練習有助於修正

　　還需要進一步考慮一件非常重要的事，我先前說過，情感程式是開放的，不是封閉的，我們一生不斷學到新的情緒性行為，加進預先設定的情緒性行為。情感程式的這個特徵使我們能適應各種生活環境，所以情緒反應不只連結到過去的演化，也連結到個人自身的過去和現在。汽車是過去的演化所沒有的，可是成人（而非孩童）時期學到的複雜反應會整合到害怕的反應中，當另一輛車子快要撞上時，學來的害怕反應（扭轉方向盤，踩下煞車），顯然是自動發生、不需要思考的。

　　一旦學會新的情緒反應，並進入情感程式，就會變成自動運作，猶如不用學就會的自動反應。情感程式令人驚訝的一點，就是學習來的反應和天生的行為會緊密相連，快速而不由自主地付諸行動。可是，開放的情緒反應系統也有不利的情形，這些學來或說是外加的行為一旦進入情感程式，就很難抑制，即使在不需要或不想要的時候，還是會發生。

　　回想上一章的例子，乘客在另一輛車衝過來時，會伸腳踩向不存在的煞車踏板。乘客無法阻止自己的腳，因為是不自覺地伸腳，就好像無法控制臉上閃現的害怕一樣。這些學來的情緒反應是不是永久的，像預先設定、不需學習的反應一樣不會改變呢？我不認為如此，我相信可以解除學來的情緒反應，不只是控制而已。有些學來的情緒反應比較容易解除。

　　任何涉及身體動作的反應，都比涉及聲音和臉部動作的反應，更容易解除。就如我先前的解釋，我們對身體肌肉（骨骼肌）有極好的控制，駕駛教練學會坐在乘客座椅時，不會做出踩煞車的動作。已經自動化的不自主行動，是被加入害怕情感程式的指令的一部分，仍可透過練習和努力，在一段時間後被修改。上一章談到有助於減輕強烈情緒誘因的各個因素，有些也適用於情緒性行為的解除。早年生活學到的行為模式，以及在高度緊張、情緒強烈的事件中學會的行為模式，都比較難修改或解除。

兒童時，我們都有兇暴的時候，也總是被教導不可如此。第六章討論生氣時，會談到我們是否需要學習才會變得兇暴，以及傷害他人的衝動是不是內建的生氣反應。大多數成人都不想變得兇暴，除非沒有其他方法保護自己或別人避免傷害。（我知道少數不正常的人會想變得兇暴，或是出於犯罪行為的一部分，或是想從中取樂，我會在第六章討論暴力時談到這種人。）是否有人會被逼到完全失控，以破壞性的方式行動，而覺得自己的言行是無法選擇的呢？是否每個人都有一個臨界點？是不是任何人都有殺人的可能，沒有殺人只是因為沒有受到足夠的刺激呢？我相信答案是否定的，但目前還沒有科學證據證明這一點。（怎麼可能以實驗用逐漸加強的刺激，企圖驅使人產生暴力呢？）

大部分人都有調節的模式，可以緩和情緒性行為，約束言行，不致於做出極度傷害的行為。我們可能說或做出可怕的事，但仍然有個限度，不會在失控的衝動情緒高峰殺害自己或別人的性命。即使是暴怒、驚恐或悲痛，也會在造成無可挽回的破壞前停止。我們也許無法避免表情或聲音中的情緒，也許無法阻止自己說出殘忍的話或用力踢椅子（雖然這比抑制表情或聲音中的情緒訊號更容易），但我們能避免造成身體的傷害。我確實見過有人的衝動控制不良，但我認為這是心理失常，而非常態。

即使大部分人不會有極大的破壞性行動，對別人或自己造成永久的傷害，可是，仍然偶爾會說出或做出傷人的事，這種傷害可能是心理上的，不見得是身體上的，也可能不是永久的，但我們的行為仍然造成傷害。傷害不一定是生氣造成的，也可能不是傷到別人，而是自己。例如，過度恐懼可能使我們無法處理危險，傷心可能造成我們逃避世界。不論是傷害自己或別人，現在的問題是考慮如何阻止破壞性情緒事件的發生。情緒的作用之一是專注於當前引發情緒的問題，一般情形下，情緒不會在我們的覺察之外運作，但還是有這個可能。我們都有這種經驗，在別人告訴我們之前，並不知道自己有情緒化的舉動，雖然會有這種情形，但更常見的情形是我們都知道自己的感受，覺得自己的情緒是正確合理的，絲毫不懷疑自己的言行，因為我們身陷其中。

　　如果想停止自己的情緒性行為，如果要改變自己的感受，就必須發展出不同類型的情緒覺察，在情緒當頭時退一步，問自己是否想順著情緒做下去，還是想練習在情緒中選擇自己的反應。這比覺察自己的感受更進一層，而是另一種更進步、難以描述的意識，很像佛教思想家所說的**觀照**（mindfulness）。哲學家艾倫・瓦里斯（B. Alan Wallace）說這是「知道我們的心在做什麼的感覺」，[19] 他說，如果我們能觀照自己的情緒，就能做出下述選擇：「我們是不是想表現憤怒，還是只想觀察它。」[20] 我不用「觀照」這個字眼，因為它是根據更大而不同的哲學，和我了解情緒的方式不一樣，而且要依據相當特定的練習，與我建議的步驟不同。

　　心理學家喬治亞・尼葛羅（Georgia Nigro）和烏立克・奈瑟爾（Ulric Neisser）在書中談到記憶時，描述如何「在某些記憶中，人好像站在旁觀者或觀察者的立場，從外面的有利位置觀看當時的處境，從『外在』看自己。」[21] 這種類型的記憶與記憶裡面的人的觀點是不同的。大多數情緒經驗中，我們都過於陷入經驗，被情緒控制，以至於我們的心沒有任何部分在觀察、探究或細想當下正在進行的行動。我們雖然意識到、有所覺察，卻是以心理學家亞倫‧蘭吉（Ellen Langer）所說的「不用心的方式」。[22]

尼葛羅和奈瑟爾區分兩種記憶的差別，很像精神科醫師兼佛教思想家亨利‧懷納爾（Henry Wyner）描述意識流和觀看者的差別，所謂觀看者是指「觀看意識流顯露的意義，並據此反應的覺察力。」[23] 為了讓我們能緩和情緒性行為、選擇自己的言行，就必須知道自己在什麼時候產生情緒。

如果能在自動評估發生時就覺察，自然會有更多選擇，可以憑意志修改或取消。由於自動評估的速度非常快，我懷疑是否有人能做到這一點。達賴喇嘛和我會談時，談到有些瑜伽士能拉長時間，把自動評估發生的幾毫秒延長到他們可以有意識地選擇要修改或取消自動評估的過程。可是達賴喇嘛懷疑大部分人（包括他）是否能有這種**對評估的覺察**（appraisal awareness）。

學習「專注」的方法

下一步就是在自動評估後，在情緒性行為開始之前，覺察腦子裡發生什麼事，在說話和行動的衝動升起時，就加以覺察，這是可能的，但很難做到。如果有這種**覺察衝動**（impulse awareness）的能力，[24] 就可以決定是否把衝動付諸行動。佛教徒相信在多年的禪修後，能覺察衝動。我們接下來要探討比較可能達到的方法，不過仍然不容易。

哲學家彼得‧葛爾迪說的**反思意識**（reflective consciousness），是指在人感覺害怕時就有所覺察。如果一個人說：「回顧這個經驗，我當時顯然是害怕，可是那時並不覺得害怕」，葛爾迪說這就是沒有反思覺察的例子。[25] 反思是改變情緒反應的前提，但還不夠，因為沒有考慮是否繼續原有的情緒，或是企圖改變或抑制情緒。

喬納森‧史谷勒（Jonathan Schooler）談到他所謂的**後設意識**（meta-consciousness）時，描述我們都很熟悉的經驗，比如看書時想著晚上要去哪一家餐廳，一個字也沒看進去，就翻到下一頁，[26] 我們並不是沒有意識，而是專心想餐廳時，並沒有覺察自己已停止閱讀。如果覺察到，就表示有後設意識，這種意識是指在當下經驗到自己在想什麼，並選擇是否想繼續或改變這個經驗。

我找不到單一的術語來描述這種意識，最好的形容是**專注地考量情緒性感受**（為了避免累贅，我不時會以引號縮寫成「注意」〔attentive〕或「專注」〔attentiveness〕）。當我們「專注」時，是指能在情緒事件中觀察自己，理想的情形是能在前幾秒就觀察到，體認自己出現情緒，並能考慮接下來的反應是否合理。如果無法重新評估，就轉而處理自己的言行。這個過程發生在情緒經驗的當下，能立刻覺察自己的感受和行為。

大多數人很少對自己的感受如此專注，但這種專注是有可能達到的。我相信「專注」的能力可以發展成一種習慣，成為生活的一部分，這時會覺得和情感生活更貼近，並能有較佳的調整。發展這種「專注」的方法很多。

有一個使自己更「專注」於情緒的方法，就是運用第五到九章關於各個情緒誘因的知識。越熟悉自己的情緒誘因，就越能覺察情緒發生的時間和原因。運用這個途徑來增加「專注」的關鍵，在於能辨識自己的情緒誘因，採取削弱誘因的步驟。這麼做的目標不是不要有情緒，而是在產生情緒時，能選擇如何表現情緒。

了解各種感官（分辨各個情緒的身體感覺），也有助於集中我們的「專注」。我們通常知道有這些感覺，但未加注意，也沒有當成提醒自己「專注」於情緒狀態的訊號。我在第五到九章會提供一些練習，幫助你覺察這些情緒有什麼身體感覺，更了解各種生理變化，並將這些變化當成使我們「專注」的線索，讓我們有機會衡量、重新評估或控制情緒。

更多留意觀察其他與我們有互動的人的情緒感受，讓我們也能更「注意」自己的情緒感受。如果我們知道他們做何感受，若是登錄到我們的意識心靈，我們就能以之為線索，更好地分辨自己的感受，並提醒我們「專注」於自身的情緒感受。

可惜我的研究發現大多數人不擅於辨認別人的感受，除非以非常強烈的方式表達。當情緒達到高峰時，沒有人還需要靠別人幫忙才能解讀臉部表情，那時的表情已經無法控制，顯示出眾所周知的面容。可是，表情可以非常細微，可能只是眉毛或上眼皮的變化而已，而我們常過於注意話語，完全忽略細微的臉部跡象。這實在很可惜，如果能在互動中，即早發現別人的感受，就能改善當時的狀況。本書附錄有一個測驗，用來評估你是否擅於辨認情緒剛開始的細微訊號。第五到九章有許多相片，可以幫助你對細微的臉部表情更敏感，並建議如何將這些資訊運用到家庭生活、友誼和工作場合。

學習「專注」地考量自己的情緒性感受，雖然不容易，卻是可能的，經過一段時間的努力練習，我相信會容易許多。＊即使已經養成「專注」的習慣，也不是一直有用，如果情緒非常強

＊ 根據我對靜坐的有限經驗，加上經常靜坐的朋友和同事的經驗，使我相信靜坐是另一種達到「專注」的方法。我正開始一項研究，想更了解靜坐如何達到這種結果，並記錄靜坐產生的變化。

烈，或是連結到自己還不知道的腳本，或是心情與當時的情緒一致，或是睡眠不足、長期的身體疼痛，都可能無法「專注」。我們還是會犯錯，但可以從錯誤中學習，減少下次再犯同樣錯誤的機會。

一旦能夠「專注」後，就有許多可以用來緩和情緒性行為的技巧：

- 試圖重新評估所發生的事：如果成功的話，情緒性行為會立刻停止，產生另一種較適當的情緒，或是確認最初的反應很適當。重新評估的問題在於不反應期會使我們不願取得否定當下情緒的資訊（儲存在腦子裡或來自外在的資訊）。等不反應期過去之後，就比較容易重新評估。

- 即使無法成功地重新評估，仍然相信自己的感受合情合理時，還是能選擇中斷自己的行為，在幾秒內終止自己的言語，或至少不讓自己完全受情緒支配。我們能試著減少臉部和聲音中的訊號，檢查自己所說的話，不讓衝動化為行為。刻意控制情緒驅策的自動行為，並不容易，特別是情緒很強烈時。雖然很難完全掃除臉上和聲音中的情緒痕跡，但有可能閉嘴和停止行動。「專注」（知道自己的情緒）可以避免失控的言行，不要做出事後會後悔的事。

如何運用「專注」

我用自己的例子來說明如何運用「專注」。我的妻子瑪麗安離家四天，參加華盛頓的會議，她離家時，我們會每天通電話。週五晚上，我在電話中告訴她，我週六和同事聚餐，然後一同工作到很晚，預定十一點才到家，那時華盛頓已是半夜兩點，她應該睡了，既然週六晚上無法通電話，她說會在週日上午打電話給我。

　　瑪麗安知道我即使在星期天也會早起，她不在家時，我會在電腦前坐到早上八點。可是她到九點還沒打電話給我，我開始擔心，她那裡已經中午，為什麼沒有打電話來呢？到十點時，我開始生氣，她那裡已是下午一點，早該打電話給我。為什麼沒打呢？她昨晚是不是做了什麼事，不好意思讓我知道？我不喜歡這種想法，因為只會使我更生氣。如果她依約打電話來，我就不會變得這麼容易嫉妒。她也許生病了，會不會出車禍呢？我開始害怕，我是不是應該打電話問華盛頓警局？也許她只是過於熱衷參觀博物館（她曾說週日要去博物館），忘了約好要打電話。我想到她玩得很開心，我卻在擔心她，於是再度生氣，取代了害怕。我為什麼這麼容易嫉妒？她為什麼沒打電話？

　　我如果更機警一點，或是學過這本書的教導，就會在週六晚上或週日早上做好預防的功課。由於被女性遺棄對我是強烈的情緒誘因（我十四歲時母親過世），我可以做好心理準備，在瑪麗安忘了打電話時，不要讓自己覺得被遺棄。我可以提醒自己，瑪麗安討厭打電話，尤其是公用電話，她可能會等回到旅館才打給我。我也可以想到，二十年的婚姻生活中，瑪麗安一直值得信賴，所以我不需要嫉妒。如果事先想到這些事，我或許能減輕情緒的誘因，不致於把她沒打電話解釋成讓我覺得被遺棄、生氣、嫉妒或害怕的情形，甚至氣她不該讓我產生這些情緒。

　　當然了，現在想這些為時已晚，我在那個週日早上並沒有想到。每當我感到生氣、害怕或嫉妒時，在不反應期不會想到有益於解除狀況的資訊。情緒已經展開，隨著時間過去，我越來越生氣，無法取用關於瑪麗安和我的合理資訊。我只能取用符合當時情緒的資訊。

我決定不讓情緒中斷工作，雖然不是從八點一直氣到下午一點，但這五個小時中，每當我看手錶想到她沒打電話時，就會升起怒氣。可是，在這段時間中，我還是有機會「專注」於自己的情緒感受，雖然我覺得自己生氣有理，因為她粗心地忘了打電話的約定。她終於在一點打來（華盛頓是下午四點），我決定不要在電話中表達生氣，等她回家再說。在電話中，我聽見自己的聲音仍有生氣的痕跡，雖然很想發洩，但我成功地不去抱怨，也完全沒有責備她。電話中談得並不愉快，她說隔天晚上晚一點才會回來，幾分鐘後，我們就掛斷電話。

我回想剛才的談話，還好沒有說出任何責備的話，但我知道她從聲音聽得出我在生氣，她曾練習不要逼我去說。不反應期結束了，我能重新評估整個狀況，不再生氣，而是對自己的生氣感到有點愚蠢。我不希望兩人疏離，在分隔幾千英哩，還有將近兩天看不見對方的情形下，我打電話給瑪麗安，離剛才掛斷電話才兩分鐘，這次聊得很愉快。幾天後，我問她那天忘記打電話給我的事，她承認當時知道我在生氣，但由於我沒有提，她也決定不談。

這是情緒過後感到後悔的例子，當然也有很多因為情緒反應而高興的例子，但現在要強調的是，從這件事學習如何應用到其他事後會懊悔的狀況。首先，最重要的是嘗試事先考慮可能發生什麼情形，也就是要知道自己的弱點，在這個例子中，我失敗了，所以無法中斷整個過程；由於我沒有避免連結到被遺棄而生氣的腳本，而讓不反應期延長。所幸我從這次經驗學到，下次遇到瑪麗安沒有如期打電話時，不要以生氣來反應。當「專注」

時，我能選擇不要生氣，但如果我已經有惱怒的心情，或是生活中有很多其他壓力時，還是可能失敗。

我們懷疑可能發生的誘因，覺得必須將之減輕時，要進行兩方面的分析。一方面是聚焦在自己身上，了解心裡有什麼東西會造成事後懊悔的情緒反應。在這個例子中，就是體認沒有打電話給我，會勾起母親過世離開我的怨恨，這種怨恨一直沒有解決，我把這種腳本引進目前的處境。另一方面是試圖擴大我對其他人的了解，在這個例子中，包括回想我所認識的瑪麗安為什麼沒打電話，比如她不喜歡公用電話，這和遺棄毫無關係。

要求自己一直預先考慮可能有什麼情緒，或許很難，尤其是剛開始時。不過，要更熟練地處理情緒，有一部分就是能在事後分析、了解所發生的事。我們必須在覺得不需要為自己的行為辯護後，才進行分析。這種分析有助於提醒我們需要警惕什麼，並幫助我們把情緒誘因平息下來。

我在上一章建議寫情緒日記，記錄事後會懊悔的事情。研究情緒日記不但有助於了解事情為何發生，也能幫助你發現什麼時候容易再度發生，以及該如何改變自己，以避免舊事重演。在同一本日記中，寫下自己成功應對的事件，也很有用，除了鼓勵的作用之外，也讓我們能反省為什麼有時成功，有時失敗。

問題常常在於：情緒一旦開始，我們處在無法重新解釋現狀的不反應期，該怎麼辦？如果我們能「注意」的話，可以避免強化情緒，不要做出一些行為，使別人的反應再強化我們的感受。假如我責備瑪麗安，她的反應可能是生氣，進而使我再度生氣，甚至更生氣。雖然我不是每次都做得到，但不論是害怕或生氣，我都把情緒性行為的控制，看成一種有趣的挑戰。成功時，我會有一種非常滿足的勝利感。我相信練習和思考自己需要做什麼，再加上情緒事件中的自我覺察力，會很有幫助。

　　情緒性行為的控制不會每次都有效，當升起的情緒非常強烈，或是事件非常像演化的情緒主題或早年學到的情緒誘因時，可能很難運用我的建議。而且，依據情緒而定，有些人的情感類型（比如情緒上升非常快速、強烈的特質），會很難控制某些情緒。

　　我們無法每次都成功的事實，並不表示無法進步，關鍵在於更了解自己。透過事後分析情緒事件，我們可以開始發展「專注」的習慣。透過學習更加注意自己的感受、了解內在的線索代表的情緒，我們就更能監測自己的感受。提升我們的能力來觀察別人對我們有什麼情緒反應的跡象，不但能提醒我們注意自己在做什麼、有什麼感受，也有助於我們以適當的方式回應別人的情緒。學習去認識各個情緒常見的誘因，包括我們與別人共有的誘因和個人特別重要或獨特的誘因，能幫我們做好準備來面對情緒。接下來幾章會提供這些資料。

第五章

哀傷與悲痛

> 喚起哀傷的速度、哀傷轉成悲痛又回到哀傷
> 所需的時間、哀傷的感覺通常持續多久，在不同
> 人身上都是不一樣的。了解自己及他人的方式，
> 可以幫助你避免生活中出現這種情緒時，可能產
> 生的誤解。

你的兒子忽然失蹤，這是為人父母最可怕的夢魘。幾個月後，你聽說警方破獲一個綁架、折磨、殺害年輕男子的同性戀集體謀殺幫派，然後得知在他們埋藏屍首的地方，找到你兒子的屍體。一位十七歲名叫漢雷的人帶領警方找到藏屍處。

漢雷在一場通宵的吸膠派對後，射殺三十三歲的朋友科爾，被警察逮捕。漢雷宣稱自己是幫派的成員，專門為科爾誘拐年輕男孩，然後集體謀殺他們，當科爾說漢雷將成為下個犧牲者時，被漢雷射殺。漢雷被拘禁時，告訴警方謀殺男孩的事，「勉強算是為他們（父母）效勞」，因為他覺得父母應該知道兒子發生了什麼事。總共發現二十七具年輕男孩的屍體。

雪莉是其中一位男孩的母親，她的悲傷令人心驚，她的痛苦強烈到任何人看了她的表情都無法忍受，從圖 5-1 中那張極度哀

傷的臉上，幾乎可以聽見嗚咽的聲音，臉部和聲音傳達的訊息一再出現，毫無控制表情的意圖。

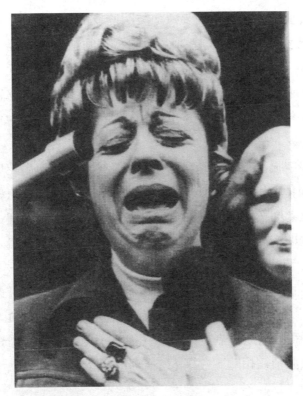

圖 5-1

小孩的死亡是哀傷和悲痛的共通原因。*大概沒有其他事可以喚起如此強烈、反覆、持久的痛苦。一九六七年，我在巴布亞

---

* 也有例外的情形，比如小孩罹患無法治癒的疾病，或是在某些社會中，死亡的小嬰兒是家庭所無法照料的。

新幾內亞做研究時，詢問福爾人在小孩死亡時，臉部會有什麼表情，當時錄下來的表情就和雪莉一模一樣，只是沒有那麼強烈，因為他們是出於想像，而不是真正經歷失落。

引發哀傷的失落有很多種：被朋友或情人拒絕；工作達到不到目標時喪失自我價值感；得不到長官的稱讚或表揚；失去健康；意外或疾病造成身體殘障或喪失部分功能；有些人會因為失去珍愛的物品而傷心。有許多字眼可以描述哀傷的感受：心煩意亂、失望、灰心、鬱悶、沮喪、氣餒、絕望、悲傷、無助、不幸、傷心。

這些字眼都不足以形容雪莉的情緒，我和弗瑞生認為她的情緒有兩種特色：**哀傷**（sadness）和**悲痛**（agony）。[1] 悲痛中含有抗議，哀傷則較傾向認命和絕望。悲痛會試圖積極處理失落的來源，哀傷則較消極。如果無法挽回失落，悲痛常常毫無效果。我們無法從照片的表情區分雪莉是覺得哀傷還是悲痛，如果能連續看好幾秒表情，聽到她的言語，看見她的身體動作，會比較容易辨別。事實上，如果聽到雪莉絕望痛苦的聲音，會令人感到難受，我們可以轉頭不看她的臉，卻無法不聽聲音。我們教小孩要抑制與某些情緒相關、會讓人不舒服的聲音，特別是絕望與悲痛時的可怕哭聲。

哀傷是持續較長的情緒之一。經過一段抗議性的悲痛，通常會接著一段放棄的哀傷，那時會覺得完全無助，然後試圖挽回，又回到抗議的悲痛，然後又覺得哀傷，接下來又悲痛，如此一再反覆。當情緒較輕微或適度時，可能短至幾秒或持續幾分鐘，然後接到下一個情緒（或沒有情緒）。雪莉的強烈情緒則會像浪潮一樣反覆出現，而不是持續停留在情緒的高峰。這種強烈的失落可能會一直在心理背景中帶著哀傷或煩躁不安的心情，直到一段時間之後，才會隨著哀悼的過程結束而消退。

即使是如此劇烈的悲傷，有時還是會感受到其他情緒。悲傷的人有時會感到憤怒，對象是人生、上帝、造成失落的人或事、死者（特別是死者讓自己置身險境時）。憤怒也可能轉向自己，氣自己當初沒有做某件事、沒有在死者生前表達感情、沒有阻止死亡的發生。即使理智上知道自己做什麼都無法阻止所愛的人死亡，哀悼的人還是可能為了自己沒有力量防止死亡，而感到內疚或對自己生氣。

我們幾乎可以確定雪莉會對害死兒子的兩個人生氣，但照片捕捉到的是哀傷和悲痛的時刻。我們會對應該負責的人感到生氣，但對失落本身會感到哀傷和悲痛。如果不是永久不變的失落，比如死亡，而是出於被人拒絕，幾乎都會感到生氣，即使如此，在感受到失落時，還是可能會哀傷。並沒有不變的規則，也常見到哀悼者覺得被死者遺棄，而有對死者生氣的情形。

有時候，悲傷的人會害怕自己沒有辦法獨自活下去，也害怕自己永遠無法恢復。這種害怕會和無法重新生活的感覺交替出現。如果失落還沒有發生，最主要的情緒可能是害怕，而不是哀傷或悲痛。

在強烈的哀傷經驗中，也可能感受到短暫的正面經驗，比如回想與死者共有美妙時光的樂趣。朋友和親戚在葬禮或探視哀悼者時，可能帶來這些正面的回憶，甚至可能大笑。親近的家人一同悲傷、互相安慰時，也可能有短暫的愉快。

哀傷和悲傷表情的功能

我在新幾內亞高地工作時，有機會了解悲傷的另一種特徵。

有一天，我離開居住的村落，徒步旅行到奧卡帕區的中心，那裡有一間澳洲人開的醫院，可以讓我沖個澡，為攝影機的電池充電。有位婦女帶著病重的嬰兒，走了好幾英哩才到醫院，嬰兒仍不幸死亡。醫師準備帶死去的嬰兒和那位婦女回她的村落，並邀我同行。那位婦女安靜地坐在吉普車中，一路面無表情抱著死去的嬰兒。她見到親友時開始流淚，表現出強烈的悲痛。醫師認為她很虛偽，用儀式化的情緒讓村民感動，他認為她如果真的感到絕望，應該在車上就表現出來。

那位醫師不了解我們有時無法真正體驗悲痛，直到共同承擔失落的人出現時，才感受得到。我們知道發生了什麼事，但直到向別人訴說，或是看見別人對失落的反應時，這件事對我們的意義才顯現出來。*那是這種現象的極端實例，因為那位婦女住在石器時代的文化，沒有火柴，沒有自來水，沒有鏡子，除了草裙，也沒有衣服。嬰兒死時的背景對她毫無意義，西式醫院的設備使她的經驗變得不真實，她好像剛從火星回到地球一樣。另一個可能是她在醫師和我這兩個陌生人面前抑制哀傷；她也可能過於震驚，需要一些時間才能表現悲傷。如果時間久一點，不論在什麼地方，都會流露悲傷。

心理衛生專業人士以前相信，沒有表現出強烈悲傷的哀悼者是出於否認，日後容易出現嚴重的精神疾病。最近的研究則認為不盡然如此，特別是當人經過一段逐漸衰弱的歷程才過世時，親人有許多時間適應即將來到的死亡。在這種情形下，當死亡終於

---

* 心理學家佛瑞達提到非常類似的觀點，他說：「當人接到死亡或分離的通知時，常常不會浮現悲傷，這種通知只是一些言辭而已，當回家看到空無一人的房子時，悲傷才會來襲。」

發生時，哀悼者較少經歷悲痛，哀傷也較輕微。如果彼此的情感有問題，常有激烈的爭執或彼此不滿，死亡反而可能帶來解脫，而不是絕望。

當所愛的人突然死亡，或出乎意料之外死亡，沒有時間做好心理準備，哀悼者常常會相信死者仍然活著。泰德·瑞尼爾生（Ted Rynearson）醫師曾研究人對所愛的人死亡會如何反應，發現許多哀悼者會和死者談話，相信死者能聽見並有所反應。[2] 如果是意外、他殺或自殺造成的死亡，這種談話可能持續多年，直到哀悼者完全接受所愛的人已死。

像雪莉那樣強烈表現出來的悲傷，也可能發生在預期有極大失落，卻得到好消息，知道所愛的人平安無事時。最初是鬆一口氣，然後爆發原本壓抑的悲痛，表現出原本預期但遏制住的悲傷，那時會覺得既悲傷、又鬆一口氣。延遲的情緒不論是什麼原因造成壓抑，會在可以安全地感受時才流露出來，即使那種情緒已經不符合當下的情境，也會表現出來。

還有另一種可能的解釋（但未經研究），說明爲什麼有時聽到好消息時，會表現出悲痛的跡象，以淚眼收場。有可能是因爲最強烈的喜悅充滿整個情緒系統，而任何特別強烈的情緒都會暫時產生悲痛的表情。

生氣可能是對抗悲痛的防衛機制，可以取而代之，甚至治癒悲痛。被情人拒絕時，會因爲被拋棄而生氣，於是絕望平息下來，在非常寂寞時，可能重新出現哀傷，然後又因憤怒而趕走哀傷。有些人可能一直生氣，只要有一點點失落的跡象就生氣，以避免悲痛的經驗。

有些心理治療師認爲，失落之後如果有過久的哀傷和悲痛，是對自己生氣的結果。如果能把生氣轉而向外，比如對逝者、離開的人、拒絕的情人、配偶、老師或老闆，就能「治癒」哀傷和悲痛。雖然有這個可能，但我認為並不是常見的反應。失落的人常會對自己生氣，但生氣並不是唯一的感受，對別人生氣也不必然是治療哀傷和悲痛的方法。

現代人常常服用藥物以減輕劇烈的哀傷或悲痛，降低哀悼的程度。用藥物治療憂鬱症，我沒有異議，本章稍後會談到這種情緒疾患。但對於未達疾病程度的憂鬱，用藥物讓人感受不到哀傷或悲痛，我不確定到底有沒有好處。哀傷和悲痛可能有助於失落的療癒，沒有這些感受，失落的痛苦可能會持續更久。如果藥量足夠，使外表看不出痛苦，反而是不利因素，因為臉部和聲音中的哀傷和悲痛，可以喚起別人的幫助。社會的支持、親友的照顧，都有助於康復。我的意思不是指哀傷和悲痛的表情是刻意引起別人的幫助，這些表情是自動出現的，但其演化功能之一就是讓別人看到這種表情時，會覺得關心，想要提供慰藉。

哀傷和悲痛表情的另一種功能，是使失落經驗的意義更為豐富。我們能敏銳覺察哭泣的感受、臉上出現悲痛和哀傷時的痛苦，如果用藥物減輕絕望感的話，就不會徹底感受其意義。哀傷的另一個作用是讓人重建資源、保存能量。當然了，如果哀傷和悲痛交替出現，反而會消耗資源。

我想告誡讀者，關於正常哀傷反應和喪親失落，或承受其他失落時的處理，目前還沒有是否應該使用藥物的確切證據，我只是提出這個議題，讓讀者思考。我要再次強調，以上討論的是一般的失落反應，並不是指臨床的憂鬱症。本章稍後會解釋臨床憂鬱症和哀傷、悲痛的不同。

以情緒反應他人的情緒

　　圖 5-2 攝於一九九五年夏天，在吐茲拉的波士尼亞難民營。歐洲和美國宣布某些地區受到北約軍隊的保護，不會遭受塞爾維亞人攻擊，可是塞爾維亞人不顧這項宣布，攻陷斯瑞伯瑞尼卡安全區，殘忍地殺害許多人。逃往吐茲拉的難民一路看見許多平民的屍體，經過仍在冒煙的焦黑民宅，以及許多企圖逃走的人被吊死在樹上。吐茲拉是另一個安全區，許多波士尼亞回教徒逃到這裡，看見一張名單，得知許多人已喪生，包括他們的父親、兄弟或丈夫。

圖 5-2

臉上顯露這種悲痛的男孩，令人不知該如何安慰，任何人都會有一股伸手援助的衝動。這種衝動至少有一部分是看到別人痛苦時，自己也覺得痛苦而產生的，特別是看到無助而不幸的孩童。這是表情的功用或目的之一：喚起別人的幫助，以自己的痛苦引起別人痛苦，使人願意提供幫助。安慰別人，減少他人的不幸，會使照顧者得到正向的感受。

　　看到雪莉的表情時，也可能引起相同的感受，想要幫助、安慰她，但可能沒有那麼強烈。即使小孩和大人表現同樣強烈的痛苦，大部分人比較不會壓抑安慰陌生孩童的衝動，但對陌生成人則不然。社會學家爾汶‧高夫曼（Erving Goffman）發現，一般人碰觸陌生孩童時，並沒有障礙：會安慰他們的痛苦；看到小孩時，會愉快地摸摸他們。（他在一九六〇年代寫下這篇文章，那時還沒有特別注意誘姦男童的問題。）

　　我特別容易感受到別人的痛苦，電視新聞報導不幸事件時，即使那件事已圓滿解決，我還是立刻眼中含淚，覺得痛苦。即使是粗糙的電視商業廣告演出某個人的失落，也不例外！我以前不是這樣的，我相信是因為三十年前接受背部手術的痛苦經驗造成的，那時由於醫療過失，沒有給我任何止痛藥，持續五天的劇烈痛苦令我想一死了之。這件可怕的痛苦造成心理創傷，撼動我的哀傷／痛苦情緒系統，我好像罹患戰鬥疲勞症的軍人，對一點點類似槍響的聲音都會過度反應。非常強烈、密集或一再重複的情緒經驗，可能會重新設定感受情緒的門檻。

　　有一點值得注意，並不是每一個人經歷哀傷或悲痛時，都想要得到幫助。有些人想退縮、獨處，不想被人看見。這種人可能對軟弱、無助感到羞恥，覺得依賴別人是丟臉的事。有些人自豪於從不表現不快樂的情緒，而是「咬緊牙根」，不流露感情。

可是，不想表現感受，並不代表能完全成功，也不因為壓抑表情（如果做得到的話），就表示沒有情緒。就如我在第四章解釋的，情緒表現是不由自主的，即使我們不想表現，還是會流露出來。我們可以壓抑表情，但無法一直完全壓抑。如果能完全消除情緒表現的話（在臉部、聲音或身體上完全沒有痕跡），表情就像言語一樣不可靠了。

（我在前一段文章刻意用男性代名詞，因為這種情形較常見於男性，但不表示女性就不會壓抑，當然也不是所有男性都明顯如此。文化傳統和文化中的教養方式，可能再加上天生氣質，對個人表現或感覺哀傷與悲痛的態度，都扮演塑造的角色。）

每一種表情都會傳遞一套相關的訊息，哀傷和悲痛的訊息以「我很痛苦，安慰我、幫助我」為中心。看到這些表情時，我們的典型反應並不是疏離、理智的態度，即使是以書上的靜態照片呈現，也不會如此。人體構造會以情緒反應情緒，通常會感受到情緒的訊息。但也不表示我們看到什麼情緒，就會產生相同的情緒。

並不是每個人都能感受別人的痛苦，也不是每個人都會幫助、安慰不幸的人。有些人看到別人不幸的反應是生氣，覺得被迫幫助人是討厭、不適當的要求：「他為什麼不能照顧好自己？為什麼要像個小孩哭泣？」湯金斯相信人與人的基本差異，在於對別人的痛苦做何反應。我們會自己感覺那種痛苦，而想幫助對方；還是責怪受苦的人自陷困境，卻向我們提出要求呢？

有時，某個人或一群人（如波士尼亞的回教徒、猶太人、美國印弟安人、非洲奴隸、吉普賽人），可能不被視為真正的人，不像其他人一樣。雖然動物的痛苦會打動許多人，但不會打動每一個人，並不是每一個人都會被低於人類的族群的痛苦打動，他們的痛苦可能被視爲活該如此。也有人以別人的痛苦爲樂，他們會在身體或心理上折磨別人，因爲把自己的力量加諸別人身上，目睹造成的苦痛與磨難而快樂。照片中小男孩的表情，可能只會刺激這樣的人想要讓難民更痛苦的慾望。（第六章末會討論這種人。）

吐茲拉男孩悲痛的臉上顯然佈滿淚痕，在西方文化中，小孩和婦女流淚是可接受的，但直到不久以前，成年男性因哀傷或悲痛流淚，還被視爲軟弱的跡象。總統候選人穆斯奇（Edmund Muskie）談到妻子被報紙中傷時的眼淚，被視爲一九七二年初選失敗的原因。今天，事態似乎有所改變。杜爾（Bob Dole）和柯林頓（Bill Clinton）在一九九六年大選時雙雙流淚，並沒有因此受到批評。當時美國大眾傳播媒體和許多老師強調男性流露情緒是合情合理的，特別是哀傷和悲痛。我懷疑這種現象是否已瀰漫美國社會各個階層，但缺少可供比較的依據，無法對照三十年前和現在的差別。

眼淚不是哀傷或悲傷的特權，也可能出現於極度快樂和爆發大笑時，也有許多報告談到成人在無助時的哭泣。[3]不論引發哭泣的原因是什麼，許多人在哭完後會覺得比較好，這可能是出於情緒管理的作用。哭泣是人類共通的情緒表現，有人說哭泣是人類獨有的現象，可是，也有零星報告指出其他哺乳類會在極度痛苦的情境中流淚。

人格特質與情緒疾患

如前所述，情緒不只會影響心情，許多情緒也是特定人格特質和情緒疾患的核心。區分各種情緒、心情、人格特質最簡單的方法，就是考量各個現象持續的時間有多久（情緒可以短至幾秒，或長到數分鐘；心情會持續數小時到一、兩天；人格特質則占了一段人生，比如青春期、成人初期，有時長達一生）。*情緒疾患可能斷續發生，也可能長達數週或數月，甚至特續數年到數十年，所以分辨情緒疾患和人格特質的方式，不在於持續多久，而在於生活功能受到什麼影響。情緒疾患可能造成情緒失控，干擾人際關係、工作、飲食和睡眠的能力。

有沮喪的心情時，哀傷會持續數小時；憂鬱的人格則容易覺得傷心或心情沮喪；憂鬱症則是以哀傷和悲痛爲主的精神疾病。這些字眼常常被人交替使用，比如因爲考試成績不好感到憂鬱，並不是指有特殊症狀的精神疾病，後者會超出正常情緒反應的範圍。

首先，情緒疾患會持續很久。如果是因爲分數不好而覺得「憂鬱」，在別的情緒出現時，這種「憂鬱」就很快消散了。眞正的憂鬱症會持續數天、數月，有時長達數年。在情緒疾患中，生活會被特殊的情緒支配、壟斷，所以不容易感受到其他情緒，而且情緒非常強烈，失去控制，一再出現，當事人無法加以調整或逃脫，基本生活功能如飲食、睡眠、與人共處、工作的能力，都受到干擾。這時的情緒比較嚴重，好像洪水氾濫一樣。

如果憂鬱症主要以哀傷表現，就是遲滯型憂鬱症；如果以悲痛爲主，就是激躁型憂鬱症。憂鬱的人不只覺得無法改變生活，也感到絕望，不相信日子會變得更好。除了哀傷和悲痛，還會有強烈的內疚和羞恥感，因爲憂鬱症患者相信自己一無是處。憂鬱症可能是對生活中某件事的過度反應，也可能是是毫無原因就發生。

---

* 情緒、心情、特質和情緒疾患的區別，還在於其原因和對生活的影響，但本書不談這些部分。

除了哀傷和悲痛，還常常有生氣（向自己或外界）和害怕。如果在憂鬱和極度高興、興奮間擺盪的話，就稱為雙極性情感疾病，也稱為躁鬱症。目前確信基因對是否容易得憂鬱症有很大的影響，藥物對大部分人有幫助。不論是否服藥，心理治療都有幫助，但在憂鬱症很嚴重時，光靠心理治療是否像藥物一樣有用，還有很大的爭議。

　　我們在憂鬱症病人的研究中，並沒有發現獨特的臉部表情，與一般人經歷哀傷和悲痛時的表情並無不同。截取任何三十秒鐘的觀察，都只看得出當事人很痛苦，但看不出是否達到臨床的憂鬱症。情緒的反覆出現與其強度，在一個小時中一再表現出來，才能確定臉部表現的是憂鬱，而不只是對重要失落的哀傷和悲痛。

　　病人的診斷和哀傷的程度有關，輕度憂鬱症病人只顯示較少的哀傷，而重度憂鬱症病人的哀傷較大。躁症病人除了有些哀傷的表情，更常出現笑容，但不是愉快的微笑。（愉快的微笑和其他類型微笑間的區分，會在第九章解釋。）

　　我研究住院病人時，發現病人入院時表現的情緒類型的差異，可以預測他們對治療的反應，也就是預測三個月後進步的程度。

辨識自己的哀傷

　　現在來看我們內心如何體驗哀傷。你看到雪莉或吐茲拉男孩的面容時，可能開始感覺到一些哀傷或悲痛，若是如此，請再看一次他們的照片，如果開始感覺到情緒，就讓你的感受發展下去，使你能了解自己身體的反應。如果看照片時不覺得哀傷，請試著再看一次，讓這些感受出現，如果開始出現，盡可能讓感受越強越好。

看照片時，你可能想起自己以前因失落而非常傷心的時候，這個記憶會引發哀傷的感受。對有些人來說，哀傷的事件在生命中過於重要，很容易重新體驗和想起那件事，而充滿當時的哀傷感覺。他們的傷心往事隨時等待機會再度現身，這種人很容易哀傷，因為他們還沒有完全度過哀傷。有些經驗過於劇烈（比如鍾愛的小孩過世），哀傷可能永遠無法完全消退。承受這種創傷的人可能很容易感動落淚，對別人些微痛苦的跡象都很敏感。

如果你還沒有任何哀傷的感覺，相片無法引發任何同情的感受，也沒有任何傷心的記憶浮現，請嘗試這個方法：你一生中是否曾有某個非常親近的人過世，你為此感到哀傷？若有，請回想當時的場景，讓感受重新出現。如果開始出現，讓感受增強，注意你的臉部和身體有何感覺。

如果仍然沒有任何哀傷的感覺，請嘗試下述練習。

練習

模仿哀傷的臉部動作，比如雪莉的表情。（你可能需要鏡子來核對自己的動作是否正確。）

- 張嘴下垂。
- 嘴角下拉。
- 嘴角保持向下拉，同時嘗試讓臉頰向上提，好像要瞇眼似的。這個拉力和嘴角方向相反。
- 保持上抬臉頰和下拉嘴角之間的張力。
- 眼睛向下看，上眼瞼下垂。

如果仍然沒有任何哀傷的感覺，就試著模仿雪莉的眉毛，對大數人來說，這是很難主動做出的動作。

- 將眉毛內側向中間拉高，不是整個眉毛。
- 試著將兩側眉毛拉近，同時向上拉，會有幫助。
- 雙眼向下看，上眼瞼下垂。

我們的研究顯示，如果你在臉上做出這些動作，會引發身體和大腦的生理變化。如果產生變化的話，儘可能讓感受越來越強。

如果看著雪莉的照片，回憶練習，或是根據指示做出臉部動作時，你可以感到哀傷或悲痛的話，請再做一次，專注於這些感受，注意一開始出現的感受如何流露出來，身體和意念有什麼變化。儘可能讓這些感受越來越強，然後注意頭部、頸部、喉嚨、背和肩膀、手臂、胃部、雙腳，分別有什麼感覺，這些是你對哀傷的感官感覺，是非常不舒服的感受，如果太強烈或持續太久的話，可能會接近痛苦的感覺。

眼瞼可能越來越重，臉頰開始上抬，喉嚨後側覺得酸痛，雙眼可能開始濡濕，這些都是哀傷的正常反應，也是看到別人強烈哀傷的面容時的正常反應。同情的反應很常見到，也是我們與人連結的方法，包括完全陌生的人。這些感受使你關心雪莉或男孩的不幸，也使你想幫助他們。雪莉體驗到每個父母最痛苦的悲劇，男孩則體驗每個小孩最可怕的恐懼。

看見雪莉的照片，或是根據回憶、臉部動作的練習時，大多數人會體驗到哀傷，而不是悲痛。如果感受增強到極度劇烈，或是持久一點，就可能轉為悲痛。藉著反思各種感受，更熟悉這些感受，就能在這些感受出現時，加以辨識，了解自己正開始出現失落的經驗。

我已談到哀傷最常體驗到的感官經驗，但各人對哀傷（或其他情緒）做何感受，會有不同的差異。大部分人會假設別人感受情緒的方式和自己一樣，或認為自己的方式才是唯一正確的方式。喚起哀傷的速度、哀傷轉成悲痛又回到哀傷所需的時間、哀傷的感受通常持續多久，在不同人身上都是不一樣的。了解自己的方式，以及自己關心的人有多麼不同的方式，可以幫助你更了解生活中牽涉到這種情緒時，可能產生的不良溝通和誤解。

有些人能欣賞哀傷的經驗，喜歡讀賺人熱淚的小說，愛看引人哀傷的電影和電視節目。有些人非常厭惡哀傷和悲痛，會避開可能令他們感受這些情緒的場合，還會逃避情感或承諾，因為關心他人會使人容易失落和哀傷。

辨識別人的哀傷

現在把焦點轉到別人臉上如何呈現哀傷的情緒，先分析極度強烈的情緒表現，然後再看較細微的哀傷和悲痛跡象。回頭看雪莉的表情，她臉上佈滿強烈的哀傷或悲痛，眉毛內側向上翹起，是非常強烈、可靠的跡象，因為很少人能主動做出這種動作，所以不太可能出於刻意偽裝。（以下描述的其他臉部動作，有些就很容易偽裝。）即使有人企圖不流露感受，但眉毛歪斜的位置常常洩露心中的哀傷。注意雙眉中間的部位，當眉毛向上揚而聚攏時，大多數人會出現垂直的皺紋，像雪莉一樣。有些人原本就有垂直的皺紋，在眉毛內緣上揚聚攏時，皺紋會變得深而濃。

要看眉毛的力量有多強，只要把雪莉眉毛以下的臉部用手遮起來，就知道了，即使只看眉毛，還是覺得她很痛苦。眉毛的動作使上眼瞼變成三角形，有時這是哀傷的唯一跡象。

　　她的下半張臉也明顯流露極度的哀傷，雙唇橫向拉開，下唇向上推，我認為她的下唇在顫抖。張大的嘴增加了表現的強度。她有另一個重要的悲痛表現，就是雙頰上提，這是徹底表現強烈悲痛時的現象。嘴角可能下拉，但在雙唇大幅向兩側拉開、雙頰向上拉時，嘴角下拉的動作會變得不明顯。注意下巴上端和下唇間的皮膚，解剖學家稱之為下巴頭（chin boss），它會因下巴肌肉的動作皺起來並向上推，這塊肌肉單獨作用時，會使嘴巴噘起。雪莉的下唇沒有上推到噘起的程度，是因為嘴唇過於強烈地向兩旁拉扯的緣故。

　　現在看看站在雪莉後面較年輕婦女的表情，我們只看見部分臉孔，但足以看出一側眉毛的內緣向上面和中間拉扯，臉頰上抬。這兩個徵兆和雪莉的臉一樣。年輕婦女的嘴唇沒有打開，但看起來有輕輕壓住，可能是試圖不要放聲大哭。

　　現在看吐茲拉的男孩，他的眉毛並沒有向上彎，因為哭泣時，眉毛有時會向下拉攏，特別是哭得很厲害時。他的雙頰上抬，下巴皺起，像雪莉的臉孔一樣。上抬的雙頰有時會造成嘴角微微上揚，好像咧嘴而笑一樣。

　　用手遮住男孩臉孔的上半部，只能看見下垂的下眼瞼底部以下的臉，這種笑容顯然不是愉快的笑容，因為臉孔下半部仍表現出哀傷。有些科學家對這種類似微笑的外觀感到困惑，這種笑容顯然與快樂無關，因為出現在很痛苦的人身上（就如吐茲拉的男孩），關鍵在於嘴角是被臉頰肌肉的強力作用拉上去，而不是微笑的肌肉造成的。請注意這個男孩的下巴頭很像雪莉的下巴頭。

還有一個微乎其微的可能，這個男孩也許試圖以微笑掩飾悲痛，表示自己能處理哀傷（可能想避免成為家人的負擔）。

這張照片還有兩位女性表現出絕望或悲傷：右側的婦女表現出典型的歪斜眉毛、拉長的嘴、稍稍下垂的嘴角和上抬的臉頰。男孩後面的婦女和男孩的表情如出一轍。

圖 5-3 中的小男孩，沿著新幾內亞高地的小徑走路時，遇到我這個陌生人。就我所知，他不曾見過其他白種人，最多見過另一位科學家，或是曾見過某個傳教士，但可能性不高，他和該文化中大部分人一樣與世隔絕，沒有機會見到外人，這正是我研究

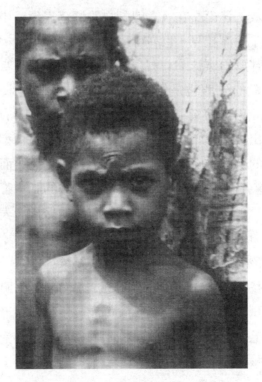

圖 5-3

他們的原因。他不曾看過相片、雜誌、影片或錄影帶，所以無法從這些來源學到表情。

這些人對我很感興趣，因為我做的每一件事都很新奇，即使簡單到用火柴點燃煙斗，都令他們感到奇怪，因為他們沒有火柴。每天晚上，我打字記錄經驗時，周圍會圍繞許多人，他們認為手提式打字機是音樂機器，每隔幾秒就放出單調的聲音。我不需擔心他羞於照相，因為他不知道照相機是什麼。

我不知道這位男孩在想什麼，為什麼露出這種哀傷的表情，因為我不會他們的語言，而當時幫忙的翻譯員不在場。使眉毛內緣提高的肌肉收縮時，有些人的眉毛不會移動，而是產生這種型態特殊的皺紋。達爾文在《人與動物的情緒表現》中，提到這種型態：「為了簡潔起見，也許可以稱之為悲傷肌肉……會在前額形成類似馬蹄形的標誌。」

雪莉前額的外觀也是相同肌肉造成的，只是收縮較微弱，但在新幾內亞男孩前額中心，只有皮膚皺縮起來，眉毛並沒有上揚。有些人出現這種不自主的表情時，總是以這種型態呈現，可能是解剖上的差異。雖然有人會認為男孩是困惑，而不是哀傷，因為眉毛並沒有聚攏，可是，如果沒有哀傷的話，不會出現馬蹄型態。相形之下，男孩後面的同伴就有雙眉聚攏，表現出困惑或專注的樣子。

這位男孩的嘴或臉頰都沒有哀傷的跡象，這是「局部」表情的例子，訊號只出現在臉孔的一部分，不像前兩張照片的充分表情。如果他試圖控制情緒表現，就可能發生這種情形，就如我先前所說，眉毛比臉孔下半部更難控制。也可能是感受很微弱，而沒有在整張臉上表現出來。

從細微跡象觀察起

現在來檢視哀傷表情的成分，以及較細微的跡象。我用女兒伊芙四年前的照片來說明（圖組 5-4：A-T，見下頁），我當時並沒有要她假裝某種情緒，而是讓她看我臉上特定肌肉的動作，請她模仿。我拍了幾千張照片，以找出可以用來解釋表情細微變化的相片。我只用一個模特兒（除了其他章節會有幾張我的相片），希望讀者把焦點放在表情的變化，而不是特別的相貌。

我要從眼睛開始談，包括眼瞼和眉毛。圖 B 是不帶情緒的中性表情，用來對照有時非常輕微的單一變化。圖 A 顯示上眼瞼下垂，圖 C 顯示眉毛內側微微上揚。即使只有這麼微小的變化，都可以改變整張臉的感覺。

為了幫讀者只看見左圖的上眼瞼和右圖的眉毛所提供的訊息，我製作了合成圖片，把這些特徵貼到中間的圖，圖 D 是圖 A 的上眼瞼貼到中性的圖 B，圖 E 是圖 C 的眉毛貼到圖 B 合成的。這樣應該能讓你相信，即使只有非常細微的改變，也能影響整張臉的外觀。附帶一提，圖 E 看起來沒有圖 C 哀傷，因為圖 C 中，上眼瞼有一點點下垂，如果沒有對照圖 C 和圖 E，就不容易發現圖 C 的上眼瞼變化。

圖 C 是哀傷的明確跡象，可能是輕微的哀傷、受到控制的哀傷，或開始消退的哀傷。未經練習的話，並不是每個人都能辨識出來，尤其是出現得很短暫時。圖 A 比較模稜兩可，因為眼瞼下垂是唯一的訊號，可能是輕微或受控制的哀傷，也可能是想睡覺或覺得無聊。

不過，當下垂的眼瞼加上揚起的眉毛時，就要注意了。圖 F 是圖 C 的眉毛和圖 A 的眼瞼貼上中性臉孔的合成照片。圖 G 也

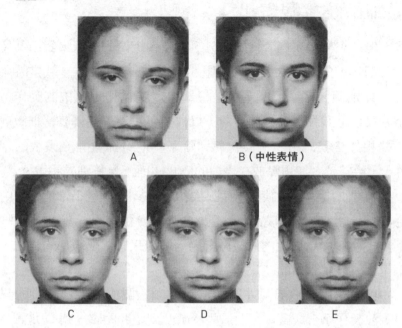

A B（中性表情）

C D E

有同樣的組合，不過是自然的動作，不是電腦製作的，這時的眉毛動作較明顯。這是非常明顯的哀傷，除非過於短暫，否則不易忽略或誤解。

圖 H、I、J 顯示眼睛的其他變化。圖 H 的眉毛較明顯，但目光直視前方。圖 I 的眉毛也很明顯，上眼瞼稍微下垂，下眼瞼略微繃緊，可以比較圖 I 和圖 B 的下眼瞼。圖 J 是典型的哀傷表情，目光向下，這是雪莉照片中哀傷表情的一部分。讀書或疲倦時的目光當然也會向下，但若加上哀傷的眉毛，就是清楚的訊息。

眉毛是哀傷時非常重要、相當可靠的標誌，除了哀傷以外，很少會出現這種形態，因為很少人能主動做出這種動作，只有少數例外，如伍迪艾倫和金凱瑞常常露出這種動作，雖然大多數人

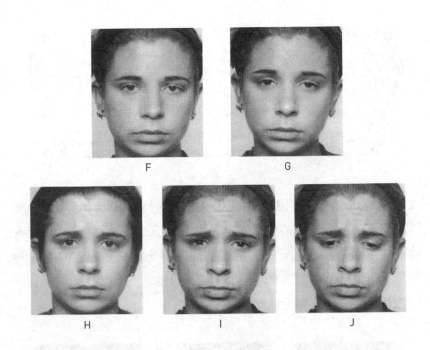

F   G

H   I   J

在強調一句話時，會抬高或壓低眉毛，但這兩位演員常常以哀傷的眉毛強調某個字，使他們看起來充滿同情、溫暖、親切，但不見得反映真正的感受。對於能揚起眉毛內緣來強調言辭的人而言，這種動作沒有什麼意義，但對大多數人而言，這是重要的哀傷訊號。

　　現在把焦點轉到哀傷時的嘴巴（以下圖 K、L、M、N，見下頁）。圖 K 顯示嘴角非常輕微地下拉，圖 L 則較明顯，圖 M 又更明顯。這是另一個訊號，表示非常輕微的哀傷，或是強忍不表現哀傷。圖 M 非常明顯，當單獨出現而眉毛或眼睛沒有表現哀傷的話，比較像不相信或反對的動作。

　　接下來的照片是下唇上推的表情，圖 N 是噘嘴，剛開始哀傷時可能只表現這種樣子，好像哭泣的前兆，也可能發生在慍怒的

 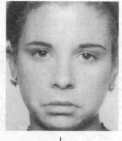 

K　　　　　　　　L　　　　　　　　M

人。圖 O 的動作太明顯，單獨發生而沒有哀傷的眉毛、眼瞼或目光向下，反而不是哀傷的跡象，比較像不確定的感覺，就像聳肩一樣。圖 P 結合了下唇上推和壓住嘴唇，通常是堅定或專注的跡象，這是某些人常有的癖性，比如柯林頓。有些人還會加上一點微笑，變成逆來順受的樣子。

 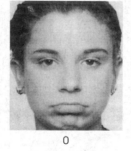 

N　　　　　　　　O　　　　　　　　P

　　接下來的圖片是兩種情緒的混合，圖 Q 結合了眉毛的哀傷和相當明顯的微笑，用手遮住嘴巴的部分，會覺得她很傷心，遮住眼睛和眉毛時，看起來很快樂，這種表情會出現在既甜又苦的經驗，比如回想一段快樂的時光，卻因爲往事不再而勾起一絲哀傷。試圖以微笑掩飾或隱藏哀傷時，也會有這種表情。圖 R 顯示害怕和哀傷的結合，可看到眉毛的哀傷和睜大雙眼的害怕，如果用手遮住眉毛，會看到眼睛的害怕，然後遮住雙眼，則看到眉毛和先前的哀傷照片相同。圖 S 可能是哀傷和驚訝的混合，因為雙唇分開、眼睛睜大，但沒有圖 R 混雜害怕和哀傷時睜得那麼大。

  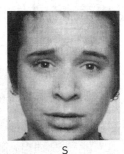

Q R S

最後一張照片圖 T 顯示所有前述的哀傷訊號，再加上一個新的訊號。圖中眉毛內緣提高，上眼瞼稍微下垂，嘴角下拉，還有一個新的特徵：臉頰抬高，造成鼻孔外側到嘴角上側的線條，稱為鼻唇皺褶（法令紋），並使眼睛下方的皮膚上推，使眼睛變窄。

T

重複觀看這些照片，並回顧本章一開始的新聞照片，有助於你敏銳地了解別人的感受，不需要別人告訴你。透過查對網站

https://www.paulekman.com 可以增加你對哀傷（和以下各章介紹的情緒）細微跡象的辨識技巧。

運用表情提供的訊息

　　從別人的面容和自己的自動反應得到情緒的訊息後，接下來該怎麼做呢？當某個人臉上非常明顯表現出哀傷時（比如吐茲拉的男孩、雪莉、伊芙的圖 H、I、J、T），你該做什麼是很明顯可知的。流露哀傷表情的人並沒有試圖隱藏，當表情極度強烈時，當事人能感覺到自己臉上的哀傷，也期待別人能看見他的感受。表情代表需要安慰，不論是擁抱，或只是言語的安慰。

　　可是，如果只有隱微的跡象時，怎麼辦呢？比如圖 A、C、K，看見這些訊息時，要做什麼呢？請記得，表情不會告訴你情緒的來源，傷心的原因可能很多，不要假定你知道別人為什麼傷心。看見細微的表情時，並不確定對方是否想讓你知道他的感受，也不該假定你必須明說自己知道對方的感受。看見細微的跡象，和看見雪莉或吐茲拉男孩全然的流露，完全是兩回事，後者知道自己的感受，知道自己的感受表現出來，所以你有義務回應。

　　如果表情很細微，第一個要考慮的就是可能只是剛開始傷心的跡象，或是輕微的哀傷，或是預期落空，或是在控制強烈的哀傷。有時可以分辨是哪一種情形，如果發生在剛開始談話時，就不像剛開始傷心，比較可能是之前的傷心，因為回憶或先前的事件而哀傷；如果在談話中間發生，可能是開始傷心，或控制較強烈的哀傷，要根據你和對方談論的內容而定。

　　假如這些細微的哀傷表情之一出現在你告訴部屬是否得到升

遷的消息時，有可能是預期落空的哀傷；如果是不好的消息，就可能是稍微傷心；如果是很壞的消息，就是在控制比較強烈的哀傷。知道一個人的感受，並不表示你必須說出來，要根據你和這個人的關係而定，但這種訊息有助於你決定當時或事後如何回應對方。

　　某些情形下，光是遺憾地表示不得不讓對方失望，就已足夠。但有些人可能會覺得丟臉，甚至生氣，那時最好什麼也不說。如果對方認為你可以有不同的選擇，甚至覺得你不公平時，怎麼辦呢？不論哪一種情形，如果你說了解對方的失望或感到遺憾，都可能顯得不真誠，甚至惹對方生氣。假如那個人還有別的機會升遷，在表示了解對方失望的同時，提供下一次幫助對方有好表現的機會，或許可以補強你們的關係。

　　另一件需要考慮的是你傳達的壞消息有多重要，如果對那個人來說真的是嚴重的不幸，細微的哀傷跡象可能是企圖壓抑強烈的感受，若是如此，你說任何表示了解的話，都可能引發更強烈的哀傷表現，你是否希望這樣呢？你從對方表情的訊息，知道他選擇向你隱藏感受，這時應該去談嗎？

　　假如你是接收無法升遷的壞消息的人，看見主管臉上表現輕微的哀傷，可能表示他同情你。他是用糖衣包裹壞消息，還是完全不同意這個決定，或是對你臉上的哀傷產生同理的反應呢？你無法確定原因，但能讓你知道對方的關心，光是這一點就很值得了。也有可能是偽裝的關心，但哀傷的肌肉動作大多不易刻意做出。

　　如果你的身份不是上司，而是朋友，對方告訴你他最近得到的壞消息時，表現出細微的哀傷表情，你可能想進一步了解他的感受，表達你的關懷。同樣地，你必須牢記對方的表情可能是想控制和隱藏更強烈的哀傷，你是否有權利侵犯朋友的隱私呢？你過去與他的關係是否彼此坦誠，朋友是否期望得到你的保證和安慰呢？也許最好是含糊地問：「還好嗎？」讓朋友決定是否願意向你吐露更多感受。

假如對象是十二歲的女兒，你問她最近在學校的生活時，她表現出細微的哀傷表情。身爲父母，你有權利（有人會說是義務）注意子女的感受，並說出來。可是，當小孩進入青春期時，會逐漸想要多一些隱私，能選擇在什麼時候對什麼人坦露什麼事。如果討論她的感受，會引起她淚流滿面的話，就要考慮你們的關係是否親近？你當時有足夠的時間嗎？我認爲最好加以詢問、關心，不要假裝沒事的樣子，但那只是我的風格，不一定適用於你。侵犯隱私和缺乏關懷之間有一道微妙的界限，你可以表示關心，但不要逼對方。對於青少年，簡單地說：「都還好嗎？」或「有沒有需要幫忙的地方？」讓她有機會調整自己，可能就夠了。

當兩個彼此關心的人，預期有一段時間無法見面，在分別時常會流露哀傷。在大部分關係中，表達分開的遺憾是適當的，但老話一句，並非適用於每一種情形。有些人非常不能忍受哀傷，很難坦承自己的感受。有些人一談到傷心的事，就會完全失控。如果你有一份關係正面臨分離，你應該清楚對方會做何反應。

上述實例說明了解別人的感受並不能告訴你該怎麼做，也沒有賦予你告訴對方有何感受的權利或義務。要根據對方是什麼人、你們的關係如何、當下的環境，以及你自己是否自在，才能決定如何反應。但辨認細微的哀傷，確實能告訴你發生了某件重要的事，通常和失落有關，而對方需要安慰。表情本身並不能說明你是否適合安慰對方，也無法告訴你當時是不是提供安慰的恰當時間。

　　進入下一章前，請你做好心理準備，接下來要談最危險的情緒：生氣。等你覺得夠放鬆，並能承擔這種情緒時，再繼續閱讀下去。

第六章

生氣

> 生氣是最危險的情緒，我們會試圖用生氣的
> 語言傷害生氣的目標，不論是經過深思熟慮或是
> 大喊大叫，這種傷害的衝動是生氣反應系統裡必
> 要而必然的部分嗎？

攻擊、暴力的臉孔呈現出生氣（anger）。圖 6-1 右側的分離主義示威者剛剛毆打了加拿大警察，左側的示威者正準備打人。我們不知道前一刻發生了什麼事，警察是否曾攻擊示威者？示威者是出於自衛，還是無故訴諸暴力？人在遇到攻擊時的反應，是不是生氣的主題（亦即引發生氣的常見、共通誘因）呢？情緒理論家提出許多不同的生氣主題，但還沒有證據顯示哪一個最重要；事實上，這種情緒可能有多重主題。

發展心理學家研究情緒時，發現引起嬰兒生氣的最有效情境，就是身體受到干涉，比如抓住嬰兒雙手，讓他不能動。[1] 這是小孩和成人最常見的生氣原因之一：有人阻撓我們想做的事。如果我們認為阻撓是故意的，而不是偶發或必須的，就會更生氣。任何事造成的挫折，即使是無生命的物體造成的，也會導致生氣。[2] 我們甚至可能會因為自身記性或能力的不足而深感挫折。

圖 6-1

　　有人試圖傷害我們的身體時，或是想傷害我們的心理，侮辱我們、詆毀我們的外貌或成果，都容易引發生氣和害怕。就如上一章所述，被所愛的人拒絕時，不只會產生哀傷，也會造成生氣。有些配偶或情人被拒絕時，會被激怒而痛打對方。生氣有控制、懲罰、報復的作用。

　　生氣最危險的特徵之一，就是會引起對方生氣，很快就造成惡性循環。不以生氣回敬對方的生氣，需要像聖人般的品格，尤其是不合理、自以為是的生氣，所以別人的生氣可以視為另一個使人生氣的原因。

對一個人的行為失望，也可能使我們生氣，特別是對我們非常在意的人。我們會對自己最愛的人產生最強烈的生氣，這一點似乎很奇怪，但我們最愛的人確實會對我們造成最大的傷害，令我們最為失望。在一段浪漫關係的早期，可能對所愛的人充滿許多幻想，而為了對方不符合完美的想像而生氣。[3] 對親密的人表現生氣，也比對陌生人生氣更安全。還有另一個原因使我們對自己最在乎的人感到最生氣，就是他們最了解我們，知道我們的恐懼和弱點，也知道什麼最能傷害我們。

　　某個人主張的行動或信念冒犯我們時，我們可能對此人生氣，即使是陌生人亦然，甚至不需要見到這個陌生人，光是讀到某個人參與的行動或抱持的信念是我們不同意的，就可能引發生氣。

　　演化理論家麥克·馬蓋爾（Michael McGuire）和艾方索·卓希（Alfonso Troisi）提出非常有趣的看法：[4] 人對生氣的不同原因（主題和變型），會顯示不同的「行為策略」。這是合理的看法，因為不同的原因會引發不同強度或型態的生氣。比如有人拒絕我們或使我們失望時，我們可能會企圖傷害對方，但不會企圖傷害眼前的強盜，因為可能使我們喪命。

　　有人會辯稱，挫折、另一人的生氣、傷害的威脅、被人拒絕，都是受到阻撓的變型。即使我們認為某個人的主張有誤而生氣，也可以視為阻撓的變型。但我認為把這些情形看成不同的誘因，以便於判斷何者是最有影響力、最強烈的生氣誘因，是非常重要的。

最危險的情緒

　　生氣這個詞涵蓋許多不同而相關的經驗，從輕微的惱怒到暴怒，有各種不同程度的生氣。除了生氣的強度有所不同，生氣的種類也不一樣，**憤慨**（indignation）是自以為是的生氣；**生悶氣**（sulking）是消極的生氣；**激怒**（exasperation）是指耐心受到過度考驗；**報復**（revenge）是一種生氣的行動，通常在受到冒犯後，經過一段考慮時間才付諸行動，有時比對方的冒犯行動更激烈。

怨恨（resentment）的時間如果很短，可說是一種生氣的情緒，但如果持續心懷怨氣，就不同了。假使有人的做法讓你覺得不公平或不正當，你可能無法原諒他，心裡長期懷著怨恨，有時會持續一生，這種情形並不是一直生氣，而是每當你想到或看到這個人時，就會浮現生氣。怨恨有可能惡化，一直在心中縈繞，滿心想著對方的冒犯，反覆沉思這件事。怨恨惡化時，報復的可能性就變大。

憎恨（hatred）是一種持久、強烈的厭惡。我們不會一直對憎恨的對象生氣，但看見這個人或聽到這個人的事時，就很容易喚起生氣的感覺，也容易對這個人感到嫌惡和輕蔑。憎恨就像怨恨一樣，通常會持續很久，且集中於特定的人，這個部分雖然很像，不過怨恨和具體的不滿有關。憎恨也會惡化，使人心中一直想著憎恨的對象。

很難為憎恨和持續的怨恨分類，兩者都不算情緒，因為持續太久；也不算是心情，除了持續時間太長之外，另一個和心情的不同點就是我們通常不知道為什麼有某種心情，但知道為什麼憎恨或怨恨某人。我考慮把怨恨稱為一種**情緒態度**（emotional attitude），把憎恨稱為一種**情緒依附**（emotional attachment），浪漫愛和父母之愛也屬於這種分類。重點是了解這些感受雖然伴隨著強烈的生氣，但不等同於生氣。

上一章談到哀傷訊號傳遞的訊息是要喚起幫助，但很難明確指出生氣要傳達什麼單一的訊息。「不要妨礙我」似乎是很重要的部分，用來威脅阻撓的人，但這似乎不符合別人生氣所引發的生氣，也不符合在報紙上看到某人做某件可憎之事而生氣的情形。有時生氣不只是要冒犯者走開而已，也包括想要傷害對方。

生氣很少單獨出現，在生氣之前或之後常伴隨著害怕，包括害怕對方的傷害或害怕自己的生氣會失控或造成傷害。有些人的生氣常常混雜了嫌惡，對攻擊的目標充滿反感，也可能是厭惡自己沒有練習足夠的自制而生氣。有些人在生氣時會覺得內疚或羞愧。

生氣是最危險的情緒，就如示威者的照片所顯示的，我們可能會試圖傷害生氣的對象。有可能只是用生氣的語言，也許是大喊大叫，或是經過深思熟慮，但動機仍是相同的，都是想傷害對方。這種傷害的衝動是生氣反應系統裡天生就有的必要部分嗎？若是如此，我們就應該會看到幼兒有傷人的企圖，並觀察到只有在小孩被教導要約束衝動時，才會減少傷人的情形；如果不然，生氣的衝動就可能只是為了強而有力地處理問題，不必然會試圖傷害引發生氣的人。若是如此，我們就只會在那些從照顧者或其他人以傷人做為排除問題最成功方式來學習的小孩，觀察到傷人的生氣行為。分別這一點很重要，如果傷害別人並不是生氣反應系統裡天生就有的東西，那麼就有可能在撫養小孩的過程中，發現他們對別人生氣時不會打人或傷人。

我詢問兩位研究嬰兒和小孩生氣情緒的重量級科學家，[5] 想知道是否有足夠的證據支持其中一種說法，他們說目前還沒有。喬伊·坎伯斯（Joe Campos）是率先研究嬰兒情緒的科學家，他說新生兒的「亂揮亂打似乎有移除障礙的作用」，並談到他所謂嬰兒的「原始憤怒」會發生在各種阻撓他的情境，比如吸奶時移開乳頭。目前還不清楚嬰兒的動作是還不夠協調的傷人企圖，或只是企圖阻止別人妨礙自己。現在還無法準確指出傷人的企圖在多大的時候出現、以什麼方式表現，也不知道是否所有嬰兒都會如此。

目前知道大部分嬰兒在很早的時候就會打人、咬人、踢人，這些情形到兩歲時開始受到控制，且逐年減少。[6] 精神科醫師兼人類學家麥文・康納（Melvin Konner）最近寫道：「暴力的能力⋯⋯永遠沒有消除⋯⋯一直存在。」[7] 他的看法符合我的觀察，我的兩個孩子在很小的時候會用力打人，後來必須學會抑制這種反應，以別的方式處理障礙、侮辱和各種不同的冒犯。我懷疑傷人的衝動其實是每一個人生氣反應的核心部分，可是我也相信，暴力衝動的強弱在不同的人會有明顯的差別。

雖然我們會譴責別人在生氣時的言行，但我們能了解他們的反應。沒有生氣卻仍傷人的人，才是我們不了解的，也是真正可怕的人。人常常後悔自己在生氣時所說的話，道歉時會解釋自己陷入憤怒的情緒，其實本意並非如此，真正的想法和看法被情緒的力量扭曲了，「我失去理智」這句常聽見的話可以說明這種情形。只要還有一絲怒氣存在，就不容易道歉，道歉也不一定能挽回傷害。

如果能「注意」自己的情緒狀態，不只能覺察自己的感受，也能暫停一下，考慮我們是否想表現生氣，就會發現即使決定不表現生氣，心裡仍然會很掙扎。對於較快生氣、憤怒較強烈的人，這種掙扎就更巨大。掙扎是因為不想造成傷害，不想讓局面越演越烈，不想以更強烈的生氣回敬別人的生氣，不想說出不可原諒的話，想把生氣降低成慍怒，甚至完全消除生氣。有時我們確實想要表現生氣，而生氣的行動可能是有用而必要的，我稍後會解釋。

正當的暴力？！

　　二十六歲的男子大衛・林恩・史考特三世（David Lynn Scott III）自稱是忍者，在一九九二年強暴並謀殺梅可馨・肯尼（Maxine Kenny）的女兒。史考特在一九九三年被捕，可是審判拖延了四年。史考特被定罪後，梅可馨和丈夫唐恩在宣判時各有一次機會發表聲明。梅可馨直接對史考特說：「你以為你是忍者？算了吧！這裡不是封建時代的日本，就算是的話，你也不配當忍者，因為你是懦夫！你躲在黑夜中，穿黑色的衣服，拿著武器，偷襲無辜、無法抵抗的婦女……你強暴和殺人是為了擁有虛假的力量感。你像骯髒噁心的蟑螂，在晚上潛伏在牆間，污染所有東西。我一點也不同情你！你強暴、折磨、殘忍地殺害我的女兒蓋兒，戳了她七刀。你毫無憐憫，她才會為生命絕望地反抗，雙手有無數抵抗的傷痕。你根本不配活下去。」史考特毫無悔意，在梅可馨女士說話時，對著她微笑。梅可馨回到座位時，突然痛打史考特的頭，然後被丈夫和警長拉住，如圖 6-2 所示。

　　一般說來，促使我們控制生氣，不讓它變成暴怒的原因，是願意繼續和生氣的對象維持關係，不論是朋友、雇主、員工、配偶或小孩，不論對方做了什麼，如果無法控制憤怒，可能對彼此未來的關係造成無可挽回的傷害。在梅可馨的情形中，她和這個人之前沒有關係，以後也不會有，她沒有不表現生氣的動機。

　　我們當然能了解、同情梅可馨的暴怒，任何人在她的處境之下，都可能有相同的感受。即使認為她攻擊史考特是錯的，也難

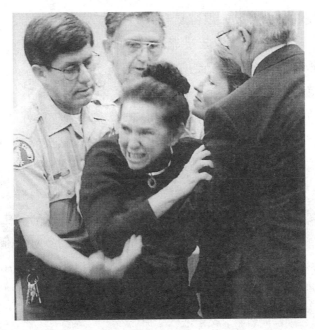

圖 6-2

以指責她。也許她看到謀殺女兒的兇手毫無悔意或難過之情，竟然在她譴責他時微笑，而達到了爆發點。別人也曾像她一樣嗎？這種情形對其他人是不是爆發點呢？每個人都有一個爆發點嗎？我不認為如此。她的丈夫唐恩並沒有表現暴力的衝動，而是約束妻子不要攻擊史考特。

梅可馨和唐恩的痛苦是每一位父母最可怕的夢魘：兒女被陌生人莫名其妙地殘忍殺害。三十八歲的女兒蓋兒被強暴謀殺之後八年，他們仍然痛苦地懷念她。為什麼梅可馨和唐恩在法庭時的反應如此不同呢？

也許梅可馨的脾氣暴躁，容易突然爆發生氣，可是她說自己平常不會這樣。她的丈夫唐恩不易生氣，會控制所有情緒，怒氣以很緩慢的速度升高。很容易升起怒氣的人，比一般人更難控制生氣反應、避免生氣變成暴怒。可是梅可馨不認為自己脾氣暴躁，除非「我認為家人受到任何威脅」。

梅可馨對我說：「我一直經驗到非常強烈的情緒……我認為人有不同的情緒強度和情緒結構，有些比較強烈。」我告訴梅可馨和唐恩，我做的研究正是她所談的部分，結果發現她是正確的。（第一章末和本書結論都談到這項研究的成果。）

每一個人對各個情緒所能體驗的強度都不同，有些人可能不具有極度生氣的能力，一輩子都不會出現特別的狂怒。生氣的不同表現不只根據脾氣是否暴躁，也和爆發能力的多寡有關（可以用有多少炸藥來比喻），每個人都不一樣。科學家還不知道這種差異有多少是出於遺傳，有多少是出於環境。可能兩者都很重要。[8] 本章稍後會談到我對具有不尋常怒氣的人的研究。

梅可馨說她事先沒想到會打史考特，她認為自己只會罵他。可是一連串的咒罵會打開生氣的大門，憤怒不斷滋長，難以煞車，導致攻擊行為。在宣判庭的休息時間，梅可馨向記者解釋為什麼攻擊史考特：「就好像突然精神失常，我就是無法控制自己。」我問她現在回顧當時，是否還認為自己一時失常。梅可馨回答：「是的，我記得感到非常強烈的恨……憤怒如此劇烈，我甚至沒有想到後果。」（出乎意料之外的是，唐恩現在怪自己當時沒有攻擊史考特。）*

我相信幾乎每一個人在生氣時，都有辦法阻止自己的行為或言語，即使在暴怒的時候也可以。請注意我說的是「幾乎」，因為有些人似乎無法控制怒氣，這可能是一種終身的模式，或是大腦特殊部位受傷的結果。但這種情形不適用於梅可馨，因為她向來能調整自己的情緒。

雖然我們有時可能很想說出某些齷齪的話或攻擊別人的身體，但大多數人都能選擇不付諸行動。也許會脫口說出幾個字，或是手臂在空中揮舞，但幾乎每一個人都能控制自己。幾乎所有人都能選擇不傷人、不施以言語或行為暴力。梅可馨刻意選擇在宣判時說話，盡可能以最強烈的方式說話，她以心中的恨自豪，到現在都還能感受到這股恨意。

我相信大部分人為了阻止小孩被謀害，都可能有暴力行為，但這算是失控嗎？當暴力得到有益的目的時，很少人會譴責暴力，這可能不是出於衝動，而是謹慎的計劃。即使是達賴喇嘛，也相信這種情形下的暴力是正當的。[9]

我了解即使在這種極端情形下，也不是每一個人都會暴力相向。生氣門檻較高的人，可能還不會因此訴諸暴力，他們需要更厲害的刺激才會失控，可是很難再有更極端的刺激。在我的研究中，請人想像世上可能使任何人最生氣的情境，大部分人都談到威脅親人的生命。即使以暴力可能避免親人死亡，我也不相信每一個人都會訴諸暴力。有人可能因害怕而不敢施暴，有人則是堅信永遠不可施暴的價值觀。

梅可馨攻擊史考特的情形則不一樣，她的暴力並不能阻止女兒的死亡，那是報復。我們了解她的行為，但大部分人不會這麼做，法庭每天都有父母面對謀殺子女的人，但沒有以暴力懲罰對

---

*　唐恩仍然因為這個令他震驚的經驗而痛苦，在極度的痛苦和無盡的哀傷中，他認為自己是懦夫，在法庭中有機會卻沒有殺死史考特。他說自己以前是大學的摔角選手，經過史考特時，有許多機會可以扭斷他的脖子。我向唐恩解釋，攻擊史考特是報復的行為，不尋求報復並不是懦弱，在史考特攻擊女兒時，不保護她才是懦弱，我確信他如果有機會的話，一定會保護女兒。如果他現在覺得自己是懦夫的話，可能是因為還沒有接受女兒已死的事實；他無法接受自己沒有機會保護女兒的事實。）

方。但我們很難不同情梅可馨，很難不覺得她的作爲是正確的，觸怒她的事如此巨大，她的失落如此嚴重，而強暴、謀殺女兒的人卻坐在那裡對她微笑！我們之中有人能確信自己在她的處境中，不會像她一樣嗎？

在遇到梅可馨和唐恩之前，我曾寫文章談到憎恨必然有破壞性，但現在的我不這麼認爲。對於強暴自己子女、在她保護自己時戳她七刀、在她死前使她雙手滿是血痕的人，我們真的應該期望自己不感到憎恨，不想傷害他嗎？難道梅可馨一直痛恨史考特，對她的生活沒有益處，只是自陷於創傷嗎？梅可馨的恨並沒有使她痛苦，她的生活過得很充實，只是一直保持對史考特的恨。

一般的生氣大多不是回應這麼嚴重的刺激。但即使是別人眼中很輕微的刺激，也可能引發我們生氣，甚至強烈或狂暴的憤怒，而生氣的原因可能只是意見不合、質疑、侮辱、小小的挫折。我們有時會不顧後果（或是沒有想到任何後果），選擇不要控制自己的生氣。

心理學家卡蘿・塔芙莉斯（Carol Tavris）寫了一整本討論憤怒的書，[10] 她認爲把生氣表現出來，通常只會使事情更糟（有些心理學家主張要表現生氣）。她仔細回顧以前的研究，結論是壓抑生氣「並不會如一般預料地必然使我們沮喪、罹患潰瘍或高血壓、開始暴飲暴食，或是心臟病發作……如果我們覺得能控制引發生氣的處境，如果把生氣詮釋成不滿的跡象，需要加以改正，而不是需要繃著臉保護的情緒，如果我們覺得要忠於工作和生活中的人，那麼，壓抑生氣就不會有健康的問題。」[11]

平息的技巧

表現生氣是要付出代價的。[12] 生氣的行為和言語會暫時破壞關係（有時是永久的破壞），而且常常引發生氣的回應。即使沒有生氣的言行，光是表情或語調就能讓對方知道我們在生氣。如果對方也因此生氣，或表示輕蔑，都可能使我們難以自制，而引發爭執。生氣的人不受歡迎，生氣的小孩會失去其他小孩的認可，[13] 生氣的大人在社交上被視為缺乏吸引力。[14]

我相信不表現生氣或以建設性的方式小心表現，而不要攻擊生氣的對象，會得到較好的結果。生氣的人必須先想一想，表現生氣是不是最佳的處理方式。雖然表現生氣有時可以解決問題，但也有許多時候，在生氣平息後，再來處理心中的不滿，反而比較容易解決問題。然而有些時候，我們不在乎自己火上加油，不在意彼此未來的關係。

非常生氣時，我們剛開始可能不知道，甚至不想知道自己在生氣。我不是指無法「注意」自己的情緒感受，也不是指無法退一步考慮自己要不要表現生氣，而是即使我們正說出生氣的話，做出生氣的動作，卻不知道自己正在生氣。

目前還不知道為什麼有這種情形。不知道自己生氣，是因為不想怪罪自己嗎？是不是有些人在生氣時比較不容易覺察自己呢？無法覺察的情形比較常見於生氣，而不是任何其他情緒嗎？是不是達到某種程度的生氣時，就一定會讓當事人發現自己生氣，還是因人而異呢？在生氣、害怕、痛苦時，是不是較難「注意」自己的情緒感受呢？可惜這些疑問都還沒有得到科學研究的解答。

覺察和「注意」生氣的感受，最大的好處是有機會調整或壓抑自己的反應，重新評估當時的處境，設想最容易移除生氣來源的行動。如果無法覺察自己的感受，只是單純地表現出來，就無法好好解決問題。無法覺察自己的所言所行，就容易做出或說出事後會後悔的事。即使覺察到自己的生氣，如果無法「注意」生氣的感受，如果沒有退後一步，停下來想想發生了什麼事，就無法對自己的言行做出任何選擇。

　　無法覺察生氣的情形，通常不會持續很久。看到或聽見我們生氣的人可能會告訴我們；也可能是聽見自己的聲音，或是思考自己在想什麼、打算做什麼，而自行發現。這種體認不保證能自我控制，但至少提供了可能性。有些人使用從一數到十的老方法，也許就能控制自己，有些人則需要暫時離開當時的情境，才能平息下來。

　　使親密關係出問題的生氣，可以用一種特別的方式來回應。我的同事葛特曼研究快樂和不快樂婚姻中他所謂的石牆（stonewalling），[15] 這種情形大多見於男性，會從互動中冷漠的退縮，不再回應伴侶的情緒。典型的情形下，石牆是對另一人的生氣或抱怨所做的反應，因為覺得無法處理自己和配偶的感受而退縮。如果他能先表示已聽見配偶的抱怨，體認對方的生氣，要求稍後再討論，好讓自己做好心理準備、對自己有較好的控制，這時石牆可能比較不會傷害關係。

　　情緒理論家理查‧拉撒路談到一種可以處理情緒的困難技巧，困難在於目標不只是控制生氣，還要拆掉生氣的引線。他說：「如果配偶或情人以言語和行為觸怒我們，不要為了修補受傷的自尊而報復。最好能換個角度考慮，對方在極大的壓力下，無法務實地負起責任，他們其實已經失控，最好能假定他們的基本意圖不是出於惡意。重新評估對方的意圖，就有可能了解對方的情況，原諒對方的爆發。」[16] 拉撒路承認這種方法說得容易，要做到則很難。

達賴喇嘛談到相同的方式，[17] 把冒犯的行為和生氣的人分開來看，試圖了解對方為什麼做出觸怒我們的事，試著同情對方，把重點放在使他生氣的事。這不表示不讓對方知道我們因為他的行為而不舒服，但我們的生氣是針對行為，而不是針對人。如果能採用這個架構，就不會想傷害對方，而是幫助他不要用這種方式表現。有些人也許不想要這種幫助，比如霸道的人可能想支配人，殘忍的人以傷人為樂，這時只有針對人的生氣，而不是針對行為的生氣，才可能阻止這種人。

拉撒路和達賴喇嘛的建議可能適用於沒有惡意的人，但即使我們處理的不是惡意的生氣，我們自己的情緒狀態還是會影響我們的反應。當生氣並不強烈，以緩慢的速度升高，且我們完全了解自己正在生氣時，比較容易對事不對人，這需要一點暫停的時間。而激動、快速、強烈的生氣就不一定有這個時間，尤其是在不反應期，難以取用不符合生氣情緒的資訊時，特別難控制我們的行為。這種處理生氣的方式不見得每次都做得到，但如果多加練習，至少可以在某些時候做到。

幾個月前，我在一次會議親眼見到這種有建設性的生氣。當時連我共有五個人要安排一項研究計劃，約翰反對我們的安排，說我們過於天真、冷飯熱炒，暗示我們都是蹩腳學者。雷夫回答我們其實已考慮過這一點，然後繼續討論。約翰再度打斷，強力重複先前的話，好像沒有聽到雷夫的回答。我們不想理他，試圖繼續討論，但他不讓我們討論。於是雷夫出面調解，告訴約翰我們已聽到他的話，並不同意他的看法，不能再容讓他有任何干擾，如果他願意保持安靜或提供幫助，就可以留下來，否則必須離開這裡。我仔細聽雷夫的聲音、看他的表情，發現他堅定、有力、果決，可能有一點點不耐煩和生氣的跡象。但他並沒有攻擊約翰，也沒有說他吵吵鬧鬧很煩人（事實如此），約翰沒有受到攻擊，所以不需要反擊，幾分鐘後離開房間，事後從他的行為看來，並沒有心懷怨恨。雷夫之後告訴我，他當時有點生氣，他並沒有計劃好要那麼說，只是自然脫口而出。雷夫的專業是教導兒童處理憤怒。

處於煩躁的心情時，每一個人都會比較難控制生氣。當我們煩躁時，會對原本不會困擾我們的事生氣，我們會找機會來生氣。當我們煩躁時，會對原本稍微惹惱我們的事更生氣，原本會讓我們適度生氣的事則會造成大發雷霆。心情煩躁時感覺到的生氣會持續較久、較難處理。沒有人知道該如何脫離某種心情，投入我們真正喜歡的活動有時可能有效，但不會一直有用。我的建議是，如果你發現自己心情煩躁，最好避開別人，前提是你能辨識自己處於煩躁的心情。可是心情常常不明顯，直到開始生氣時，才知道自己的心情煩躁。

生氣也有貢獻

本章一直強調控制生氣的重要性，好像生氣沒有用處、不易適應；或認為生氣對身為獵人和採集者的祖先可能有用，但對我們無益。這種想法忽略了生氣有許多有用的功能，生氣能促使我們阻止或改變令我們生氣的事。因為不公平而生氣，能激發行動，帶來改變。

光是承受另一個人的生氣，或是完全不反應，並沒有用。如果想要冒犯者停止行動，需要讓他了解我們不高興。我要以另一個例子來說明，馬修和弟弟馬丁有不同的天賦和技能，兩人都覺得現有的工作無法發揮才能，於是一起拜訪山姆，山姆在商業界認識很多人，可以幫助兩人找到更好的工作。馬修在談話中比較強勢，一直打斷馬丁，不讓他有公平的對話機會。馬丁覺得挫折，開始生氣，於是說：「嘿，你一直貪心地霸占山姆的時間，也給我一點機會吧。」說這話時，如果聲音或表情帶著生氣，可能會給山姆不好的印象。雖然阻止了馬修，卻可能付出代價，因為「貪心地霸占」是一種侮辱。馬修可能惡言相向，然後兩人都會失去山姆的幫助。

如果馬丁在說話前察覺自己在生氣，這時若能體認馬修雖然不公平，但動機不是要傷害他，可能就會以不同的方式表現。他可以對山姆說：「你已經聽馬修談許多他的興趣，但我想確定在你離開前，我也有機會說說自己的處境。」事後，他可以告訴馬修，他了解這種晤談對馬修很重要，可是他覺得馬修幾乎占據所有時間，沒有想到他的需要。如果馬丁能以緩和的方式來說，帶一點幽默感，馬修就有較大的機會從中學習。若是馬修平常不是不為他人著想、不公平的人，馬丁也可以選擇不提這件事，如果馬修本來就是這種人，馬丁當然會想指出他的不公平。如果馬丁以生氣的方式來說，可能讓馬修注意這件事的嚴重性，但也可能造成生氣的防衛，而不去改善。

察覺自己生氣時，我們應該能得到如下的訊息：「使我生氣的是什麼事？」原因不一定很明顯，也可能和我們以為的不同。我們都有「踢狗」的經驗，就是生氣的對象根本沒有冒犯我們，只是為了發洩。這種轉移的憤怒也可能發生在某人對我們生氣，但我們不能對那個人表達生氣，結果找另一個好欺負的人發洩。

生氣表示某件事需要改變，如果我們想更有效地改變那件事，就需要知道生氣的來源。我們想做的事是否受到妨礙，還是出於被傷害的威脅、對自尊的侮辱、拒絕、別人的生氣，或是不正當的行爲？我們的看法是否正確，還是心情本來就煩躁？我們能不能做什麼來減少或消除不滿？表達生氣是否能排除生氣的原因？

雖然生氣和害怕常常發生在相同的情境，都是對威脅的反應，但**生氣有助於減少害怕，並提供行動的力量來面對威脅**。有人認爲生氣是憂鬱的另一種選擇，爲問題指責別人，而不是指責自己，但還不確定是否眞是如此，因爲生氣時也可能同時有憂鬱。[18]

生氣可以讓別人知道出了問題。生氣就像所有情緒一樣，在臉上和聲音出現強烈的訊號。如果別人是我們生氣的來源，生氣的表情能讓對方知道自己的作爲令人討厭，也可以讓周圍的人了解。生氣當然不一定有用，但大自然並沒有賦予我們情緒的開關，無法在不想表現情緒時將之關閉。

敵意

就像有些人以傷心爲樂一樣，也有人以生氣爲樂。[19] 他們會找出爭吵的理由，因爲罵人和敵意而感到興奮和滿足。有些人甚至喜歡打架。激烈的爭執後，有可能建立或重新建立親密感，有些夫妻在激烈爭吵，甚至大打出手後，會有更刺激、熱烈的性關係。相反地，也有人覺得生氣的經驗非常有害，想盡辦法避免生氣。

每一種情緒都有與之相應的心情，還有以該種情緒爲主的疾病，也有以這種情緒爲主角的人格特質。以生氣爲主的人格特質是敵意，我研究敵意時，把重點放在敵意的跡象及其對健康的影響。

在第一項研究中，[20] 我和同事想找出判斷人格型態是 A 型或 B 型的面部表情，十五年前很流行這種分類，但現在已不流行。這種分類方式假定積極進取、心懷敵意、缺乏耐性的人容易得冠狀動脈疾病（A 型），而 B 型的人較悠閒散漫。最近的研究顯示敵意可能是最重要的危險因子，心懷敵意的人較容易表現更多的生氣，我們的研究是為了核對這種看法。

我們檢視一家大企業中階管理人員的臉部表情，他們先由專家分類為 A 型或 B 型，然後接受一項略帶指責的面談，面談者讓他們感到輕微的挫折。技術人員用「臉部動作編碼系統」測量面部表情。我在第一章解釋過，這項技術並不能直接測量情緒，而是為所有臉部肌肉的動作做出客觀的評分。負責評分的人不知道當事人是 A 型還是 B 型，評分的方式是從慢速重複播放的錄影帶分辨臉部肌肉的動作。分析結果發現一種特殊的表情，是局部生氣的表情，我們稱為**怒目注視**（glare）（見圖 6-3，如下頁），只有眉毛會下壓和上眼瞼會提高，這種表情較常見於 A 型的人。

只看到怒目注視的表情，而沒有完整的生氣表情，可能是因為 A 型的人試圖減少生氣的跡象。這些商業經理人非常世故，知道必須試著不要流露生氣。另一個可能是他們只略為惱怒，由於不是強烈的生氣，所以沒有在整張臉上表現出來。

這項研究的主要限制，就是不知道他們怒目注視時，對心臟有什麼影響，下一項研究就是為了彌補這個問題。我和艾瑞卡·羅森柏格（Erica Rosenberg）檢視已被診斷有嚴重冠狀動脈疾病的病人，這些人容易產生所謂「缺血性心臟病發作」，就是心臟有一段時間得不到足夠的氧氣。發生這種情形時，大部分人會經

圖 6-3

驗到疼痛，也就是心絞痛，使他們知道必須停下手邊的事，否則會有心臟病發作的危險。我們研究的病人則是有無症狀的心臟缺血，亦即不會疼痛，在心臟氧氣不足時不會發出警告。

這項研究是和杜克大學的詹姆士・布魯曼索（James Blumenthal）研究小組合作進行的，[21] 病人在略受指責的面談中接受錄影，同時有一個顯影設備放在胸前，可以在談話時看見心臟的影像，持續測量缺血的情形。他們要回答如何在生活中處理生氣，為時兩分鐘，由我們測量這段期間的臉部表情。

發生心臟缺血的人，比沒有發生缺血的人，更容易在臉部出現局部或完整的生氣表情。談到過去的挫折時，如果臉上顯露生氣的話，就表示不只是談論生氣，而是重演生氣的情景。從其他研究得知，生氣會加速心跳、升高血壓，好像爬上一段樓梯時的反應，如果你有冠狀動脈疾病，就必須避免爬樓梯。沒有生氣的人，比較不會發生心臟缺血。

在解釋我們對這些結果的看法前，我要先說明這項研究並沒有證明生氣造成心臟病。其他研究[22] 發現懷有敵意的人格特質或生氣的情緒（不確定是哪一個），是造成心臟病的危險因子之一，但我們的研究方向不一樣，我們是發現「已經」有心臟病的人，在生氣時會增加心臟缺血的危險性，這使他們增加心臟病發作的危險。現在來談談為什麼這些人說到過去生氣的情形時，會開始生氣，以及這為什麼會使他們陷入危險。

我們都會去談論當下並沒有感受到的情緒，比如告訴別人一件傷心的事、某個生氣的時候、過去曾讓我們害怕的事，諸如此類。但有時在描述過去的情緒經驗時，會再度體驗其中的情緒，我相信這是心臟開始缺血的人發生的情形。他們談論生氣的經驗時，無法不再次生氣，而會重演以前的憤怒，這對罹患冠狀動脈疾病的人是危險的。為什麼有些人會重新經歷過去的生氣經驗，而有些人卻不會呢？也許具有敵意人格的人容易引發生氣，一有機會就浮現憤怒。敵意人格的特徵與表現形式就是在回想生氣事件時，會重新出現原有的感受。

撇開具有敵意的人不談，我們都可能發現自己想到過去的經驗時，有時會重現過去的情緒，我猜是因為還沒有處理好那件事。舉個例子來說明，妻子對再度遲歸、卻沒有事先通知的丈夫生氣，如果吵完架時，妻子仍覺得不滿意（丈夫沒有道歉，沒有解釋為什麼不打電話通知，或沒有答應下不為例），以後就容易再體驗到這次的經歷。由於無法平靜討論，在重提舊事時，會再度升起憤怒。即使事情已經解決，但還有其他未解決的生氣事件時，仍然可能積壓一觸即發的怨恨。

我的意思並不是在描述過去的生氣經驗時，一定會生氣。如果沒有積壓情緒，或是特定的事件已經得到解決，就可能平和地描述過去的經驗。甚至可能在談論過去的情緒事件時，表演生氣的表情以說明當時的感受。例如，我告訴妻子今天打電話到國稅局，當電話轉來轉去只聽到一個又一個的語音留言時，有多麼挫折、生氣，終於聽到辦事員說話時，我向他表達生氣，得到非常滿意的道歉。我在描述的過程可能在臉上出現生氣的成份，我稱之為**用來參考的表情**。[23]

用來參考的表情是指現在並未感受到的情緒，有點像是用表情來說「生氣」這件事，這種表情通常只有該種情緒的部分表情，而且為時很短，不會被對方誤以為當事人正在生氣。用來參考的生氣表情可能只表現出抬高的上眼瞼，或只有緊壓的雙唇，也可能只是壓低的眉毛。如果表現出過多生氣的表情，不但會讓看到表情的人困惑，也可能重新引發生氣。就像前一章所描述的，如果臉上做出某種情緒的所有臉部肌肉動作，就會開始出現那種情緒。

暴力

每一種情緒不但有相關的心情，也有相關的精神病理，由該種情緒在精神病理中扮演重要的角色，稱之為**情緒疾病** (emotional disorder)。哀傷和悲痛的疾病是憂鬱症，憂鬱的人無法調整哀傷或悲痛，進而瀰漫生活的各個層面，妨礙生活功能。生氣到失去控制、妨礙日常生活的疾病，就會表現出某種形式的暴力。

目前對於是什麼構成暴力，還沒有一致的看法。有些科學家認為口語攻擊、侮辱、嘲笑都是暴力的形式，所以在研究中並沒有分別檢視純粹口語攻擊和身體攻擊的不同。有些侵犯的行為並沒有肢體暴力，比如過於武斷或支配，許多科學家並沒有區分侵犯行為和肢體暴力或言語辱罵有何不同。還有人在暴力行為中破壞物品，比如摔椅子、玻璃器皿等等。我們不知道這些不同的反應是否都出於相同的原因，例如，是不是出於相同的教養方式或相同的大腦活動。如果是的話，就會發現以言語辱罵的人，也會具有侵犯性和身體暴力，雖然確實有這種人，但也有人只表現一種暴力形式，從來沒有其他形式的暴力。所以目前對暴力的研究，最好分別檢視只有言語辱罵的人、只有高度攻擊性卻沒有施虐行為的人（我知道有時不容易區分），以及表現肢體暴力的人。只有用這種方式，才能判斷他們是否出於相同的原因，以及是不是同一種過程的不同階段。

即使把重點局限在肢體暴力，還是要考慮許多不同的類型，其中只有一部分可能有情緒疾病的跡象。某些暴力行為被認為對社會有益，比如和平主義者幾乎都相信戰爭有時是正當的，還有許多例子說明個人的暴力有時是合理的，比如有人以小孩為人質，對人質的性命造成威脅時，被警方的狙擊手射殺，在這種情形下，很少人會反對警察的暴力，特別是已經有人質遇害時。並不是只有警察才能正當殺人，如果需要暴力才能挽救家人的性命，甚至陌生人的性命，大多數人也會表示贊同。暴力如果不是為了阻止更嚴重的暴力行為，而是出於復仇或懲罰的話，我們雖然能了解，但不會贊同。

演化哲學家海琳娜・克蘿妮（Helena Cronin）是我的朋友兼同事，她在討論這些觀念時指出，[24] 在所有文化及我們所知的整個歷史中，某些形式的暴力是被視為正當的。不貞或被懷疑不貞，以及性伴侶實際或可能的拒絕，是謀殺的最常見原因，而且男性謀殺女性遠多於女性謀殺男性，克蘿妮和其他演化思想家將之歸因於男性無法確定自己是不是子女的父親。一項關於殺人的大型研究得到一致的觀點，殺人事件中，每六件就有一件是殺害配偶，受害者有四分之三是女性。令我驚訝的是，法定婚姻和其他各種不同階段的關係中，殺害伴侶的情形是相同的，也不因社會經濟階層的差異而有不同。[25]

因為老闆不公平的對待而報復殺人，也是男多於女，因為階級地位對男性比較重要。現在要談的主題是情緒疾病產生的暴力，但容我先談演化的思維，這有助於我們了解為什麼會發生某些形式的暴力、什麼人會犯下這些暴力行為，以及社群為什麼可能贊成這些行為。這些形式的暴力可能會令人懊悔，甚至受到法律的制裁，可是在演化過程具有適應價值的暴力不太可能是情緒疾病的結果。

不同暴力行為間的主要差異，在於是否出於預謀或衝動。兩者都可能是正常的，甚至得到社會的認可。試想有一位俘虜，因為知道虜人者已經謀害另一位俘虜，所以小心計劃，反擊虜人者，這種暴力是出於預謀，而不是病態，也是社會認可的行為。衝動的暴力較難得到社會認可，但還是有可能。我的女兒伊芙在學步期時，常常不顧來往的汽車衝進馬路，我多次警告她，可是我猜她認為這是讓爸爸生氣的好玩遊戲，並不聽我的警告。有一天，我及時拉住她才避免車禍，我未經考慮，在衝動之下打她，對她大喊再也不可以這樣做。我這輩子只打過她這一次，雖然少數人可能不贊成我的暴力行為，但她從此不再衝進馬路。超過百分之九十的父母承認曾體罰學步期的兒童。[26]

我舉了幾個正常的預謀和衝動暴力的例子，可是也有不正常的情形。殺人者、強暴犯、虐待者都有可能仔細計劃他們的行動，選擇傷害的對象，安排在什麼時間以什麼方式進行。還有衝動的家庭暴力者，無預警地毆打家人，並非出於計劃。人格[27]和大腦活動[28]的研究，都發現衝動型暴力和預謀型暴力的差異，不過也有研究找不出兩者的差別。考慮暴力是出於衝動還是預謀，雖然很重要，但還不足以畫分出不正常的暴力。

　　不正常的暴力有一項必要的因素，就是反社會（不受社會認可），但不表示一定涉及精神疾病。有人認為青少年團體反社會的暴力行為，不應被視為精神疾病，研究證據也指出，許多有這種行為的青少年，在成人後不會持續有暴力行為。[29] 不能光憑反社會行為就說是任何精神疾病的跡象，即使發生在成人，也是如此。為達到目的而使用暴力的情形，比如搶錢的暴力，雖然違反法律，卻不一定是所謂「反社會人格疾患」，因為此人生活中的次文化可能支持這種行為。我相信分辨情緒疾病造成的暴力時，反社會暴力行為是必要條件，但不是充分條件。我會再加上不容易判斷的條件，就是缺乏社交支持的暴力（所以排除幫派暴力），以及和挑釁行為不成比例或根本沒有挑釁行為之下的暴力。

　　情緒疾病造成的反社會暴力，可能是長期的行為，也可能是一生只發生一次的插曲。施暴的人事後可能深感自責，或是毫不後悔；可能冷靜地行動，也可能在盛怒之下施暴；暴力的目標可能經過精挑細選，也可能是隨意選擇；暴力可能包括折磨拷打，也可能沒有。我認為研究必須考慮上述所有因素，在不同形式的反社會暴力中，尋找是否有不同的危險因子和原因。遺憾的是，目前還沒有如此細膩的考量，在《精神疾病診斷與統計手冊》第四版（DSM-IV）中，「陣發性暴怒疾患」（Intermittent Explosive Disorder，簡稱 IED）包括：「數次不連續的事件中，無法抗拒攻擊性的衝動，導致嚴重的攻擊行為或財物損壞；事件中表現衝動的程度遠大於任何引發事件的社會心理壓力……當事人可能把攻擊事件描述成『發作』或『發病』，在暴怒行為前，會有緊張或激發的感覺，事後則有輕鬆的感覺。」[30] 我雖然推薦這種對暴力的定義（長期、嚴重、和誘發原因不成比例），但是這個定義犯了一個錯誤，就是目前還無法證明對人的暴力和對財物的毀壞是出於相同的原因，在還不知道是否能將兩者混為一談的情形下，不應該將兩者並列。

雖然關於暴力的研究，還無法做出我提議的精細分類，但已有證據認為暴力是出於多重原因。早年生活的環境壓力、不當的教養、頭部外傷，還有遺傳因素，都和許多形式的暴力有關。[31]目前還無法判斷哪一種因素是哪一種暴力的重要原因，即使對暴力做出精細的分類，可能還是會發現原因不只一項。例如，即使我們的研究對象限定「長期的反社會肢體暴力，只有單純的粗暴行為，不涉及折磨拷打，由一個暴怒的人在沒有誘因的情形下，衝動地對他選擇的目標施暴，事後感到自責」，可能還是無法找到單一的原因。

辨識自己的生氣

現在來看生氣時內在的感覺像什麼。你現在需要覺得生氣，才能和生氣的身體感覺做比較。光是看到加拿大人打架的照片或梅可馨的照片，並不會喚起你生氣的感受，這是生氣和哀傷／悲痛的重要差異。即使是完全陌生的人悲痛的照片，也能喚起我們的關心，但生氣的照片卻不會。要覺得生氣，必須承受更大的壓力，假如你在照片裡的現場，生氣是針對你而發的，你可能覺得害怕或生氣，可是光看照片並不會引發這種感覺。我們看到某人痛苦或悲痛時，不需要知道原因，就會同情地關心，可是看到生氣時，我們需要知道生氣的來源，才能了解生氣的人。[32]

有兩個方法可以讓你體驗生氣，一個是回憶，另一個是做出生氣的表情。

試著回憶你一生中非常生氣、幾乎要打人的情形（或是真的打人），如果沒有這種經驗，就回憶因為生氣而發出非常大的聲音，事後對當時的言語感到懊悔的經驗。由於人很少只經驗生氣的情緒，可能還有害怕的感覺（害怕對方或害怕自己失控），或是厭惡的感覺（厭惡對方或厭惡自己失控）。你也可能有正向的感受，比如得意洋洋。現在試著專注於你只覺得生氣的時刻，再度體驗當時的感受。如果能看見記憶中的景象，會更有幫助。當這些感受開始出現時，盡可能讓它們越來越強烈，經過三十秒左右，放鬆下來，想想自己感受到什麼。

　　也可以嘗試下述練習所描述的動作，專注於生氣時的臉部表情。如果回憶無法導致生氣的感覺，做出生氣的表情也許能達到目的。

練習

　　模仿生氣的臉部動作。（你可以用鏡子核對自己是否做出所有肌肉動作。）

- 眉毛下壓聚攏：確定眉毛內緣向下，朝著鼻子的方向。
- 保持眉毛下壓，把眼睛睜大，使上眼瞼推向下壓的眉毛，努力瞪眼。
- 有把握做出眉毛和眼瞼的動作後，放鬆臉的上半部，轉而專注於臉的下半部。
- 雙唇緊緊密合、繃緊：不要噘嘴，只要擠壓即可。
- 有把握做出臉的下半部動作後，加入上半部的動作，壓低眉毛，將之聚攏，並抬高上眼瞼，做出瞪眼的樣子。

生氣的身體感覺包括壓力、緊張、發熱的感覺，心跳和呼吸加速，血壓升高，臉孔可能變紅。如果沒有說話，會有緊咬牙關的傾向，用力咬合上下排的牙齒，使下顎向前突出，還會有向生氣的對象移動的衝動。這些都是大多數人在生氣時共有的身體感覺，某些感覺可能會比其他感覺更強烈。現在再度嘗試體驗生氣（回憶或做出臉部表情都可以，看你覺得哪一種方法較容易），注意自己有沒有發熱、壓力、緊張和咬牙的感覺。

辨識別人的生氣

再看一次本章第一張照片，兩位生氣的男子都顯露出下壓而聚攏的眉毛，這是生氣的部分表現。右側的男子還表現出怒目注視。兩張生氣的臉都咬緊下顎、露出牙齒。生氣時，嘴唇會呈現兩種不同的位置，可能像他們那樣張開，變成方形或長方形的形狀，或是雙唇緊閉，上唇和下唇互壓。

我在巴布亞新幾內亞時，請當地人表現出準備打人時的面容，他們把雙唇用力閉起來，手舉斧頭。達爾文在一百多年前，發現我們從事任何費力的身體動作時，就會緊閉嘴唇。我請新幾內亞人表現出控制生氣時的臉孔，他們就把嘴稍微張開，好像準備說話一樣。我發現中產階級的美國人有相反的模式：控制生氣時把嘴唇用力閉緊，控制不住生氣時會張開雙唇，因為對他們而言，控制不住生氣時會用言語傷人，而不是用拳頭，所以緊閉嘴唇是控制生氣、不要罵人。

照片中的兩位加拿大人表現出張嘴式的生氣，其中一人剛剛毆打警察。我猜那個人在打警察的前一刻，嘴唇是緊閉的。

在照片上很難看到生氣最重要的線索，但這兩個生氣的人很可能都有這個線索，就是嘴唇的紅緣在生氣時變窄，嘴唇變薄，這是很難抑制的動作，即使沒有其他跡象，也會因此洩露生氣的情緒。我發現這是生氣最早出現的跡象之一，在一個人還沒有自覺生氣前就會顯露出來。幾乎每一個人都有這種經驗，在自覺生氣之前，就被別人發現他在生氣，通常別人是看見臉上的細微跡象，或是聽見聲音繃緊、音量變大。由於生氣時嘴唇會變薄，所以薄唇的人容易被誤以為是繃著臉、不友善或懷有敵意。

再看一看梅可馨的照片，她的眉毛下壓聚攏，雙眼怒目而視，雙唇分開，下顎向前突出。突出的下顎是生氣的常見跡象，可能因此而有拳擊手的警語「不要伸出下顎」，我確信這個動作是常見的生氣表情，但不知道有什麼意義。

我在新幾內亞高地時，拍下這位年輕女子的照片（圖 6-4）。雖然她不知道相機是什麼東西，但顯然看見我在注意她，而這種

圖 6-4

注意似乎不受歡迎。對這種注意的反應，通常是困窘，但這位女子的反應顯然不同，我推測在公共場合注意一位單身女性，可能違反那個社會的習俗，使雙方陷入險境，但我對此並不確定。

我刻意在這些人中，引發不同的情緒，用攝影機記錄各人的反應，以供日後分析之用。有一天，我為了記錄他們的反應，用橡皮刀刺一位青少年，可是他立刻看出是怎麼回事，影片顯示他起初是驚訝，然後變成開心的樣子。為了自身的安全，我決定不要再試圖引發生氣，因此再也沒看到他們的生氣反應。他們是愛好和平的文化，不在公開場合生氣，至少我在的時候，都沒有看到。這張照片是我在這個文化中，唯一拍到的自發的生氣照片。

照片清楚顯示生氣時怒目而視的雙眼，眉毛下壓而聚攏，雙唇緊緊壓住。左側的女性只有表現下壓聚攏的眉毛，當沒有怒視的雙眼，只有下壓聚攏的雙眉時，有好幾種可能。產生這種動作的肌肉被達爾文稱為「困難的肌肉」，他和我一樣注意到這種情形，就是任何類型的困難（包括智力和體力的困難），都會使這條肌肉收縮，造成下壓而向內聚攏的眉毛。困惑、混淆、專注、果斷時，都可能表現出這個動作。當人在大太陽底下時，也會出現這個動作，因為下壓的眉毛有遮住陽光的作用。

我在新聞照片中找不到「克制的生氣」，這種表情常見於日常生活，會在生氣失控前出現。雖然是克制的生氣，但在臉上可以見到非常輕微的變化，是生氣的強烈跡象，就如我自己這張照片所顯示的（圖6-5）。我在二十年前拍下這張照片，當時嘗試不移動臉部，而能製造生氣的表情，我全神貫注地繃緊肌肉，但不讓肌肉收縮到足以牽動皮膚，我先繃緊眉毛的肌肉，如果這條肌肉收縮的話，會使眉毛下壓、向內聚攏。接著繃緊可能抬高上眼瞼的肌肉，最後則繃緊嘴唇的肌肉，但不讓嘴唇變窄。這

圖 6-5

是個不友善的表情，可能是高度控制的生氣，也可能只是惱怒的表情。我們接下來就要討論生氣的細微跡象。（請看圖組 6-6：A-M，如下頁。）

先從眼瞼和眉毛開始，圖 A 的上、下眼瞼是繃緊的，可能是細微的跡象，表示生氣受到控制，也可能只是輕微的惱怒；完全沒有生氣時，也可能出現這種表情，表示此人試圖專注於某件事或是非常專心。圖 C 是合成圖，將另一張圖（未放入本書）下壓而稍微聚攏的眉毛，貼到中性的圖 B（便於讀者對照表情）。圖 C 顯示的跡象，可能是克制的生氣或輕微的惱怒。當人覺得有點困惑、專注，或發現某件事有困難時，也可能出現圖 C 的表情。要根據當時的背景來判斷。

圖 D 把上述兩種動作結合起來，眉毛輕微下壓、聚攏，下眼瞼稍微繃緊，繃緊的下眼瞼不如圖 A 明顯，但和中性的圖 B 比較，就可看出圖 D 的下眼瞼稍微蓋住虹膜下緣。這仍可能是專注或困惑的表情，但更像克制的生氣或非常輕微的生氣。

圖 E 顯示另一個非常重要的動作：上眼瞼的上抬，這是怒目

圖組 6-6：A-M

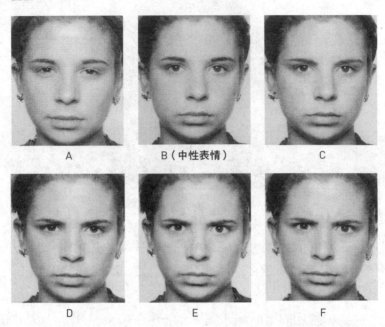

A　　　　B（中性表情）　　　　C

D　　　　E　　　　F

而視的表情，無疑是生氣的跡象，有可能是受到控制的生氣。本章先前談到 A 型人格時，已見過這種表情。圖 F 是三種動作的結合，而且更爲強烈：下壓的眉毛、繃緊的下眼瞼、抬高的上眼瞼。這是清楚的生氣跡象。

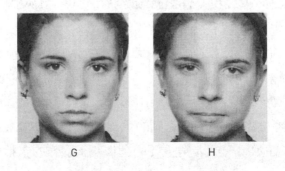

G　　　　H

現在來看下顎和嘴唇的訊號。生氣時，下顎常常向前突出，如圖 G，這張圖是把另一張不在本書的照片的下顎貼到圖 B 而合成的。梅可馨的照片可以看見突出的下顎，不過她還抬高上唇和壓低下唇。

　　圖 H 中，嘴唇抿在一起，下眼瞼有點繃緊。這種情形可能發生在非常輕微的生氣，或是剛開始生氣，也可能出現在思考事情時，或是有些人無意義的習慣性表情。如果沒有下眼瞼的動作，只有嘴唇抿在一起的話，是很難判斷意義的表情。

　　圖 I 中，嘴唇緊緊壓在一起，像圖 H 一樣，但還有下唇上推，這種表情可能是受到控制的生氣，或順從的表情，有些人在思考時會出現這種表情，還有人則是習慣性的作態，比如柯林頓總統常在作態時出現這種動作。圖 J 中，嘴角繃緊，還有下唇上

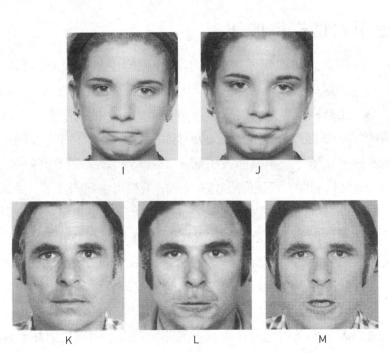

I　　　　　J

K　　　　L　　　　M

推，只有這種動作時，難以判斷意義，和圖 I 的可能性一樣。由於有點不對稱，還可能有輕蔑的意思，詳見第八章。

我用自己的照片（如上頁圖 K、L、M）顯示非常重要的動作：嘴唇的紅緣變窄的動作。這是大約三十年前的照片。圖 L 和 M 表現出這種動作，圖 K 是放鬆時的嘴唇，以供比較。圖 M 中，嘴唇分開，好像要說話似的。嘴唇變窄的動作是非常可靠的生氣跡象，通常是非常初期的生氣訊號，也可能是高度控制的生氣。這也是非常難抑制的動作。

加拿大示威者和梅可馨的嘴巴，還有顯示一種生氣的表情，就是上唇抬高，而下唇壓低，同時雙唇都變窄，嘴巴呈現方形的外觀。

運用表情提供的訊息

現在要討論如何運用你從本章介紹的生氣跡象所得到的資訊。容我重複上一章說過的話，因為這是處理生氣時必須考慮的重點，比悲痛或哀傷時的考量更重要：表情只能說明對方有什麼情緒，無法告訴你產生情緒的原因是什麼。你看到某人在生氣時，並不知道什麼事讓那人生氣。加拿大示威者和梅可馨生氣的原因雖然很明顯，可是假設和你說話的人露出生氣的表情，生氣是針對你而發的嗎？是因為你過去或現在所做的事生氣，還是對方認為你準備做什麼事而生氣呢？或是對方向自己生氣呢？也可能是對第三者生氣，比如談話時提到的人，或是對方心中想到的人。

你無法從表情來判斷原因。有時生氣的原因明顯出於當下發生的事、剛才談到的事、已經發生或即將發生的事，但有時你不知道原因。光是知道對方生氣，就非常重要，因為生氣是最危險的情緒，而你又無法每次都確定自己是不是生氣的對象。

　　有些生氣最隱微的跡象（圖 A、C、D），也可能是專注或困惑的跡象。有些生氣的表情如果怒氣很輕微、剛開始，或是受到控制的話，也很難加以確定（圖 G、H、I、L、M，以及圖 6-5）。我要先把重點放在你發現清楚的表情，確信對方生氣時（比如圖 E 和 F），你可以怎麼做。我要用上一章結束前所談的例子，讓讀者了解，發現生氣時和發現悲痛或哀傷時，所做的選擇會有多麼不同。你也會發現對方生氣時，不論你是他的上司、下屬、朋友、情人、父母或子女，你所做的選擇，大部分取決於你和對方的關係。

　　大部分情緒表情會持續約兩秒鐘，有時短至半秒鐘，有時可能持續到四秒鐘，但很少更短或更長。表情持續的時間，通常和表情的強度有關，所以持續較長的表情表示較強的情緒，不過，當然有例外的情形。非常短暫而強烈的表情（圖 E 和 F），表示在隱藏情緒，可能出於刻意，也可能是潛意識引導的潛抑。非常短暫的表情並沒有告訴我們是刻意還是無意識地改變面容，只知道情緒被隱藏起來。持續較久而輕微的表情（圖 G、H、I、L、M，以及圖 6-5），是刻意控制情緒的跡象。這些表情如果只出現半秒到一秒，比較像輕微的生氣或剛開始生氣，而不是控制生氣。以上所談情緒持續的時間，及其與情緒強度的關係，不論是受到控制，或是情緒輕微，都適用於所有其他情緒。

　　假設你告訴一位下屬沒有得到升遷的消息，而這個人表現出明顯的生氣表情，比如像圖 E 或 F，甚至更強烈的表情，表示他可能知道自己在生氣，尤其是臉部表情長達一秒的話。由於你剛傳達壞消息，所以可能是生氣的對象，但他也可能是氣自己無法得到升遷。在他說話前，你並不知道他是否認為這個決定不公平；即使他回答你之後，你可能還是不知道，因為他可能決定不讓你知道他的感受。除非你很了解對方，否則不要假定他能退一步考慮是否讓生氣發展下去，也就是我所謂的「情緒專注」，因為大部分人都沒有發展這種能力。那麼，你該怎麼辦？

你可以忽視他表現的生氣，好像沒那回事一樣，但要留意這件事，說其他事時也要謹慎。遇到有人生氣時，你不一定想和對方對質，比如說：「你為什麼對我生氣」，或是更輕微的澄清：「你在生氣嗎？」這些話會招惹對方說出不高興的話，或是做出憤怒的舉動，對雙方都不見得有好處。我的意思並不是要你忽略別人的抱怨或冒犯，而是在情緒過去之後，比較好處理。「你為什麼對我生氣？」可以改成更好的說法：「我的決定很可能使你生氣，為此我感到抱歉，如果還有什麼我可以幫忙的，請告訴我。」在這種反應中，你確認他的生氣，而不是質疑對方的生氣，並表示除了令他討厭的決定之外，你願意幫助他。

回到先前的例子，假使你告訴正當青春期的女兒，你和丈夫臨時要和朋友相聚，需要她照顧弟弟，所以她不能去朋友家。如果她對你露出上述表情，可能是因為你妨礙她的計劃而對你生氣，但她也可能是氣自己那麼在意這件事。你的反應有賴於你和女兒的關係、她和你的人格特質，以及你過去和她相處的經驗。但我相信和工作場合比起來，你更有理由處理女兒的生氣，但不表示你應該批評她的生氣，或是質疑她生氣的權利。剛好相反，你最好同情她的挫折，進一步解釋這次聚會為什麼非常重要，而你出於無奈才對她做出不合理的要求。從這個推論來看，她的生氣是有道理的，能引起你的注意，讓你知道需要向她解釋。你可以進一步表示會想辦法補償她。

每當你看到一種情緒的表情，但對方沒有明說時，你等於收到對方並不承認的訊息，對方不需為此負責。在前述工作場合的例子中，員工可能盡量控制自己的生氣，質問並不能幫助他。你可能不想在公司直接處理員工的生氣，特別是沒有獲得升遷的員工。他當然可能是你仍想提拔的人，處理他的感受會有益處，但你可能想事後再來處理。你可以到隔天才說：「我知道那是壞消息，我了解你的失望，我覺得你感到不舒服（或是困擾），要不要談一談，可能會有幫助。」

另一個選擇是說：「現在或稍後，我想談談你的感受。」同樣地，不要用「生氣」這個字眼，以減少他表達生氣卻又在事後懊悔的機會，同時給他在願意時談一談的機會。如果你知道女兒是很難控制生氣的人，可以用不同的方式處理，讓她選擇在想談時才談。夫妻間可能也想討論生氣的情緒，但最好保留到氣消的時候再談，免得因為生氣而產生傷害的言語、憤怒的回答，或是防衛的態度。

我們通常認為自己知道別人為什麼對我們生氣，可是我們的解讀可能和對方的想法不一樣。雖然避談生氣的原因，會導致怨懟或積壓問題，但在雙方或一方心懷怒氣時，最好不要馬上處理。如果這件事非常急迫，不能拖延到怒氣平息時再談的話，兩人至少必須確定已經度過生氣的不反應期，否則只會火上加油，無法專注於問題的澄清和解決。

還有一點也很重要，就是要了解並考慮上述例子的角色反過來時，會是多麼不同的情境。假設你是剛知道未得升遷的員工，上司告訴你這個消息時表現出生氣的表情。他很可能是對你生氣，但也可能是為了自己必須告訴你壞消息而生氣，或是對其他人生氣。無論如何，大部分機構中的部屬並不想談上司的生氣，你在表達失望之後，最多只能說類似這樣的話：「我可能做了什麼冒犯你或公司的事，如果你願意在適當的時候告訴我，我會很感謝你讓我有學習的機會。」這句話並不是爲了指出生氣，而是承認它並表明願意得到回饋，讓上司較容易延遲到不覺得生氣的時候，才告訴你詳情。

關於你發現生氣的表情時，我建議的所有做法，都同樣適用於不確定對方的表情是輕微的生氣、受控制的生氣，或剛開始生氣的時候（圖 G、H、I）。唯一的差別在於當你有理由相信對方是剛開始生氣時，比如只有圖 L 和 M 顯示的嘴唇變薄，你會更有機會考慮自己是否可以做什麼或說什麼，好在對方情緒轉強前阻斷生氣。

圖 C 顯示下壓、聚攏眉毛的表情，還需要特別說明一下。怒目看我的新幾內亞婦女左側坐著的女子，也有這種表情，雖然可能是非常輕微的生氣跡象，但也可能出現在各種困難的處境中，比如搬重物，或試圖解決困難的數學題目，幾乎任何困難都可能出現這種表情。如果你說話時，對方出現一下這種表情，可能是他不太了解你的話，或是需要努力聽才跟得上你。這是有用的訊號，表示你需要換一種方式來解釋你正在說的話。

我無法把你發現生氣表情時需要考慮的每一件事都加以說明。我舉的例子只是建議有很多可能性，以及你可能會考慮到的一些反應。你面臨的狀況適用哪一種方式，要依據你和對方的特質，以及當時的情境。我承認上述建議如何回應別人生氣的方法，大多不是根據確切的研究，而且不符合多年前流行的觀念，過去的觀念認爲我們要學會如何公平地爭吵，而不是避免衝突，但我個人的經驗顯示，這雖然是大多數人的做法，卻不必然是最好或最可靠的方法。我們必須顧及心中的不滿，但我認爲不要在氣頭上處理。

第七章

驚訝與害怕

害怕時，我們幾乎可以做每一件事，或是什麼都不能做。從其他動物的研究，以及人的身體如何做好行動準備的研究，顯示演化偏愛兩種非常不同的行動：躲藏和逃跑。

所有情緒中，持續時間最短暫的就是**驚訝**（surprise），最多不超過數秒。我們了解發生什麼事之後，驚訝就過去了，然後根據發生的事，驚訝就化為害怕、樂趣、輕鬆、生氣、嫌惡等等，也可能覺得引發驚訝的事並不重要，而變得毫無情緒。很難找到驚訝表情的照片，因為這種經驗既短暫，又出乎意料之外，即使攝影師看到這種表情，往往也來不及捕捉這個鏡頭。新聞照片通常是重新扮演或擺出驚訝的表情來拍照。

「紐約郵報」的攝影師李歐塔（Lou Liotta）說了一段話，解釋他怎麼能拍到圖 7-1（見下頁）這張顯示兩個驚訝男人的得獎照片：

「我奉命來到這棟建築，有位女性要表演特技。我來遲了，她已用牙齒咬緊電纜，被送到大樓頂。我用攝影機的長鏡頭觀察她，發現她的表情很勉強，身體正在旋轉，然後看見她抓不牢而掉下，就像拍賽馬之類的動作一樣，我拍下一張照片。」

圖 7-1

　　幸運的是，照片中的女郎沒有摔死，她從三十五呎高掉到木板上，折斷兩個手腕和膝蓋，脊椎受傷。不過，我注意的是面對鏡頭的兩個人的情緒。驚訝的情緒只會被突然、無法預期的事件引發，就像這張照片的情形一樣。當一件出乎預期的事以緩慢的速度展現時，我們不會驚訝，只有非常突然，而我們沒有做好心理準備時，才會感到驚訝。看見特技女郎掉落的人，完全沒有預警，事先也不知道會發生這種情形。

　　幾年前，我第一次教醫學生如何了解和辨識情緒時，嘗試在每一堂課引發不同的情緒。為了讓他們驚訝，我有一次請肚皮舞孃從布幕後跳出來，用力跺腳，敲擊手中的鐃鈸。如果她在一間以土耳其舞為特色的夜總會走上舞台的話，就不會引人驚訝，可是在醫學院的課堂，她的現身完全不符合當時的背景，加上突然、喧鬧的出現，就能引發驚訝的情緒。

驚訝時，沒有時間刻意控制自己的行為，但這通常不是問題，除非是在不應該驚訝時表現出驚訝。例如，假使我們聲稱完全了解某件事，卻在原本應該知道的事突然顯露出來時，表現出驚訝，就顯示我們原先言過其實。比如在課堂中，一位學生說已讀過指定的選文，但其實沒有讀，老師突然提到選文中的某件事時，學生的驚訝表情就會洩露他的謊言。

有些研究情緒的學者不認為驚訝是一種情緒，因為驚訝和愉快或不愉快無關，他們認定情緒必然和愉快與否有關。我不同意這種看法，我認為大部分人「覺得」驚訝像一種情緒。在我們弄清楚怎麼回事之前，在轉到另一種情緒或沒有情緒之前，驚訝本身可以給人好或壞的感覺。有些人完全不想要驚訝，即使是驚喜也不要；有些人喜歡驚訝，刻意不去安排許多事，好讓自己體驗出乎意料之外的感覺，他們尋求讓自己驚奇的經驗。

我自己對驚訝是不是一種情緒的懷疑出自一個事實：驚訝出現的期間是固定的。*驚訝至多持續幾秒鐘，而其他情緒都沒有

---

* 另一個懷疑驚訝是不是情緒的原因，是我無法在新幾內亞人身上區分害怕和驚訝，第一章已談到這件事。我告訴他們關於害怕的故事，他們選出代表驚訝和害怕照片的機會一樣大；但告訴他們驚訝的故事時，大部會選出驚訝的照片。在另一項研究中，我們說完故事後，請他們在臉上裝出該種情緒的表情，然後把這些表情給美國大學生看，美國人能辨認新幾內亞人的生氣、嫌惡、傷心和愉快，卻無法區分害怕和驚訝，我無法解釋為什麼。我的同事卡爾　海德爾對新幾內亞另一族的人做這個研究時，也有相同的問題，這個事實令我們懷疑驚訝和害怕到底有什麼不同。

這種情形，可以很短，也可以持續較久。驚訝後常出現的害怕，可以非常短暫，也可以持續相當久。我接受組織切片手術後，必須等待幾天才知道結果是不是癌症、到底有多嚴重，那時的害怕會持續較久。在等待的四天中，我並不是一直害怕，而是重覆出現數秒到數分鐘的害怕。還好切片結果不是癌症，於是我鬆了一口氣，升起第九章會討論的愉快情緒。

我認為把驚訝當成情緒來討論，是合理的，只是要注意它的特徵：短暫、固定的期間。到目前為止，我們討論過的每一種情緒都有自己的特徵。哀傷──悲痛有兩個獨特之處：這種情緒常常交替出現不同的兩面，認命的哀傷感和激動的悲痛感；而且持續的時間比其他情緒長。生氣和其他情緒的差別是有暴力的潛力，所以是對別人最危險的情緒。接下來幾章會看到輕蔑、嫌惡和各種形式的愉快，都有與眾不同的特徵。

雖然驚訝是一種情緒，但**驚嚇**（startle）則不是情緒，不過，許多人把這兩個字眼交替使用。兩者其實不同，驚嚇的表情和驚訝的表情剛好相反。我用沒有子彈的空氣槍引發受試者的驚嚇時，[1] 他們的眼睛幾乎立刻緊閉（驚訝時則雙眼睜大）、眉毛壓低（驚訝時眉毛會上揚）、嘴唇會拉長繃緊（驚訝時會張開嘴巴）。在其他所有情緒的表情中，最激烈的表情仍然類似該情緒的中度表現，只是肌肉的收縮更強烈；暴怒比生氣的表情更強烈，恐怖相對於害怕，也是如此，諸如此類。驚嚇和驚訝表情的差別，表示驚嚇並不是更激烈的驚訝狀態。

驚嚇和驚訝有三點不同。首先，驚嚇的時間比驚訝更短，只有四分之一秒能明顯看到這種表情，在半秒之內就結束了。驚嚇的速度如此之快，你可能因為眨眼而錯過對方的表情。這麼短的時間不符合任何一種情緒。其次，對大數人而言，事先知道會因為巨大的聲音而受到驚嚇時，雖然會減輕反應的強度，但無法完全消除驚嚇反應。但你如果事先知道會發生什麼事，就不會覺得驚訝。第三，沒有人能抑制驚嚇反應，即使事先知道會發生巨響，也無法抑制。大部分人可以抑制情緒的反應，只表現出很細微的情緒跡象，特別是先做好心理準備時。所以驚嚇是一種身體反射，不是情緒。

　　圖 7-2 這張特殊照片的新聞說明：「五月時，一輛軍用卡車載了一百位年輕人，因為超載而在東爪哇的泗水翻覆。乘客是支持當地足球俱樂部的球迷，一位軍事指揮官提供二十四輛卡車，讓球迷搭免費便車回家，他們在途中揮舞旗幟慶祝當地球隊的勝利，卡車開了四分之一公里就翻車了，大部分乘客安然逃出，但有

圖 7-2

十二人因輕傷住院治療。」這些年輕人臉上顯露出**害怕**（Fear），司機的表情最為明顯。如果早一點拍攝照片，可能會看見眾人臉上出現驚訝，除非卡車是慢慢傾斜的，才不會出現驚訝的表情。

害怕帶來的反應

關於害怕的研究，比任何其他情緒都多，可能是因為在幾乎所有動物身上，都能引發害怕，包括大老鼠（科學家喜歡用這種動物作研究，因為既便宜，又容易照顧）。所有害怕的誘因、主題與變型的特徵就是傷害的威脅，包括身體或心理的傷害。主題是傷害身體的危險，變型則可以是所有透過學習而知道可能以任何方式傷害我們的事，包括身體和心理的威脅。就像身體受到約束是不用學習就有的生氣誘因一樣，害怕也有不用學習的誘因：在空中快速飛來的東西，如果不閃避就會打到我們；突然失去支撐，造成我們向下掉落。身體疼痛的威脅也是不用學習就有的害怕誘因，但在疼痛的當下，可能不會感覺到害怕。

看見蛇可能是另一個不用學習的共通誘因。我在第二章談到歐曼的研究，顯示我們的生物本性就會害怕爬蟲類，甚於害怕槍和刀。可是，有許多人不怕蛇，甚至喜歡毒蛇碰觸身體的感覺。我認為身處容易跌落的高處，也是不需學習就有的誘因，因為我向來怕這種處境，可是許多人不會因此引發害怕。

也許沒有任何天生的害怕誘因是會出現在每一個人身上的。不論是喚起任何情緒的刺激，或是最常見的情緒反應，總是有少數人不會表現出大多數人都有的情緒。人類行為幾乎每一個面向都有個別差異，情緒也不例外。

經由學習，我們可能對每一件事都感到害怕。毫無疑問，有些人害怕的事情，其實不會造成危險，比如小孩怕黑暗。成人和小孩一樣，也會有毫無根據的害怕。例如，心電圖檢查會把電極貼到胸前，以測量心臟活動，不知道這種測量裝備不會造成觸電的人，可能會覺得恐懼。當別人害怕我們所不怕的事時，需要有極好的同情心，才能尊重、了解對方，有耐心地保證安全。大部分人沒有這種害怕，但我們不需要感受到別人的害怕，就能予以接納，幫助他人處理自己的害怕。好護士了解病人的害怕，能從對方的角度來看，向他們提出保證。

害怕時，我們有可能什麼事都做得出來，或是什麼都無法做，這要依據我們過去在這種處境中學到有什麼方法能保護自己而定。根據其他動物的研究，以及人的身體如何做好行動準備的研究，顯示演化偏愛兩種非常不同的行動：躲藏和逃跑。害怕時，血液會流向腿部的大肌肉，準備逃走，[2]但不表示一定會逃，只是演化使我們做好準備，可以做出古時候最適合祖先的行動。

許多動物遇到危險時（比如潛在的掠食者），會先僵住不動，可能是為了減少被發現的可能。當我接近籠中的猴子時，就看見這種現象，大部分猴子在我靠近時會僵住不動，想要避免被發現；當我更靠近，明顯注視某隻猴子時，牠就會逃開。

如果沒有僵住或逃走，接下來最可能的反應就是對威脅的來源生氣。[3]害怕和生氣的經驗快速交替的情形，並不少見。雖然沒有確切的科學證據說明我們是否會同時經驗這兩種情緒，但在實際狀況中，這種分別並不重要。我們可以在害怕和生氣間（或任何其他情緒），非常快速地交替，以至於兩種感受交織在一起。如果威脅者好像比我們更強壯，我們很可能會害怕甚於生氣；但在當時或逃走之後，仍會對威脅者感到生氣。如果我們相信自己若不害怕就應該有能力處理當時的情境，也可能會因為自己的害怕而對自己生氣。基於同樣的理由，也可能對自己感到嫌惡。

害怕的功能

　　面對巨大的傷害時，我們有時真的無能為力，比如在泗水翻車的卡車司機，他不像坐在卡車上的人可以專注於如何跳車。他什麼都不能做，但傷害的威脅卻非常巨大。當我們可以處理當下的嚴重威脅時，會發生一種非常有意思的情形，就像卡車乘客面臨的處境，他們可能不會體驗到害怕時的不愉快感覺和想法，而是專注於當前的任務，處理眼前的威脅。

　　例如，我在一九六七年時，第一次去巴布亞新幾內亞，最後一段路程沒有道路，必須搭乘單引擎飛機，然後走到我落腳的村落。雖然我已有多次搭乘飛機到世界各地的經驗，但還是有一點怕飛行，所以無法放鬆，更不要說在飛機上睡覺。必須搭乘單引擎飛機，使我非常擔心，但沒有別的選擇。兩人座的飛機起飛後，我身旁那位頭髮凌亂的十八歲飛行員告訴我，地勤人員通知他，輪胎在起飛時掉落，我們必須回頭，滑行到跑道旁的爛泥裡。由於撞擊地面時可能起火，我必須做好跳機的準備，他教我把機門稍微打開，以免撞擊地面時卡住，無法逃生，又要我小心不要開得太大，免得被拋到機外，因為這種飛機沒有安全帶。

　　繞著機場打轉，準備降落時，對可能來臨的厄運，我沒有不愉快的感覺，也沒有驚恐的想法，滿腦子想的是這件事多麼奇怪，我坐了兩天飛機，來到這麼遠的地方，不到一個小時就要抵達目的地時，竟發生這種事。墜機前，我竟然不覺得害怕，實在有點荒唐。我看見消防隊在跑道上迎接我們歸來，飛機衝進爛泥時，我緊緊抓住機門把手，使機門微開，然後就結束了，沒有起火，沒有死亡或受傷。不到十五分鐘，我的裝備就轉到另一架飛機，然後起飛。突然間，我開始擔心剛才的情景再度重演，而我這次可能無法生還。

基於飛機迫降的經驗，我訪談了其他在極度危險時沒有不愉快感覺和想法的人，結果發現在危險的處境中是否覺得害怕，取決於是否有處理危險的方法，如果有，就可能不會覺得害怕，如果沒有，只能眼睜睜看著自己面臨生死關頭，就會非常害怕。如果我沒有專注於保持機門微開、緊張地準備跳機，可能會在著陸時感到害怕。當我們什麼都不能做時，最容易經驗到最強烈的害怕；當我們專注於處理眼前的威脅時，反而不害怕。

最近的研究發現，當下面臨威脅時的害怕，與將要發生威脅所造成的害怕，有三種差異。*首先，不同的威脅會導致不同的行為：當下的威脅會產生處理威脅的行動（僵住或逃走），而擔心將要來臨的威脅，會產生增強的警覺和肌肉緊張。其次，面對當前威脅時的反應，往往會減少疼痛的感覺，而擔心將要來臨的威脅時，會擴大疼痛的感覺。最後，有證據指出，當前的威脅和將要面臨的威脅分別牽涉不同部位的大腦活動。[4]

「恐慌」（panic）完全不同於面臨立即威脅時的反應。我因為需要接受腹部手術以切除部分大腸而中斷本章的寫作，原本並不害怕，直到手術日期安排出來時，才開始害怕，從那天到手術之間的五天，我經歷了一連串的恐慌發作，覺得極度害怕、呼吸急促、全身發冷，滿腦子想的都是可怕的事。我在第五章提到自

---

* 有些科學家以「焦慮」來描述威脅將要來臨時的反應，認為是一種人格特質或是情緒疾病，但我認為焦慮是一種心情。

己曾於三十年前接受重大手術，當時因為醫療過失，沒有給我止痛藥，而承受極度的痛苦，所以我有理由害怕再度進入手術室。每次恐慌發作會持續十分鐘到數小時不等。可是在我住進醫院接受手術的那一天，既不害怕，也不恐慌，因為我開始有事可做。

各種害怕的經驗可以用三個因素來區分：

強度：可能的傷害有多嚴重？

時間：傷害是立即產生的，還是將要發生的？

處理：有沒有什麼行動能減少或消除威脅？

可惜目前的研究都沒有同時考慮這三個因素，很難確定研究是針對什麼形式的害怕經驗。與害怕有關的新聞照片提供了一些線索，不論是立即或將要發生的威脅，照片常常可以顯示威脅的強度，以及可能的處理方式。翻車的照片中，我們可以假設司機非常害怕：危險很大，他無法處理，人卡在車子裡，逃不出去。司機的臉部表情是共通的害怕表情。至於其他人，如果正處理眼前的威脅，比如跳下車或準備跳出來的人，就沒有出現害怕的表情，而是專注的神情，我認為這是處理眼前危險的特徵。預期會有危險的人，在照片中則表現出類似司機的表情，但較不強烈。

當感受到任何形式的害怕，意識到自己正在害怕時，會有一段時間很難感受或想到其他事情，心智和注意力都集中在威脅的來源。我們會專注於立即的威脅，直到消除威脅，或是發現自己無能為力，這時的感受會變成非常害怕。傷害威脅的預期也會霸佔我們的意念，持續好長一段時間，或是一陣一陣地反覆出現，打斷我們在處理其他事情時的思緒，就好像我那幾天等待切片結果的情形。恐慌的發作都是一陣一陣的，如果持續數天不中斷的話，有可能使人心力耗竭而死亡。

　　立即的傷害威脅會使注意力集中，全力處理危險。如果感知到將要來臨的威脅，擔憂的心情能保護、警告我們，使我們更加小心。擔憂將要來臨的傷害而有的表情，或面對嚴重威脅時的恐懼面容，可以提醒別人注意潛伏的威脅，警告他們避開傷害，或是召集大家幫助我們處理威脅。有人攻擊或準備攻擊我們時，擔憂或害怕的表情可能使攻擊者認為我們不會繼續做出引發攻擊的事，而停止攻擊。（當然了，結果不一定如此，攻擊者可能把害怕的表情當成我們不會反擊的跡象，可以輕易獲勝。）恐慌的跡象會促使別人提供幫助，或向我們保證安全。

害怕的重要性

　　害怕的核心是有可能會疼痛，包括身體或心理的疼痛，但所有情緒理論家和研究者都不認為疼痛是一種情緒。有人可能會問，疼痛是令我們集中注意力的強烈感覺，為什麼不是一種情緒？湯金斯在四十年前的文章，已回答了這個問題，現在來看，他的答案仍是很好的回答。他說，疼痛過於具體，所以不是情緒。我們確切知道許多種疼痛是傷到什麼部位，但生氣、害怕、擔憂、恐懼、傷心、悲痛，在身體的什麼部位呢？疼痛就像色慾一樣，可以正確指出感覺的部位（除非是轉移痛）。如果割到手指，不會去揉手肘，就好像我們知道要刺激什麼部位，才能使性慾升起。疼痛和性慾都非常重要，也能使我們感受到許多情緒，但本身並不是情緒。

　　本章先前討論驚訝時，我說有些人喜歡驚訝。從喜歡體驗的角度來看，每一種所謂的負面情緒都可能有正面的效果。（所以我認為許多情緒理論家把情緒分成正面和負面會造成誤導。）

有些人真的喜歡感受到害怕，比如使人害怕的電影和小說都非常受歡迎。我曾坐在電影院中，轉身環顧觀眾的臉孔交雜著擔心（有時甚至非常害怕）和愉快。在研究中，我們讓受試者獨自觀看恐怖電影，用隱藏的錄影機拍下表情，發現臉上出現害怕表情的人，連生理上都有害怕的反應[5]（心跳增加，血液流向腿部的大肌肉）。

有人可能會提出反駁，因為這些人並不是真的身處險境，也知道自己不會受到傷害。可是，也有人是真的面臨險境，刻意尋找令人害怕的經驗，甚至在運動中享受死亡的威脅。我不知道他們享受的是害怕，還是伴隨冒險而有的刺激感，或是完成任務之後的輕鬆和自豪。

也有人剛好相反，他們認為害怕的感覺過於有害，極力避免感受到害怕。對於每一種情緒，都有人享受情緒的體驗，也有人剛好相反，無法忍受情緒的經驗，但也有許多人既不追求情緒的體驗，也不認為有該種情緒是特別有害的經驗。

目前談到的各個情緒，都有相關的心情（心情可以持續好幾個小時）。長時間的傷心，就會有沮喪的心情。當我們容易發怒時，會去找一些惹我們生氣的事，就是有煩躁的心情。覺得擔心，卻不知道為什麼時，就是焦慮的心情，這時雖然覺得有危險，卻不知道威脅何在，所以會不知所措。

就好像沮喪的心情、憂鬱的人格和憂鬱症都與哀傷 - 悲痛的情緒有關，而煩躁的心情、懷有敵意的人格和病態的暴力都與生氣有關，同樣地，和害怕相關的則有焦慮的心情、羞怯膽小的人格，以及下述幾種疾病。例如，15%的人會極度害羞，[6]這種人一心認為自己無法應付社交場合，避免社交接觸，自我價值感低落，體內壓力荷爾蒙濃度較高，心跳速率較快，得到心臟病的危險也較高。[7]知名科學家傑洛米・卡岡（Jerome Kagan）認為，父母通常把小孩與害怕有關的特質分成三類：躲避人的叫害羞，逃避不熟悉的情境叫膽小，避開不熟悉的食物叫挑食。[8]許多科學家則把害羞分成兩種：忸怩的害羞（對於是否接近或避開陌生人和新奇的環境，內心感到衝突），和害怕的害羞（避開陌生人和新奇的環境）。[9]

害怕在許多情緒疾病中，扮演重要的角色。[10]畏懼症（phobia）是最為明顯的疾病，可能也是最為人所知的；畏懼症的特徵就是害怕人際互動、死亡、傷害、疾病、血液、動物，或是擁擠的場合、密閉的空間等等。創傷後壓力疾患是經歷極度危險的結果，事後會不斷重新體驗該創傷事件，逃避與創傷有關的事件，常常伴隨難以入睡、無法專注的情形，以及突然爆發怒氣。一再發作的恐慌症，也是含有擔憂或恐懼的情緒疾病，常常在缺乏明顯理由的情形下發作，發作時可能極度失能。病態焦慮也是一種情緒疾病，和正常焦慮心情的差別在於前者會一再復發、持續很久、非常強烈，並妨礙工作和睡眠等基本生活功能。

辨識自己的害怕

討論哀傷時，我建議讀者看著圖 5-1 雪莉的照片，可能產生哀傷的感覺。但我不認為看著生氣的照片，會有類似的作用；同樣地，我也不認為看著害怕的照片能引發害怕的感覺。但還是可以一試，注視卡車司機的表情，如果開始出現任何感覺的話，讓這些感覺滋生；如果沒有用，就想像自己在他的處境，如果開始產生感覺，就讓感覺增長。

如果看照片沒有用的話，請嘗試回想自己的生活，找出面臨強烈、立即危險的時刻，而且你無法減輕當時的威脅。比如坐飛機時，天氣突然變壞，飛機在強烈氣流中突然下降。回憶親身經驗時，請讓你的感覺漸漸加強。

如果回憶過去的情景也沒有用，就嘗試下述練習：

練習

模仿害怕的臉部表情。（你可能需要鏡子，以核對自己的動作是否正確。）

- 盡你所能抬高上眼瞼，可能的話，也稍微繃緊下眼瞼；如果繃緊下眼瞼，會妨礙你抬高上眼瞼，就專心抬高上眼瞼即可。
- 張嘴讓下巴下垂，雙唇向耳朵的方向橫向拉長，使你的嘴巴像照片中卡車司機的嘴巴一樣。
- 如果嘗試幾次，仍然做不出上述動作，就讓自己的嘴巴打開，不要勉強拉長嘴唇。
- 盡可能抬高上眼瞼時，凝視前方，盡量抬高眉毛，同時嘗試讓抬高的眉毛聚攏，如果做不來的話，只要抬高眉毛即可。

注意臉部、胃部、雙手雙腳的感覺。檢查呼吸，看看臉和手覺得冰冷還是溫暖。

你可能覺得雙手越來越冷，呼吸越來越深，也越來越快，然後開始冒汗，甚至覺得手腳的肌肉開始顫抖或繃緊。你還可能覺得臉或身體開始向後移動。

非常害怕時，自己通常都會知道，但可能較不熟悉威脅尚未來臨或不嚴重時，略微擔心的身體感覺。（我相信稍微擔心時的身體感覺類似恐懼時的感覺，但較輕微。不過，目前還沒有研究探討擔心和恐懼是否有不同的主觀經驗。）

現在讓我們嘗試誘發擔心時的身體感覺，回想一個你預期會造成傷害的情境，不是大災難，但必定是你想避開的事。你可能會擔心拔智齒或大腸鏡檢查，也可能是擔心你的報告是否如預期般得到極高的評價，或是數學期末考的成績。想到這類經驗時，把它想成未來的事，而你無法預防可能的傷害，然後注意臉和身體的感覺。這些感覺應該類似恐懼的感覺，但輕微許多。

辨識別人的害怕

圖 7-3（見下頁）這張照片出現在一九七三年的《生活雜誌》，文字說明是：「難堪的跌倒【譯註】，發生在紐約。雙眼圓睜，八個輪子和十隻指頭在空中畫過，舊金山隊著名的重炮手歐康納（Charlie O'Connell）出現的姿勢，是每一個勇敢的溜冰競速者最懼怕的場面。五月份在旭俄體育館的世界杯比賽中，紐約隊長葛洛爾讓他吃了一記悶棍。歐康納和隊友最後嚐到失敗的辛酸。」

歐康納的恐懼表情和前文的卡車司機一模一樣，但這張照片更清楚，他的上眼瞼抬高到極限，眉毛上揚而聚攏，嘴唇往耳朵

【註譯】　a fall from grace，原文為雙關語，意譯為「失寵」。

圖 7-3

圖 7-4

的方向橫向拉長，下巴向後拉。

圖7-4這張照片也刊登在《生活雜誌》，說明文字是：「一九六三年十一月二十四日在達拉斯，捕捉到歷史性復仇行動的瞬間，就是暗殺甘迺迪的兇手奧斯華被魯比射殺的那一刻。」

左側的男子是李維爾警探，剛聽到槍聲，臉上露出害怕和生氣的表情。他的眉毛下壓而聚攏，壓住上揚的上眼瞼，產生我在第六章說的「怒目注視」，顯然是生氣的表情。下半張臉和頭的位置則露出害怕，他的雙唇橫向拉長，下巴回收，頭偏離槍聲的來源。請用手蓋住下半張臉，只看上半張臉的生氣；然後反過來，遮住上半張臉，只看下半部的害怕。

他看到槍時，不知道接下來會不會瞄準他，所以瞬間感到害怕，甚至恐懼，是很合理的。（從奧斯華臉上的痛苦表情，我們知道已經射出一槍，李維爾對轟然巨響的驚訝反應已經過去。）李維爾警探也對刺客魯比感到生氣，因為他的職責是防止有人攻擊奧斯華。我先前談到，我們受到威脅時，同時有生氣和害怕兩種情緒，並不少見，李維爾的反應正是如此。

現在來看害怕和驚訝在臉上的細微跡象。（請看圖組7-5：A-Q，如下頁。）

眼睛對驚訝、害怕及兩者的區分，非常重要。圖A中，上眼瞼只有稍微抬高（請和中性的圖B比較），可能是驚訝的跡象，但也可能只是專注或感興趣時的表現。圖C中，上眼瞼抬得更高，非常像驚訝、擔心或害怕，要根據臉部其餘表情來分辨。（這幾張照片都沒有非常害怕的表情，這種極度的表情見於前述的卡車司機和溜冰競速者。）

如果表情像圖C一樣只局限於眼睛，其意義就要根據出現時間的長短來判斷。如果圖C的張大眼睛只出現一、兩秒，就比較

圖組 7-5：A-Q

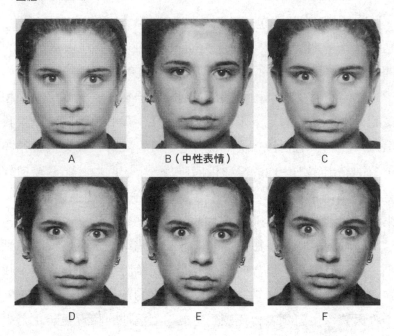

A　　　　　B（中性表情）　　　　C

D　　　　　　　E　　　　　　　F

　像驚訝，而不是擔心或害怕。

　　接下來幾張圖，一看就知道眼睛顯露出害怕。雖然我們常說眼睛會說話，但不是指眼球本身，而是眼瞼的變化。讓我們確定是害怕，而不是驚訝或專注的線索，在於下眼瞼。繃緊的下眼瞼加上抬高的上眼瞼，即使臉部沒有其他表情，也幾乎能確定是害怕的跡象。從圖 D 到圖 F，害怕的強度依次升高，差別在於上眼瞼越來越高。圖 F 的上眼瞼抬高到極致，這是伊芙刻意抬高的極限。非常害怕時，可能會有這種表現，不是一般的害怕或擔心，但表示受到高度的控制，極力不表現自己的感受。

　　現在來看驚訝和害怕時的眉毛。如圖 G 只有眉毛抬高時，是一種模稜兩可的訊號，大多代表強調的意思，比如說話時強調

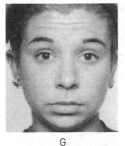

G   H

某一個字，被強調的字同時會有較高的音量。圖 G 也可能表示問號，在疑問句快結束時出現。我在上一章的圖 D 提到下壓而聚攏的眉毛，也會被當成疑問的訊號。有些研究顯示，提問題的人如果知道答案，若是伴隨眉毛的動作，比較可能像圖 G 的表情；如果不知道答案，比較容易壓低眉毛，將之聚攏，如第六章的圖 D（第 178 頁）。圖 G 也可能是驚嘆或不相信的跡象，特別是在聽別人說話時，會做出這種表情。如果是驚訝的話，抬高的眉毛很少沒有伴隨抬高的上眼瞼。

可是，圖 H 就是擔心或受驚的可靠跡象，毫無疑問是害怕的感覺。不過，有任何情緒時，並不見得一定會出現某一種表情，害怕時不一定會有圖 H 抬高而聚攏的眉毛。當然了，有時缺乏這種表情，可能是因為努力壓抑表情的結果，可是，即使沒有努力控制表情，也不是每一個人都會出現當時情緒的每一個跡象。我們還無法解釋為什麼有這種現象，甚至不知道沒有表現出害怕的人，是不是也不會表現出其他情緒，這正是我目前在研究的問題。不過，出現圖 H 的表情時，很少有人不覺得害怕。

害怕的眉毛通常會伴隨上眼瞼的抬高，以及下眼瞼的緊繃，如圖 J。請比較圖 I 和圖 J（見下頁），兩者的眉毛都略為抬高（沒有圖 G 明顯），眼睛都因為抬高的上眼瞼而睜大。比較這兩張照片，可以顯示區分害怕和驚訝時，眼瞼和眉毛的重要性。圖 I 表示驚訝，不是害怕，因為下眼瞼沒有繃緊，眉毛雖然抬高，但沒有向中間聚攏；圖 J 則明顯可見這兩個害怕的跡象。

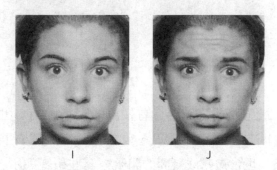

I　　　　　　　J

　　現在把焦點轉移到驚訝和害怕時的下半張臉孔。驚訝時，下巴會下垂，如圖 K；害怕時的嘴唇則會拉向後方耳朵的方向，如

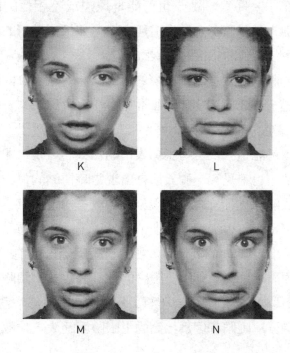

K　　　　　　　L

M　　　　　　　N

圖 L。（圖 L 是合成圖，因為伊芙在做出這種嘴唇動作時，很難不繃緊下眼瞼。）

先前已談過，眉毛和眼瞼本身就能表示害怕（圖 J）或驚訝（圖 I）。把眼瞼和嘴巴的動作合起來，就能表現這兩種情緒，即使沒有眉毛的動作，也沒關係。圖 M 顯示驚訝，圖 N 是擔心或受驚；這兩張圖都沒有表現情緒的眉毛動作。

圖 O 顯示抬高的上眼瞼對害怕的表現有多麼重要，雖然下眼瞼沒有繃緊，眉毛和嘴巴的動作比較像驚訝的表情，可是上眼瞼抬得很高，而製造出害怕的印象。（這也是合成圖，眉毛取自圖 G。）

由於常常分不清害怕和驚訝，下面兩張照片的對照，可以提供兩種表情的另一種對比，分別顯示整張臉的強烈表情，圖 P 是驚訝，圖 Q 是害怕。

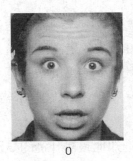
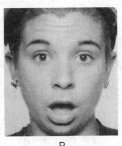
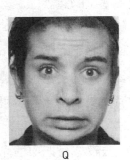

O   P   Q

運用表情提供的訊息

現在考慮如何運用別人害怕的表情所提供的訊息。（此處不談驚訝，因為大多數情形下，並不需要回應別人的驚訝，除非像之前談到有人對自己應該知道的事情表示驚訝，才可能需要處理。）[11] 我舉的例子都是前幾章例子的相同情境，以強調我們在知道別人害怕時的做法，與別人哀傷或生氣時的做法，有多麼不同。

我在前兩章強調，必須小心避免假設自己已經知道引發情緒性表情的原因。情緒的表情不能告訴我們原因是什麼；我們通常，但不是一定，可以從情緒出現時情境的脈絡了解原因。第三章談到奧塞羅的錯誤，自以爲知道對方情緒的原因，卻沒想到其他可能性。*我們的情緒狀態、態度、期望、想要相信的事，甚至不想相信的事，都可能使我們在解讀情緒時產生偏見，誤會情緒表情的原因。考慮表情產生時的情境，有助於減少誤解的機會，但即使如此，可能還是無法確定原因，就好像情境的考量並沒有幫助奧塞羅。如果你能牢牢記住情緒的表情並不能顯示背後的原因，以及在你以爲的原因之外，還有其他可能，就有可能避免奧塞羅的錯誤。

以圖 D、E、F、H、I、L 和 N 的表情來看，每一種表情都可能是擔心的跡象，可是你無法從表情知道威脅是立即的還是將要來臨的，也不知道害怕的強度，因爲輕度到中度的情緒都可能有這些表情，甚至可能是更強烈的情緒，只是當事人試圖控制表情。

假設你是把壞消息告訴下屬的上司，通知他獲得升遷的是別人，如果在你告訴他這件事之前，他露出這些表情中的任何一種，表示他預期到自己的失敗；如果在你說出這件事的當時或事後，他才露出這些表情，表示他關心這件事對他前途的影響。雖

---

* 奧塞羅殺死妻子，是因爲不了解不被信任時的害怕，和通姦被發現而受懲罰的害怕，看起來是一樣的表情。奧塞羅因爲妒忌而犯下錯誤。

然我不建議你去談他的害怕，但如果他的前途並沒有危險，你可以向他保證未來在公司的前途，或是談一談未來的計劃。可是，他的害怕也可能和未得升遷完全無關，而是以為你發現某件對他不利的事，比如請病假其實是去度假；也許他曾盜用公款；或是擔心和醫生的約診，心思飄移到這件事。你回應的最保守方式是說：「關於這件事，你還有沒有什麼想和我討論的？」或是進一步說：「我覺得我們可能還需要深入談一談這件事。」

現在把情境倒過來想：你是下屬，上司告訴你未得升遷的消息前，露出擔心或害怕的表情。他在擔心你的反應嗎？是對你的感受表示同情，覺得你可能擔心前途嗎？或是他一時想到另一件完全無關的事呢？你無法從表情得知，但知道各種可能性的話，至少可以確定他並不想開除你，因為他沒有露出輕蔑的表情（下一章會討論），也沒有對你生氣。

如果十二歲的女兒，在你詢問當天的學校生活時，露出害怕的表情，或是朋友在你詢問近況時，表現出這種表情，基於你與他們的關係，就要考慮以更直接的方式處理情緒。你不知道他們的害怕是針對你的反應，還是生活中發生或將要面臨什麼令他們擔心的事。我會建議這麼說：「我覺得你在擔心什麼事，有沒有什麼是我能幫你的呢？」

假如你在中午打電話到配偶的辦公室，卻找不到對方，當你詢問時，如果他露出擔心的表情，千萬不要驟下結論，以為對方做出什麼不軌的事。如果你想到這種可能，或許你是多疑的人（除非對方曾有過不忠於你的事，但若是如此，你為什麼還和他在一起呢？），對方可能是擔心你毫無理由地猜忌或責備，也有可能是為了身體問題接受醫學檢查，還不知道結果，心裡覺得擔心。就如我先前所說，情緒無法告訴你原因，如果表情不符合當時的情境或對方所說的話，基於關心對方發生什麼事，想了解這件事是否應讓你知道，是很合理的反應。最聰明的做法是按照我的建議，像你對孩子的反應一樣，詢問配偶是否在擔心什麼事。

第八章

嫌惡和輕蔑

　　嫌惡顯然是一種負面、不舒服的情緒，雖然
如此，我們卻會對嫌惡之事感到著迷，好像嫌惡
不是不舒服的感覺。我不確定輕蔑是否是負面的
情緒，事實上，大多數人在輕視別人時，會有好
的感覺；雖然事後可能為此覺得尷尬，可是情緒
當頭的感覺卻是愉快的。

　　圖 8-1（見下頁）中的福爾人看著我吃美國的食物罐頭，我
立刻放下叉子，拍下他的表情（還好福爾人不知道照相機是什
麼，他們已習慣我拿著這個奇怪的東西，莫名其妙地放在眼睛前
面，所以他沒有在我按下快門前轉臉迴避）。這張照片除了表現
典型的嫌惡表情，還突顯出嫌惡的重要來源之一，就是食用令人
作嘔的東西。他甚至沒有吃這樣食物，只是看著我吃，就足以引
發嫌惡。*我在三十年前描述嫌惡時，寫道：

---

* 多年來，我雖然收集了許多顯示各種情緒的新聞照片，卻找不到嫌惡的照片。我僱
　用一家商業照片研究公司，卻只找到裝出嫌惡表情的照片，但能輕易找到自然表現
　其他情緒的新聞照片。這也難怪，嫌惡的表情實在沒有增加銷售量的吸引力。

圖 8-1

　　嫌惡是一種反感。嚐到某個令你想吐掉的東西,甚至想到某樣口味不佳的東西,都會令你嫌惡。聞到某種氣味,使你想掩住鼻孔,或是想轉身離去,同樣地,光是想到某種令你反感的氣味,就能引發強烈的嫌惡。看到或聽到令人討厭的事,也可能使你嫌惡。碰觸某種令人感到不舒服的東西,比如黏滑的物品,也會使你嫌惡。

　　不只味道、氣味、觸摸、想法、景像或聲音會引發嫌惡,就連人的行為、外觀,甚至觀念,也會使人生出嫌惡。光是外貌就可能令人討厭,有些人看到畸型、殘廢,甚至醜陋的人,就會覺得嫌惡。受傷的人露出來的傷口,可能使人嫌惡。看到血或開刀的場面,也會使某些人嫌惡。有些人的行為也令人嫌惡,你可能對一個人的所作所為產生反感。虐待或折磨貓狗的人可能成為嫌惡的對象。沉迷於被別人視為性變態行為的人可能引人嫌惡。待人的方式或哲學理念若被人視為貶低別人的話，也會被這樣認為的人嫌惡。[1]

一位專門研究嫌惡的科學家做了一系列的研究，不但支持我的觀察，並加以擴充。這位科學家是心理學家保羅・羅辛（Paul Rozin），他特別喜好美食，相信嫌惡的核心牽涉到某種令人作嘔、污染身體的東西的口感；用我的話來說，就是嫌惡的主題。可是，不同文化的人對什麼食物作嘔，有很大的差異。照片中的福爾人正說明了這一點：我覺得可口的食物，其外觀和味道卻令他嫌惡。相同文化中的人，也有許多差異，我妻子喜愛生蠔，我卻覺得嫌惡。中國有些地方的人覺得狗肉是美味，但大多數西方人卻覺得反感。不過，嫌惡的誘因還是有其共通性。

羅辛發現最強而有力的共通誘因就是身體的產物：糞便、嘔吐物、尿液、黏液和血液。偉大的美國心理學家葛登・艾波特（Gordon Allport），在一九五五年提出一種與嫌惡有關的「想像實驗」，這是在心裡進行的實驗，以查證他的看法是否正確：「首先，想像你吞下口中的唾液，或是真的吞下口水；然後想像把口水吐入杯子，然後喝下去！原本是『我的』自然產物，突然變得噁心而加以排斥。」[2] 羅辛真的去做這個實驗，請受試者吐口水到一杯水中，然後請他們喝下去，結果發現艾波特是對的。雖然口水在一秒鐘前還是自己嘴裡的東西，大家卻不願喝下含有自己唾液的水。羅辛認為自己產生的東西，一旦離開身體，就變得令自己嫌惡。

對嫌惡的著迷

直到四至八歲時，嫌惡才成為一種獨立的情緒。在這段年紀之前，雖然會不喜歡、排斥味道不好的東西，但不是嫌惡。羅辛請小孩和成人去摸或吃形狀像狗屎的巧克力，小孩不覺得有困擾，要到四至七歲之間才會拒絕，但大多數成人都不願照做。同樣地，如果把一隻消毒過的蚱蜢放入牛奶或果汁，四歲以下的小孩仍願意喝下。*

孩童和青少年對嫌惡的東西非常著迷，羅辛提醒我們，惡作劇商店會賣一些逼真的嘔吐物、黏液、糞便仿製品，會買這些東西的，通常都是年輕男孩。許多笑話圍繞著令人噁心的主題，比如青少年非常喜歡的電視劇《蹩四與大頭蛋》（Beavis and Butt-head），還有以小孩為對象的《內褲隊長與垃圾桶小孩》（Captain Underpants and Garbage Pail Kids），常常談到令人嫌惡的情境。

法律學教授威廉・米勒（William Miller）在《嫌惡的剖析》（The Anatomy of Disgust）這本好書中，談到不只是小孩對嫌惡的事著迷，「嫌惡……具有一種誘惑力，從圍觀的人很難把目光轉離血淋淋的意外場景，或是恐怖電影的吸引力，就可知道其魅力……[3] 自己的鼻涕、糞便、尿液會令我們感到骯髒、嫌惡，可

---

* 羅辛解釋這種差異是小孩沒有嫌惡所需的認知能力，也就是分辨外形和成份的不同，例如，巧克力做成的狗屎。其他動物不覺得嫌惡，也支持羅辛的觀點。我認為如果世界上只有人類有這種反應的話，實在是很特別的事，所以我請教動物行為專家法蘭斯・迪瓦爾（Frans de Waal），他回信說：「其他靈長類也有這種情緒，嫌惡原本必然和排斥食物有關，所以靈長類當然有這種能力。至於有沒有特殊的表情，就很難回答了。」目前還沒有解決這個問題，因為沒有人具體看見其他靈長類是否有排斥食物的表情，如果有的話，也不知道在看到違反社會習俗的事時，是否會表現這種反應。

是……我們又對之感到好奇、著迷……常常看著自己的排洩物，但又不肯承認……用面紙或手帕擤完鼻涕後，常常要再看一眼鼻涕。」[4] 票房成功的粗俗電影，並不是只有青少年才愛看，比如《哈啦瑪莉》（*There's Something About Mary*）。

羅辛從主要的嫌惡感中，區分出所謂的「人際嫌惡」。[5] 他列出四種學習來的人際誘因：陌生人、病人、不幸的人和道德敗壞的人。我和茂林‧歐蘇利文（Maureen O'Sullivan）合作的研究，也支持羅辛的假設。我們請大學生想像世界上有什麼事會讓他們覺得最噁心，有人談到羅辛所說的吃下穢物（例如，被迫吃下某人的嘔吐物），但只占 11%；最令人嫌惡的誘因中，最常談到的是違反道德的行為（占 62%），比如美國軍人發現納粹集中營的殘酷行為。在違反道德的行為中，幾乎有半數提到令人反感的性行為，比如看見有人和小孩性交。18% 的受試者提到與食物無關的身體嫌惡，比如看見蛆從屍體爬出來。[6] 我們的研究結果顯示，成人「認為」最嫌惡的是人際問題，特別是違反道德的事情，而不是與口感有關的嫌惡。

我先前提到，羅辛所說的嫌惡核心是情緒的主題，他說四種令人嫌惡的人際類型是學習來的，如果他的說法正確，就應該是原有主題的變型。可是，我認為這四種人際形式的嫌惡也是情緒的主題，因為可見於每一種文化，只是不同的個人、社會團體和文化會因為學習而加入不同的細節。例如，每一個人可能都嫌惡道德敗壞的人，但怎樣才算道德敗壞，則有不同看法。什麼是陌生和熟悉，什麼是不幸，也會因環境的不同而有不同的解讀，不過，疾病可能沒有這種差異，每一種文化可能都嫌惡嚴重的缺陷、滲血的傷口。

米勒指出，各種文化都有比較大的空間把許多事物或行為納入嫌惡的範疇，而比較不會剔除範疇內已有的內容，他的觀點完全符合我在第二、三、四章所提的觀念，也就是情緒警戒資料庫是開放的。這些資料庫加上各種指引我們對不同情緒起反應的程式，在出生時已有一些內容，是演化寫入的指令，讓我們知道如何反應，並敏感地察覺需要反應的對象。就如米勒所說，這些先天資料很難改變，但因爲是開放的，所以我們能學到新的誘因和情緒反應。

雖然日本人和美國人都嫌惡身體排洩物和不好的口感，但羅辛發現社交嫌惡的差異。日本人會嫌惡不服從社會秩序的人或不公正地指責別人的人；美國人則嫌惡行爲野蠻的人或種族主義者。不過，並不是所有社交嫌惡都有文化差異，羅辛發現許多文化的人都嫌惡政客！

嫌惡的另一面及其功能

除了羅辛描述的四種人際嫌惡之外，還有另外一種，我稱之爲「忍無可忍的嫌惡」，這是心理學家約翰・葛特曼、艾瑞卡・伍定（Erica Woodin）和羅勃・雷文生提出的，他們的研究值得特別注意，因爲沒有別的科學家如此精確地測量人生中這種重要而充滿情緒的社交互動：丈夫和妻子間的情緒表現。＊

令人吃驚的是，夫妻試圖解決衝突的談話中，妻子對丈夫的嫌惡表情，可以預測未來四年中，兩人會有多少時間處於分居狀態。[7]葛特曼發現妻子的嫌惡表情通常發生在丈夫不願處理妻子

＊ 相形之下，大部分研究情緒的科學家只檢視孤獨或一般互動中的情緒，而且沒有眞正觀察受試者，只是請他們回答問卷，討論想像或回憶中的感受。

的感受而退縮時（我在第六章描述的「石牆」）。以白話來說，就是她受夠了，已經倒盡胃口。請注意吃東西的隱喻在此多麼恰當。如果配偶排斥你，未來無疑會黯淡無光。（本章稍後談到輕蔑時，會再談到葛特曼的發現。）

米勒提到很有趣的一點，就是在親密關係中，我們比較容易接受原本嫌惡的東西。他舉的例子是「……除了照顧體弱多病的親人，還要換尿布、清理嘔吐出來的食物……父母毫不在意，願意清掃排泄物，不怕弄髒雙手和衣服，忍受糞便和尿液……克服原本對骯髒東西的嫌惡，正是父母無條件照顧之愛的特徵。」[8]

在性愛的親密中也有這種暫停嫌惡的情形，我還要再引用米勒的話：「別人的舌頭在你的嘴裡，是親密的標誌，因為它也是一種令人嫌惡的侵犯……雙方同意之下的性愛，意味著要雙雙跨越引發嫌惡的界限……性愛只是跨越界限的形式之一，是一種裸裎相向的形式，強烈的親密（持續、親近、關愛接觸的親密），還有其他形式的脫去衣服、暴露自己，和彼此認識，包括分享和坦露心中的疑惑、不安和擔心；說出自己的抱負、吐露自身的缺點和失敗；或是單純地被對方看見身上的缺陷、弱點和需求……我們可以把朋友或知交定義成可以互相訴苦的人，雙方都了解這種訴苦是親密的特權，少了這個特權，就會因為尊嚴和嫌惡而無法親密……愛……給予別人特權來看見我們，這種看見對方的方式如果沒有愛在其中，會讓我們覺得丟臉，使彼此嫌惡。」[9]*

---

* 我的編輯指出，父母和情人都不會嫌惡我們，但兩者有一項差異。就我所知，任何小孩的尿布都令人嫌惡，即使是自己的寶寶也一樣；關愛的父母能克服嫌惡感來照顧小孩，但仍然感到嫌惡。可是，在性行為中就不同了，讓對方的舌頭進入口中，一點也沒有嫌惡，而且是完全相反的感覺，所以，前者的嫌惡是被克服或中止的，而後者則是把嫌惡感轉化成完全不同的感覺。

米勒卓越的洞識，指出嫌惡隱含的社交功能。停止嫌惡能建立親密，也是做出承諾的標誌。接納別人可能覺得丟臉的部分，投入其他人會覺得嫌惡的身體活動（不是僅指性交，請對照清理陌生人和摯愛對象的嘔吐物，感覺有何不同），可能不只是愛的標誌，也是強化愛的方法。

　　嫌惡還有另一個非常重要的功能，就是讓我們脫離自己討厭的事，比如有助於我們不吃腐壞的東西，社交上的嫌惡使我們遠離令人討厭的對象。米勒認為，道德評斷就是不妥協於令人討厭的人和行為。法律學者瑪莎・娜絲邦（Martha Nussbaum）寫道：「大多數社會教導人要迴避某些身體層面讓人感到嫌惡的族類。」[10] 不幸的是，這可能是一種危險的情緒，因為會貶抑我們覺得嫌惡的對象，以非人的方式對待他們。

　　有些行為因為觸犯公共道德，而被認為是非法的，比如兒童色情刊物或猥褻的言行。娜絲邦相信法律不應該根據人的嫌惡感，而建議用「憤慨」做為法律判決的基礎，她說：「憤慨⋯⋯是出於道德的觀點，比法律判決更為中肯，也遠比嫌惡感更為可靠。憤慨的論據是可以為公眾接受的，也不會把罪犯當成道德社群之外的可厭渣滓來對待，而是堅定地把他納入道德社群，從道德的基礎來審判他的行為。」[11]

　　娜絲邦發現人在犯罪時的情緒狀態，會被視為減輕刑罰的因素，所以認為不應該把嫌惡的情緒列入考慮，她說：「殺人者不能因為嫌惡而犯案，就減輕刑罰⋯⋯[12] 嫌惡的合理反應是離開現場，而不是殺死嫌惡的對象，例如同性戀⋯⋯僅僅因為覺得骯髒或『噁心』，絕不是暴力相向的充分理由。」[13]

　　如果把對方判定成最劣等的人，常常會視對方如動物（而且是醜惡的動物），甚至看成沒有生命、令人作嘔的東西，比如穢物或渣滓。我擔心憤慨或義憤也可能成為殺人或酷刑的理由，但至少不會產生嫌惡所造成的人我障礙。一般人認為，看見或聽到受害者的痛苦、呼號和流血，可以減少或制止暴力，事實卻不一定如此，因為受害者的痛苦有可能引發嫌惡的感覺。看到人的血、受傷或酷刑造成的身體變形，也有可能引發嫌惡，而不是關心。

我剛開始研究跨文化的表情時，發現受試的日本和美國大學生，對受苦之人的影片（原住民的割禮和眼部的手術），大多會出現嫌惡的表情。我還剪輯了其他醫學訓練的影片，一部是手術中切開皮肉時，冒出許多血的情形，另一部是受到三度燒傷的男子，燒壞的皮膚從身體掉落下來。同樣地，大部分人的表現和報告都是嫌惡。這些影片可以交替使用，因為都引發相同的情緒，也是情緒研究中，最常用來誘發情緒的影片。

不過，有一小部分人（大約 20%），對別人在影片中受苦的景像，會表現完全不同的反應：哀傷和痛苦，好像自己就是受害者。

大自然的設計似乎就是要我們厭惡看見別人身體的內部，特別是有血的時候。但如果是親近的人流血，這種嫌惡反應就會中止，於是會試圖減少對方的痛苦，而不是迴避對方。厭惡看到身體受苦或生病的症候，或許有助於減少傳染，但代價是降低非常有助於建立社群的同理心和憐憫的能力。

同理心或憐憫都不是情緒，而是我們對他人情緒的反應。若有**認知的同理心**，就能辨識別人的感受；若有**情緒的同理心**，我們會感同身受；若有**憐憫的同理心**，我們會想幫助別人處理他的處境和情緒。我們必須有認知的同理心，才能得到另外兩種同理

心，但不需要有情緒的同理心，就能具有憐憫的同理心。[14] *

對人不對物的輕蔑

輕蔑（contempt）雖然與嫌惡有關，但並不相同。我找不到描繪這種情緒的新聞照片；就像嫌惡一樣，報紙或雜誌不常刊登這種照片。本章末的圖組 8-2 的圖 H 是輕蔑表情的實例。

許多年前，我以下述方式區分輕蔑和嫌惡：

> 輕蔑只是針對人或行為的經驗，並不是對味道、氣味或碰觸的經驗。踩到狗大便或想到吃豬腦，可能會有嫌惡感，但不會有輕蔑感。可是，你可能會輕視吃這種噁心東西的人，因為輕蔑含有高傲的成份。對不喜歡的人或行為表示輕蔑時，你會覺得自己比對方優越（通常是道德上的優越）。你看不起他們的過錯，但不必然會避開他們，可是嫌惡會使人躲避對方。[15]

可惜的是，沒有人研究輕蔑。米勒有一項有趣的觀察：雖然

---

* 西藏佛教徒以不同的方式描述，不過是相關的。根據達賴喇嘛的說法，他們談到我們講的同理心能力時，用詞是「無法忍受看見別人受苦」，這種感受不會使人避開眼前的景像，剛好相反，「會使我們……不喜歡看到別人受到傷害的景象，遇到別人受苦時，自己也覺得痛苦。」英文的「憐憫」（compassion）被佛教徒用來指「悲心」，這個用詞的意含比英文的憐憫多許多。若要多加解釋，會偏離嫌惡的主題，不過值得注意的是，佛教徒認為同理心和憐憫是不需要學習就已存在的能力，但若要展現這兩種能力，確實是需要培養的。我認為這種看法的意思，是指如果想把所有人類視為親人，不再嫌惡傷者流血的景象和疾病造成的的損傷，就必須透過努力，因為大自然使我們不容易做到這一點。

我們覺得自己優於所輕蔑的對象，可是地位較低的人可能會蔑視地位較高的人。比如「青少年對成人的輕蔑，女性對男性、僕人對主人、勞工對老闆……黑人對白人、未受教育者對知識份子的輕蔑……[16] 向上的輕蔑……使下層的人根據某個特質自認為比較優越……下層的人知道對方眼中的自己是低下的，知道自己受到其他人輕視……」[17]

要想知道輕蔑的重要性，請看看葛特曼及其同事對夫妻互動的研究發現：被丈夫輕視的妻子

- 覺得充滿不舒服的情緒
- 相信兩人的問題無法解決
- 相信婚姻問題很嚴重
- 在接下來四年中常常生病

丈夫嫌惡或生氣的表情不會產生上述結果，這個事實顯示把輕蔑看成獨立情緒的重要性（並不是所有研究情緒的人都能體認這個差別）。

就像我們討論過的所有其他情緒一樣，輕蔑會有不同的力道或強度，嫌惡也是如此。我推測嫌惡的極端遠比輕蔑的極端更嚴重，也就是說，最大的輕蔑，其強度遠不如最大的嫌惡。

嫌惡顯然是一種負面、不舒服的情緒，雖然如此，我們卻會對嫌惡之事感到著迷，好像嫌惡不是不舒服的感覺。當嫌惡的程度很強烈時，無疑會引發不愉快的感覺，甚至感到噁心想吐。我比較不確定輕蔑是否是負面的情緒，事實上，我相信大多數人在輕視別人時，會有好的感覺；雖然事後可能為此覺得尷尬，可是在情緒當頭的感覺卻是愉快的。這並不是指輕蔑是對別人有益的

情緒，葛特曼的研究結果顯示並無益處；可是輕蔑輕驗中感受到的感覺，並不必然是不愉快的。除了顯示出優越感和不需要遷就或參與之外，實在很難具體說出輕蔑有什麼功能。輕蔑是表達權力和地位，不確定自身地位的人，可能比較容易表現輕蔑，以表達自己比別人優越。

輕蔑常常伴隨輕微的生氣，比如惱怒，但也可能完全沒有生氣的感覺。如果被嫌惡的人為此感到生氣的話，嫌惡的人也可能有生氣和嫌惡交替出現的情形。

我們沒有什麼字眼可以描述和嫌惡或輕蔑有關的心情，但不表示我們不會經驗到這種心情，只是缺少簡單的方法來描述這種心情。我的直覺認為確實存在這種心情，只是就我所知，目前並沒有相關的研究或理論。

現在來考量是否有隱含嫌惡或輕蔑的情緒疾病。瑪麗·菲麗浦斯（Mary L. Phillips）、卡爾·森尼爾（Carl Senior）、湯姆·法伊（Tom Fahy）和大衛（A. S. David）這幾位精神科醫師在一篇名為〈嫌惡：精神醫學遺忘的情緒〉的文章中，認為精神疾病的診斷雖然不重視嫌惡，但在許多問題中，嫌惡確實扮演重要的角色。[18] 強迫症中，嫌惡的困擾其實很重要，比如不斷洗手，以及對於灰塵和污染的強迫性想法。對動物的畏懼症可能是基於嫌惡的感覺；有社交畏懼症的人怕丟臉，可能是嫌惡自己；對血的畏懼症也可能是嫌惡的問題。有飲食疾患的人，比如神經性厭食症和暴食症，會對自己的身體、性慾和某些食物，有強烈的嫌惡感。到目前為止，還沒有人認為輕蔑和任何精神疾病有關。

辨識自己的嫌惡和輕蔑

現在來看嫌惡和輕蔑時的內在身體感覺。只要想到吃入什麼噁心的東西，或是某種違反道德的行為，就很容易體會到嫌惡感。請注意喉嚨開始稍微作嘔的感覺。上唇和鼻孔的感覺變強，好像你對這些部位的敏感度開始出現，而更感覺到其存在。放鬆後，再試一次嫌惡感的體驗，但讓感覺儘量輕微，然後再次注意喉嚨、鼻孔和上唇的感覺。

與輕蔑相關的感覺，比較難辨認。試想某個人的行為，雖然並不使你感到噁心，但會讓你輕視，比如插隊、抄襲、或是頻頻提到名人以自抬身價的人。請確定你的感覺不是生氣或嫌惡，只有單純的輕蔑。請注意想抬高下巴的傾向，好像用鼻子看人似的，同時感覺嘴角的緊繃。

回頭再看一次本章開頭那位新幾內亞男子的表情，他的上唇抬得很高，好像快翹起來似的，下唇也較抬高，有點向前突出；鼻孔上側延伸到嘴角的紋路很深，形狀像倒 U 字形，當紋路出現在鼻子兩側和鼻樑時，鼻翼也向上抬高。兩頰的上抬和眉毛的下壓，會形成魚尾紋。這些表情都是極度嫌惡的標誌。

伊芙的照片顯示出較隱微的嫌惡，還有輕蔑的實例（圖組8-2：A-L，見下頁）。有兩種非常不同的表情，都表示嫌惡，一是皺起的鼻子，一是抬高的上唇，這兩者常常同時出現。圖 A 是用來對照的中性表情。

先來看鼻子皺起來的訊號。圖 B 是最輕微的皺鼻；圖 C 比較強一些；圖 D 則是非常強烈的皺鼻。當皺鼻強烈到圖 D 的情形時，眉毛也會下拉，容易使人以為開始出現生氣。但如果細看的話，就會發現上眼瞼沒有抬高，眉毛也沒有向中間聚攏（請

圖組 8-2：A-L

A（中性表情）

和第六章的圖 6-6 E 比較），所以這是嫌惡，不是生氣。這些嫌
惡的照片中，因為兩頰上抬而使下眼瞼上推，但重要的變化在鼻
子、嘴巴和臉頰，而不在眼睛，因為眼瞼的肌肉是放鬆的，並沒
有繃緊。

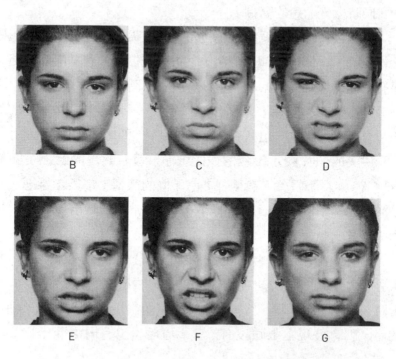

B C D

E F G

現在來看上唇抬高的訊號。圖 E 顯示上唇稍微抬高，圖 F 則更明顯；圖 G 是相同的動作，但只有一側抬高。當兩側的表情像圖 G 不對稱時，有可能是嫌惡，也可能是輕蔑的訊號。

H　　　　　　　　I

　　以圖 G 和圖 H 的輕蔑比較，圖 H 的動作也限於臉部的單側，但與圖 G 是完全不同的動作。圖 H 的嘴角繃緊，稍微抬高，這無疑是輕蔑的表情。圖 I 的動作和圖 G 相同，但是更強烈，使雙唇歪向一側。圖 I 和圖 G 一樣，有可能是嫌惡或輕蔑。

J

　　圖 J 是兩種情緒混合或交織起來的表情，鼻子皺起是嫌惡的訊號，眉毛不但下壓，而且向中間聚攏，還有上眼瞼抬高，都是生氣的訊號。因為眉毛壓得很低，所以上眼瞼的抬高並不明顯；

以圖 J 和中性的圖 A 比較（甚至和只有眉毛、臉頰和鼻子產生變化的圖 C 比較），都能明顯看出圖 J 的上眼瞼上抬、下眼瞼繃緊，這是生氣的訊號。

雙唇緊緊壓在一起，是另一種生氣的訊號，常常和圖 J 的表情結合起來，如圖 K 的合成照片，就是把壓緊的嘴唇貼上圖 J 而成的。另一種可能混合起來的情緒，就是輕蔑加上愉快，如圖 L 的表情結合了繃緊的嘴角和一點微笑，產生沾沾自喜的輕蔑神情。

K   L

運用表情提供的訊息

在考慮如何運用別人覺得嫌惡或輕蔑的資訊前，請記得這個人可能不是嫌惡你，他可能是嫌惡自己，或是想到過去的嫌惡經驗。雖然出現輕蔑表情的人，也可能是輕蔑自己的行為或想法，但我還沒有遇過這種情形。

由於生氣是最常和嫌惡混淆的情緒，而生氣反應在一段時間後，也可能轉成嫌惡，所以我會特別強調這兩者的反應有何不同。假使你告訴下屬沒有得到升遷時，他表現出確切的嫌惡反應，比如圖 D，或是如圖 H 的輕蔑表情，或是第六章的生氣表情，由於你剛傳達不受歡迎的消息，所以可能是嫌惡、輕蔑或生氣的對象，但還是要考慮其他可能性。

如果下屬表現出嫌惡，有可能是針對你，也可能是針對商業環境，這種表情表示他沒有興趣再爭取升遷，這一點與生氣不同，他不只覺得你做了錯誤的決定，甚至覺得未得升遷是不道德的事，他認為整個環境都已腐化。如果他表現的是輕蔑，表示就某個方面而言，他認為自己比你優秀：他在工作上懂得比你多，比你了解公司，更清楚他的工作性質，或是他的穿著比你好，諸如此類。他的優越感來源有可能是與工作場合無關的事。

討論生氣的章節中，我建議你在那種情形下，最好不要直接討論生氣，而是說些如下的話：「我的決定很可能使你生氣，我覺得很遺憾，如果有什麼我能幫你的，請告訴我。」但你看到的如果是嫌惡，可能要嘗試的說法是：「我認為自己的決定會使人不舒服，有沒有什麼需要我進一步解釋的呢？或是需要討論你的未來？」我建議不要直接詢問他是否對你反感，因為大部分人即使知道自己的感受，也很難承認這種情緒。但給他談談自身感受的機會，可能會有幫助，特別是你如果還想把他留在公司裡的話。輕蔑反應可能是我先前描述的「向上輕蔑」，下屬需要藉輕蔑使自己不覺得無能或低下。最好不要談對方的輕蔑，只要告訴他，你願意安排其他時間，討論未來的選擇。

回到原先的狀況，如果臉部的跡象很細微，表現出圖 B 或圖 G 的表情，而且是你告知壞消息時的最初反應，那你就有較大的轉圜空間。表情這麼輕微時，表示情緒可能受到壓抑，或是才剛開始出現。如果是一聽到壞消息的立即反應，比較像是剛開始的情緒反應，你可以考慮較直接處理，比如告訴對方：「我知道你很難接受這個消息，因為你認為不太公平。我們能談一談嗎？」

你也可能完全不想發表意見，看看對方的感受會不會變得更強烈，或是考慮你能說什麼以減輕他的嫌惡感。雖然沒有這方面的研究，但我認為葛特曼團隊研究婚姻的結果也適用於工作場合：地位較低的人對地位較高的人表現出嫌惡或輕蔑時，工作關係可能不易持久。

現在來討論其他情境。你告訴正值青春期的女兒今晚不能去朋友家，因為你臨時要和鄰居聚會，需要她照顧弟弟時，她露出上述例子的各種表情。討論生氣時，我建議你比較有理由處理女兒的生氣，不同於處理員工未得升遷時的生氣。但不表示你要批評她的生氣，或是質疑她生氣的權利，剛好相反，你最好同情她的挫折感，解釋聚會為什麼重要、你為什麼需要她幫忙。

如果她表現的是嫌惡，我相信你也不該忽視。她是不是忍無可忍？或是覺得你有道德的瑕疵？首先，你必須考慮當時是否適合討論，還是你要讓自己先冷靜下來。討論她的嫌惡，最直接的方式就是說：「妳覺得我對妳很不公平」或「需要應付我，是不是讓妳很感冒？」你最好試著不要自我防衛，讓她充分說出自己的感受，然後試著平靜地解釋你的感受和行為，不要用言語猛烈抨擊。

如果她露出輕蔑的表情，我比較傾向不去討論。因為可能只是向上輕蔑的情形，這是青少年為了維護自己，覺得自己不比父母差的方式。你有時也許想加以處理，但可能沒有這個必要。

到目前為止，我已提出你的女兒表情明確時的各種例子（如圖D，而不是圖B）。但如果是較細微的嫌惡、輕蔑、生氣反應，她可能還不知道自己的感受，或是情緒才剛開始出現。假使你抱持開放、接納的態度，比較容易遵循上一段的建議。但要小心，不要迫使她自我防衛，要讓她知道，你能接納她有這些情緒的理由，想和她談一談，一起想辦法使她不會常常有這種感受。

　　請注意我舉例的場景中，父母是迫於無奈：聚會是臨時通知的，你沒有時間做其他安排；並不是要教你縱容自己去要求女兒犧牲自己。當然了，實際情形並不總是如此，而子女的反應不論是生氣、嫌惡或輕蔑，都能促使你去檢視自己是否公平、輕率或自私。如果你發現自己的做法很自私，又能加以承認，向子女解釋緣由，並表達感謝，就有很好的機會教導她如何以正面的方式運用嫌惡和生氣之類的負面情緒。

第九章

愉快的情緒

愉快的情緒會推動我們的生活，使我們去做
有益的事，從事人類生存所必要的活動，這完全
不同於享樂主義，因為利他的行為、做善事、創
造驚奇的事，都是自豪、興奮、逗趣和感官樂趣
的來源……事實上，可說是所有愉快情緒的來源。

　　一群空軍軍人剛從北越的戰俘營獲釋，返回美國。走下飛機
時，身為高階軍官的羅勃特・史特恩中校必須先發表簡短的演
講，才能和家人團聚，所以妻子和子女在跑道耐心等待。攝影師
賽爾・維多（Sal Vedar）因為這張照片（圖 9-1）獲得普立茲獎，
他寫道：「當他結束演講，四下環顧，看見家人伸出雙手衝向
他，在真誠的歡樂中綻放笑容。」[1] 要描述這張照片中的情緒，
歡樂（joy）比**愉快**（enjoyment）更傳神，因為他們的情緒強度
大於**快樂**（happiness）或愉快。可是，就像其他描述愉快情緒的
字眼一樣，「歡樂」並不能精確說明到底是哪一種愉快的情緒。
　　我相信有一打以上的愉快情緒，各自都是普遍存在的，它
們之間的不同，就像哀傷、生氣、害怕、嫌惡、輕蔑之間是不同
的。就好像我們不喜歡的感受有一整套各種不同的情緒一樣，令

圖 9-1

人喜歡的感受也有一整套各種不同的情緒，問題在於「快樂」、
「愉快」之類的字眼不夠具體，雖然意味著一種心理狀態和感
受，但就像「不舒服」、「負面」之類的字眼，並沒有顯示一個
人是哀傷、生氣、害怕或嫌惡。英文的用字遣辭無法涵蓋本章要
描述的各種愉快情緒，所以我有時會借用其他語言，來表示幾種
最重要的愉快情緒。

　　我們對大部分愉快的情緒，仍所知不多。幾乎所有情緒的研
究（包括我的研究），都集中在不舒服的情緒，大家的焦點都放
在引發別人和自身問題的情緒，結果，我們對精神疾病的了解
遠甚於健康的心理。但現在已開始轉變，強調所謂的「正面情
緒」。[2] 我相信認識、了解更多愉快的情緒，會使我們得到極大
的益處，因為這些情緒對生活的推動，是不可或缺的。

五種感官的共通主題及變型

先從感官的樂趣（sensory pleasure）談起。被別人撫摸的感覺可能很好，特別是被我們在意的人以關心或挑逗的方式撫摸時，感覺更好。看見某些景像會覺得很愉快，比如美麗的落日。有些聲音聽起來使人心情舒暢，比如浪潮、溪水流經岩石、風吹過樹稍的聲音，還有各種音樂。我們談過令人嫌惡的味道和氣味，有許多人喜歡甜食，可是喜歡酸、苦或辣味的能力卻需要一段時間的培養。大多數人不喜歡腐壞的味道，可是許多人很喜歡的乳酪，卻有嚇人的氣味。我相信五種感官的樂趣，各自都有其共通的主題和各種變型。

五種感官的樂趣是否只是相同情緒經驗的不同路徑，所以應該視為單一的情緒，還是要看成五種不同的情緒（視覺、觸覺、嗅覺、聽覺、味覺）？這個問題還沒有標準答案。總有一天，科學研究能確定五種感官樂趣的主觀感覺、流露出來的訊息、生理變化的特徵，是否彼此不同。我現在把它們當成五種不同的情緒，因為我的直覺認為研究會發現它們的差異不只是器官不同而已。

我的恩師湯金斯認為感官的樂趣不是情緒，他主張情緒可以被所有事引發，可是這些感官的樂趣只局限於單一的感官來源。他的看法無法說服我，因為任何一種感官來源，都有許多不同的刺激，比如有各種聲音。有些是共通的，有些則不是，產生樂趣的味道、景像、氣味和聲音，在不同文化間和相同文化裡，都會有所不同。

心理學家芭芭拉‧佛烈迪克生（Barbara Fredrickson）和克莉絲汀‧布朗寧（Christine Brannigan）也認為感官的樂趣不是情

緒，但有不同的反對理由。[3]她們認為感官的樂趣只是自然發生在我們身上，不需要經過大腦的評估，如果沒有經過評估，就不是情緒。可是，我不同意她們的看法，因為許多常見的負面情緒，也可能被當下的感官事件引發。許多人看見落日時自動產生的樂趣，所牽涉的評估會少於從椅子跌落時的害怕嗎？或是比害怕高速切換車道而逼近身旁的汽車，更不需要經過評估嗎？我不認為如此。此外，大部分感官樂趣，包括視覺、聽覺、味覺、嗅覺和一部分觸覺，都牽涉到廣泛的評估。例如，看到畢卡索抽象畫時的樂趣，並非沒有經過評估過程。感官的樂趣是令人愉快的，我不認為有任何理由可以把感官樂趣排除到情緒之外。

最單純的愉快情緒就是**逗趣**（amusement），大部分人都喜歡被有趣的事逗樂；有些人非常逗趣，能輕易說出許多笑話。娛樂事業主要就是致力於引發這種情緒，好讓我們想要逗趣時，就找得到來源。逗趣的強度可以從輕微到極度強烈，引發宏亮的笑聲，甚至笑到流淚。[4]

當每一件事似乎都很好，我們覺得什麼都不需要去做時，就會在那些片刻覺得滿足（contentment），以白話來說就是覺得悠閒*。我不確定是否有滿足的臉部跡象，也許會有臉部肌肉的放鬆。比較可能是從聲音聽出滿足的感覺，我稍後會解釋如何從聲音聽出不同的愉快情緒，而不是從臉部來分辨。

相反地，**興奮**（excitement）是對新奇或挑戰的反應。湯金斯認為興奮是表達**興趣**（interest）時最強烈的情緒，但興趣大多是出於大腦的思考，而不是一種情緒。可是單純的興趣確實能變

---

* 此處不是指第三章末所談持續好幾個小時的放鬆、平靜和滿足的心情。

成興奮，特別是變化很快，或是有挑戰性、出乎預期、非常新奇的時候。很難具體指出興奮的共通誘因或主題，我想到的任何例子都有可能讓某些人害怕，比如滑雪或流星。我認為興奮和害怕有密切的關係，即使只是出於想像、並沒有真正危險的害怕，也是如此。興奮有其獨特的風味，和任何其他愉快的情緒都不同。雖然興奮如此不同，但又常常混雜其他愉快的情緒。興奮也能混雜生氣而成為暴怒，和害怕混雜成恐懼。

輕鬆（relief）常常伴隨深吸一口氣，然後吐出來，這種情緒常常出現在某件引發強烈情緒的事平息下來的時候。發現癌症檢檢結果是陰性時，小孩在百貨公司走失幾分鐘又尋獲後，知道自己通過一項可能表現不佳的困難考試時，都會有輕鬆的感覺。輕鬆也可能出現在正面的經驗之後，比如性高潮之後性緊張與性興奮得到抒解的輕鬆感，有時還混雜對自己性行為表現好不好的擔心得到抒解之後的輕鬆感。害怕之後常常是輕鬆的感覺，但不必然如此，因為也可能沒有解決害怕的好方法。悲痛的時候得到保證或安慰，或是強烈的感官樂趣之後，也可能覺得輕鬆。輕鬆的特殊之處在於它不是獨自存在的情緒；它不像任何其他情緒，輕鬆感必然是緊接著某種其他情緒之後才會出現。

另一種愉快的情緒是**驚奇**（wonder）。*我們對驚奇的情緒所知不多，但十五年前一次強烈的經驗，使我認為驚奇是一種特殊的情緒，[5]我那時遇見紐約大學戲劇教授理查·謝喜納（Richard Schechner），不到五分鐘就發現許多巧合：我們都在紐澤西州紐

---

* 我以前用 awe，現在則用 wonder，我改變用法是因為作家克勞蒂亞·索爾絲碧（Claudia Sorsby）指出，牛津英文辭典說 awe 包含強烈的害怕和畏懼，而 wonder 則沒有。

渥克市長大；就讀同一所中學，但他小我一歲，所以彼此不認識；我們住過同一個住宅區，而且是同一間房子！即使現在寫這些事，我還能感受到當時的驚奇。我母親過世後，父親把房子賣給謝喜納的父母，謝喜納的房間原本是我的臥房！

驚奇的特徵就是非常罕見，以及因某件不可思議的事而有不知所措的感覺。我對驚奇的看法，與許多人不同，雖然面臨難以了解或無法掌握的事時，驚奇和害怕有可能交織在一起，但我認為必須把這兩種情緒分開來看。驚奇是一種本質上令人愉快的強烈狀態。幾乎任何難以置信、不可思議、令人著迷的事，都可能是驚奇的來源。我們不了解它是什麼，不知道怎麼會發生這種事，除非這件事威脅我們的安全，否則不會被嚇到。就如達奇・凱特納（Dacher Keltner）和約拿生・海德（Jonathan Haidt）最近關於**敬畏**（awe）的理論（他們和別人一樣，把驚奇和害怕結合起來），談到敬畏是關於「內心難以掌握的對象……」，[6] 在先民時代，驚奇可能並不罕見，因為那時的人類不太了解周遭世界。目前還沒有關於驚奇的科學研究，因為很難在實驗室中安排驚奇的事，進行仔細的測量。

達爾文的文章談到驚奇時會出現雞皮疙瘩，這是驚奇時最強烈的身體感覺。根據我個人的經驗，引發驚奇時，肩膀和頸背會有麻麻刺刺的感覺，呼吸也可能發生改變，會深深地吸氣和吐氣（但不像輕鬆時的鬆一口氣），可能會有難以置信時的搖頭動作。但目前沒有人知道，在驚奇時，臉部、聲音或身體動作是否有特殊的訊號。

對別人感到**讚嘆**（admiration），或是發現別人的啟示或魅力時，引發的感覺與驚奇有關，但我認為兩者是不同的感受。讚嘆不會產生驚奇時的身體感覺（雞皮疙瘩、呼吸變化、搖頭）。

讚嘆時，我們想要追隨啓發我們的人，覺得被他們吸引，可是覺得驚奇時，只是站著不動，並沒有化爲行動的動力。不知大家記不記得，電影《第三類接觸》中，看見太空船亮光的人，有什麼反應？

狂喜（ectasy）或極樂（bliss）可以視爲另一種愉快的情緒，這是超越自我的喜樂狀態，有些人在靜坐冥想時體驗到這種情緒，有些人得自大自然的經驗，還有人是和摯愛的人做愛時體驗到。狂喜類似興奮和驚奇，是一種強烈的經驗，並不是可以小量、輕微地經驗的事。[7]

愉快而獨特的情緒

圖 9-2 中的珍妮弗・卡普莉亞蒂（Jennifer Capriati）剛贏得法國網球公開賽后冠，她完成了一項艱鉅的挑戰，更難能可貴的是，她因爲個人問題離開職業網壇數年後，才剛重披戰袍，就得到世界大賽冠軍。要用什麼情緒來形容她呢？我們可以說她覺得很棒、非常高興或快樂，可是這些說法涵蓋好幾種愉快的情緒。她剛完成挑戰，遠比滿足感強烈，可說是一種驕傲（pride），可是這個字眼涵蓋太多意思。卡普莉亞蒂的情緒是一個人傾注全力完成困難的事，覺得自己能完成這件事是非常愉快而獨特的，別人不需要知道你的成就，你是自得其樂。義大利心理學家伊莎貝拉・波吉（Isabella Poggi）稱這種情緒爲「自豪」（fiero），[8] 英文沒有對應的字。

卡普莉亞蒂的姿勢常見於贏得艱難比賽的運動員，但不只運動比賽能引發自豪，當我想出一道困難的知性問題的答案時，也會覺得自豪，我並沒有尋求觀眾的讚賞。自豪需要有困難的挑

圖 9-2

戰，加上完成的時刻對自己有很好的感覺。「勝利感」（triumph）
不是描述這種情緒的適當字眼，因為勝利意指贏得比賽，但比賽
只是感到自豪的背景之一罷了。

我相信這種情緒是獨特的，不同於感官的樂趣、輕鬆感或逗
趣。開始面臨挑戰時，可能會覺得興奮，但自豪和興奮不同，它
是獨立的情緒。事實上，驕傲在傳統上被列為七大罪之一，而體
驗自豪的渴望在整個人類歷史則是不可或缺的，因為它促使人付
出極大的努力，得到極大的成就 9＊【譯註 1】

＊　心理學家路易士（Michael Lewis）以驕傲指稱我所說的自豪，但他進一步區分驕傲
　　和傲慢（hubris）的不同，不過他也注意到，許多人無法區分驕傲中的自豪不同於
　　驕傲中的傲慢、滿足感或效能。

【譯註 1】　誠如作者所言，pride 這個字涵蓋太多意思，在中文的翻譯中，原本會視 pride

當你聽到自己的兒女得以進入最好的大學、在獨奏會中有優美的演出、得到童子軍的獎狀，或是完成任何重要的事時，你做何感受？我們可以說是驕傲，但這個字眼不夠明確，無法說明父母在子女獲得重要成就、甚至超越父母時的身體感覺模式。可是，意第緒語【譯註2】就有明確的字眼描述這種經驗：naches。作家李奧‧羅斯坦（Leo Rosten）把 naches 定義為「高興加上驕傲的熱烈情緒，只有子女能讓父母說：『我如此 naches。』」[10] 還有一個相關的意第緒字 kvell，羅斯坦定義為「極度的驕傲加上喜形於色，通常是出於子女或孫子女的成就；得意、快樂到鈕扣繃開來。」[11] naches 是情緒，kvell 是其表現。我女兒認為子女也會因為父母的成就感到 naches，她的洞識使我覺得 naches，我現在表現出 kvell。

　　Naches 使父母願意投入時間和精力，促成孩子的成長和成就。可惜有些父母在子女表現突出、超越父母的成就時，卻不覺得 naches，這類妒忌的父母常常和子女競爭，對雙方都有不好的影響。在學術界，我也不只一次看過師長和門生間有類似的競爭。「為什麼邀她來研討會演講？我才是專家，她只是我的學生。」學生覺得自豪，並因自豪而有動機更上一層樓，希望恩師表現出 kvell 時，老師應該像父母一樣覺得 naches。這些例子提到一個有趣的可能性，就是有些人可能從來沒有體驗過某些愉快的情緒。身體殘障的人當然可能缺少某些感官樂趣，但有人可能是心理殘障，沒有體驗某些愉快情緒的能力。

的上下文譯為自豪、得意、驕傲或傲慢，但作者希望找出更具體的用字，所以選了義大利文中的 fiero。為配合作者的意思，所以譯者仍將 pride 譯為驕傲，而把 fiero 譯為自豪。

【譯註2】猶太人使用的混合語言。

人類學家海德認為**高昂**（elevation）也是一種愉快的情緒，他將之描述為「看到人類意想不到的良善、仁慈、悲憫行為時，體驗到溫暖、開心的感覺。」[12] 當我們覺得高昂時，就會推動自己成為更好的人，投入利他的行動。我毫不懷疑海德描述的情形確實存在，但不確定是否符合情緒的標準。並不是我們體驗到的每一件事都是情緒，我們還有思想、態度、價值觀等等。

　　拉撒路夫婦把**感激**（gratitude）形容成「因別人的利他行為而獲益時的感謝之情」。[13] 他們指出，當有人為我們做好事，而且是利他的舉動，他們並不能從中獲益時，我們容易覺得感激。可是，我們也可能因為受到特別的關照而覺得尷尬，或是覺得欠他們人情而怨恨，甚至因為認為對方做好事是以為我們很窮而生氣。

　　感激其實是一種複雜的情緒，因為很難知道何時會興起感激之情。我認為社交場合的感激經驗，有極大的文化差異（例如，什麼時候給小費，在美國和日本是完全不同的）。在美國，做好自己的工作時，並不期待得到感謝，比如護士對重病的病人有絕佳的照顧，我們可以說她並不期待或需要對方的感激。可是，我的經驗剛好相反，在這種情境中表達感激往往是被人欣賞的。

　　我不確定是否有普世共通的感激訊號，唯一能想到的是微微低頭欠身，但這個動作也能表示許多不同的意義，比如打招呼。我也懷疑感激是否有獨特的生理感覺模式。感激的情緒確實存在，問題在於是否能和逗趣、輕鬆、感官的樂趣等，歸為同一類。

　　當你知道最痛恨的敵人在受苦時，你體驗到的感受可能也是愉快，但不同於前述的各種愉快感覺，德文稱為 schadenfreude。**【譯註3】** 至少西方社會並不贊同這種情緒（我不了解非西方社會對

【譯註3】 意思是「因為別人遇到問題而高興」。

這種情緒的態度）。[14] 我們不應該對自己的成功得意洋洋，也不該因對手的惡運幸災樂禍。得意洋洋是不是一種獨特的愉快情緒呢？也許不是，因爲太像「自豪」了。

愉快的情緒推動人們的生活

真的有十六種愉快的情緒嗎？五種感官的樂趣、逗趣、滿足、興奮、輕鬆、驚奇、狂喜、自豪、naches、高昂、感激和 schadenfreude，都是獨特的情緒嗎？必須透過研究檢視其發生的時間、有什麼訊號、內在發生什麼，才能回答這些疑問。我相信我們應該研究所有這些疑問。有些人會辯稱，如果沒有代表某種情緒的字眼，就不能說它是情緒。我們當然不應該如此狹隘地堅持一定要用英文字來表達！雖然我期待有某種語言會爲所有情緒命名，但我不認爲任何語言都必須有代表每一種情緒的用語。語言並不是情緒，只是情緒的表述，我們必須小心，不要因爲語言而誤解情緒的本質。我們的用字遣辭有時會造成混淆。我用「逗趣」代表我們回應某種有趣之事的愉快情緒，典型的例子是講笑話，可是其他具有幽默性質的事也會造成這種反應。請想像我們在遊樂園的情緒，那裡通常沒有很多笑話，不過如果有丑角的表演，我們可能會被逗樂。遊樂室和雲霄飛車比較會產生興奮、害怕和輕鬆，而不是逗趣。經歷一些具有挑戰性的活動，在射擊場得到高分，都可能有自豪的感覺；小孩在這些遊戲獲勝時，我們會覺得 naches；還有各式各樣的感官樂趣。將遊樂園（amusement park）稱爲愉快園（enjoyment park），比較符合我的用字遣辭。

這些愉快的情緒會推動我們的生活，使我們去做有益的事，鼓勵我們從事人類生存所必要的活動（性關係和幫助小孩的成長），這完全不同於享樂主義，因爲利他的行爲、做善事、創造驚奇的事，都是自豪、興奮、逗趣和感官樂趣的來源……事實上，可說是所有愉快情緒的來源。追求愉快的生活，並不必然是孤獨或自私的，我相信剛好相反，如果沒有朋友、沒有成就、沒有與他人接觸以產生感官的樂趣，生活才會變得枯躁乏味。

我和湯金斯都相信，追求愉快是生活的基本動機。可是，我們最想追求的是哪些愉快的情緒呢？除非感官受損，否則每一個人都能體驗上述所有情緒，可是大部分人會特別渴望某種情緒。人會安排自己的生活，盡可能獲得某些愉快的情緒，我的傾向是努力得到自豪、naches 和某些感官的樂趣；年輕時，我更注重興奮，而不是 naches（因爲那時還沒有小孩）。我認爲在人生的過程中，我們會數度改變焦點，但我的看法還沒有得到研究的證實。

我對滿足感的需求一直很低，但我有朋友以滿足感爲主要目標，追求平靜、安寧的時刻。還有人刻意進入險惡的情境、擴大驚慌的感覺，以體驗興奮、自豪和輕鬆的感覺。也有人以逗趣爲人生的主軸，讓自己和別人感到歡樂。利他的人常常選擇在仁人家園（Habitat for Humanity）或和平工作團之類的機構工作，可能是想得到高昂和感激，也可能包括自豪的感覺。

愉快的共通主題

再看看史特恩家人團圓的照片，讓我們來鑑定那位奔向父親、伸出雙手想擁抱他的女兒，表現的是哪一種愉快的情緒。其中有興奮的成份，我們還可以預期她抱住父親，重溫他身上的熟悉觸感和氣味時，也會有感官的樂趣；當她看見父親眞的毫髮無損地歸來時，可能有鬆了一口氣的感覺；也可能有一種難以置信的驚奇感，因為他離家五年，在年輕女子的一生中，五年是一段很長的時間。

與非常親近的人重聚，可能是愉快情緒的共通主題。我在新幾內亞時，發現與友善村落的鄰人相聚，是拍攝自然愉快表情的最佳時機。我會坐在路邊，躲在樹叢下，鏡頭對著等待與朋友相聚的人，隨時準備拍攝。團聚能強化人與人之間的連結，離別其實能促進感情，因為再見到自己關愛的人時，會有很好的感覺。

性關係是另一種共通的主題，可以從中感受多種愉快的情緒，顯然包括許多感官的樂趣，加上高潮時的興奮和隨後的放鬆。情慾和性慾富含性愛的期望，對各種感官樂趣的期待，以及即將滿足欲望的興奮。

我在一篇尚未發表的研究中，請包括男性與女性的大學生描述，在他們的想像中，全世界不論任何人曾經驗過的最快樂的事時，回答「期盼中的小孩出生」的比例，遠高於我的預期。小孩的誕生包含興奮、驚奇、輕鬆、自豪，可能還有感激之情。

和摯愛的人在一起，是另一個共通的主題。不論是父母之愛或浪漫愛，都包含長期的承諾，以及對特定對象的強烈依附，但這兩者都不是情緒。情緒非常短暫，愛卻是持久的。不過，浪漫愛雖然可能持續一生，但很少如此。父母之愛可說是典型的終身承諾，不過也有例外，父母有時會和子女斷絕關係。愛還有另一層意義，意指和所愛的人短暫地迸發極度的快樂和相聚。[15] 這就是我先前提到的狂喜或極樂，這種情形可以看成一種情緒。

在充滿愛的家庭關係中，我們常常感受到許多愉快的情緒，但有時也會出現各種不愉快的情緒。我們可能對所愛的人生氣、嫌惡或失望，如果有人病重或死亡，我們會感到絕望和悲痛。我相信父母很可能不曾停止對子女安全和幸福的擔心，只是在年幼時會更擔心。不論是和子女的真實接觸，或是出於回憶或想像，都可以引發許多愉快的情緒，包括感官的樂趣、naches、滿足或興奮的時刻、子女脫離危險時的輕鬆，當然也有逗趣的時候。

在浪漫愛中，也會感受到各種不愉快的情緒，但願這種經驗比愉快的情緒少。嫌惡和輕蔑的情緒較少出現，如果出現的話，就是關係發生問題的跡象。根據最常出現的愉快情緒，可以區分出不同的浪漫關係，[16] 這裡只提出幾個例子：有些夫妻一起努力，共同追求自豪的感覺，或是在各自的目標中找到特殊的成就感，有些人則著重於興奮或滿足。

我相信剛才提到的幾個主題是普世共通的，我們的經驗就是明證。這些主題還有許許多多其他變型是學習來的，並成為種種不同愉快情緒的主要來源。

有些心情和愉快的情緒有關，特別是興奮、滿足和逗趣。這些感受可以延伸較長的時間，長達幾個小時，在這種狀態中，很容易發現心情與情緒的關聯。

我在本章一開始就談到「快樂」這個字眼並沒有說明是哪一種快樂。更含糊不清的是，快樂也可以指完全不同的情形：一個人整體的主觀幸福感。心理學家艾德·戴納爾（Ed Diener）是研究主觀幸福感的領導者，他將主觀幸福感定義為人對自身生活的評估，基本上是以類似下述問話的答案來測量，比如：「我的生活大部分接近我的理想」或「到目前為止，我已得到生活想要的重要之事」。幸福感會受許多因素影響：特殊範疇中的滿足感，比如工作，以及愉快和不愉快經驗的多寡。

世界各地都有以問卷廣泛調查主觀幸福感的研究，本書只會略加討論，否則就偏離主題了。有一項共通的發現是與購買力的收入有正相關。有一項文化差異是自尊心在西方文化比非西方文化更與主觀的幸福感有關。但在不同文化中，擁有親近的關係都與幸福感有關。[17]

　　有一組人格特質和愉快的情緒有關，在人格測驗中，外向程度和情緒穩定度得分較高的人，自覺比較快樂。[18]可是，關於這種人格特質為什麼比較快樂的研究中，並沒有考慮上述各種不同的愉快類型，但有說明外向如何促使人更快樂，研究認為外向的人對拒絕或懲罰比較不敏感，在自己和他人間做比較時，容易做出有利於自己的判斷。可是，這種結果也可能是因為外向的人比內向的人更適合美國文化。[19]

　　每個人平時的樂觀和高興程度也有所不同，各人都有持久的特色，而不只是對特殊情境或事件的反應。這個領域的專家克理斯多福·彼得森（Christopher Peterson）認為樂觀是一種態度，反應一個人體驗愉快情緒的可能性。[20]雖然不是每個人都很樂觀，但抱持這種態度是有好處的：樂觀的人在生活中較愉快，更能堅持到底，獲得更高的成就。值得注意的是，許多研究發現，樂觀的人擁有較佳的健康和更長的壽命！[21]彼得森認為對生活抱持樂觀的態度，「可能是生物本性的傾向，並經由文化加入社會認可的內容，由於會產生充滿精力和彈性的狀態，所以能導向令人滿意的結果。」[22]彼得森進一步提出疑問：「樂觀會有什麼感受？是快樂、歡樂、輕躁（一種精神疾病，會有非常高昂的心情），或只是單純的滿足呢？」[23]

　　在先前數章中，我談到某些不舒服的情緒過多時（最單純的例子就是害怕、生氣和哀傷），就是情緒疾病的跡象。完全沒有愉快的情緒（無法感受自豪、naches、感官樂趣等等），被視為一種精神疾病，稱做快樂感缺乏症（anhedonia）。過度、不停的興奮，有時混雜極樂和自豪，則是躁症的構成要素。

辨識別人的愉快

　　即使只是匆匆一瞥本章的照片，也可以看出愉快情緒的臉部跡象就是笑容。不論是逗趣、自豪、naches、滿足、興奮、感官樂趣、輕鬆、驚奇、schadenfreude、狂喜，甚至高昂和感激，都會出現笑容。這些笑容的強烈程度、出現速度、持續時間的長短，以及消退所需的時間，可能都不相同。

　　如果這些不同的愉快情緒的表情都是笑容，我們要如何分辨別人的感受呢？我在第四章談到，最近的研究支持我的直覺判斷：[24] 區分不同愉快情緒的跡象，在於聲音，而不是表情。英國心理學家蘇菲・史考特（Sophie Scott）和安德魯・凱德爾（Andrew Calder）從不同聲音的跡象來分辨滿足、輕鬆、觸摸的感官樂趣和自豪，證實聲音會傳達這些情緒的訊號，裝出各種聲音時，聽見的人可以毫無困難地分辨各自代表的情緒。他們還沒有精確地描述所有愉快情緒的聲音訊號，但我相信他們將找出其他愉快情緒的聲音訊號。

　　笑容可能令人困惑，不只是因為所有愉快的情緒都有笑容，更因為人在毫無愉快情緒時，也會出現笑容，比如禮貌的微笑。愉快的微笑和沒有愉快感覺的微笑，有一項很細微的差別，我們和心理學家馬可・法蘭克（Mark Frank）的研究發現大部分人都忽略了這個差異。[25] 如果你不知道應該觀察哪裡的話，可能造成誤導、混淆，或是認定笑容其實是不可靠的。事實並非如此，笑容以雖然細微但非常清楚的方式，告訴我們是否來自愉快的情緒。

　　一百多年前，偉大的法國神經學家裘馨・迪・布洛涅（Duchenne de Boulogne）發現，眞正愉快的微笑不同於沒有愉快感覺的微笑。[26] 他以電刺激臉孔的不同部位，拍下引發的肌肉收縮，以研究各個臉部肌肉如何改變人的表情（受試者臉部沒有痛覺，所以能接受這種實驗）。他看到刺激顴大肌（zygomatic major muscle）產生笑容的照片時，發現這個人看起來並不快樂。（顴大肌從頰骨的起點，向下連到嘴角，收縮時會把嘴角拉高，形成笑容。）裘馨是很優秀的實驗家，向受試者說了一個笑話，拍下他的反應。兩相對照之下，發現眞正的愉快不只有笑容，也會引發眼睛周圍的肌肉收縮。請比較這兩張照片，圖 9-3A 是臉部受電刺激時的照片，圖 9-3B 是聽到笑話時的笑容。

 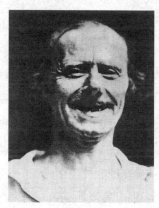

圖 9-3A　　　　　　　　　　圖 9-3B

裘馨式微笑

裘馨寫道：「眞誠歡樂的情緒，在臉上的表情包括了顴大肌和眼輪匝肌的收縮，前者可以用意志控制，但後者必須出於靈魂發出的甜蜜情緒（請記得他的時代背景，這篇文章寫於一八六二年）；…造作的歡樂、虛假的大笑，都無法引發眼輪匝肌的收縮……這條圍繞眼睛的肌肉不受意志控制，只有真實的感受、愉快的情緒，才能使它收縮。這條肌肉沒有收縮的笑容，可以揭穿虛偽的朋友。」[27]

我們的研究[28]證實了裘馨的看法，沒有人能主動收縮眼輪匝肌（也就是「不受意志控制」），不過這條肌肉只有一部分是難以主動收縮的。這條肌肉有兩個部分，裡面的部分用來繃緊眼瞼和眼瞼正下方的皮膚，外面的部分則環繞眼窩，會使眉毛和眉毛下的皮膚下拉，使眼睛下的皮膚上抬，並抬高臉頰。裘馨正確描述這條肌肉的外面部分，很少人能主動收縮它（我們研究的對象只有 10% 可以）。

使眼瞼繃緊的裡面部分是每個人都能控制的，所以缺少這個動作並不能「揭穿虛偽的朋友」。演員令人信服的表情，好像真的感到愉快，可能是少數能控制眼輪匝肌外面部分的人，或更可能是回想引發這種情緒的記憶，然後產生真實的非自主表情。

雖然達爾文曾引用裘馨的話，並以他的照片說明不同笑容間的差異，可是接下來一百年，研究臉部表情的科學家卻忽略裘馨的發現。[29] 我和同事在二十年前重新引介裘馨的發現，[30] 從此以後，才顯示這個發現的重要。例如，一位陌生人接近十個月大的嬰兒時，嬰兒的笑容不會牽動眼睛周圍的肌肉；可是，當母親接近嬰兒時，嬰兒的笑容就包括眼輪匝肌的動作。[31] * 婚姻快樂的夫妻，在一天結束時見面，他們的笑容包括眼睛周圍這條肌肉的收縮；可是婚姻不快樂的夫妻見面時，笑容卻沒有眼輪匝肌的

---

* 我並不認為十個月大的嬰兒就懂得對陌生人做出虛偽的微笑，而是那個年紀就會表現社交性微笑，我們在一生中，遇見陌生人時，都會有這種微笑。

收縮。[32] 當人談到新近死亡的配偶時，如果露出包括這條肌肉收縮的微笑，在兩年後的哀傷會比較輕。[33]（他們並不是對配偶的死亡感到愉快，而是能回憶過去的愉快經驗，重新體驗那種愉快感覺。）女性在大學畢業紀念冊上的照片如果露出眼輪匝肌收縮的笑容，在三十年後的苦惱會比較少，整體的身心健康也比較好。[34] 一般說來，常常露出眼輪匝肌收縮的笑容的人，自覺比較快樂、血壓較低，配偶和朋友也會覺得這個人是快樂的。[35] 在我們的研究裡，發現自發的愉快中，眼睛和嘴唇肌肉同時收縮的微笑，可以激發大腦左側的顳葉和前區；只有牽動唇角的微笑則無此作用。[36]

為了向裴馨致敬，我建議把愉快時的眞實笑容，也就是牽涉

圖組 9-4：A-I

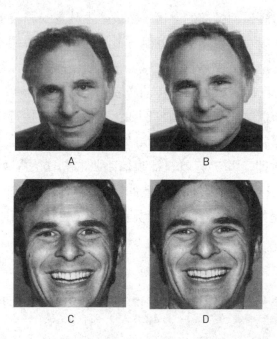

A   B

C   D

眼輪匝肌外面部分的笑容，稱爲裘馨式笑容。

　　乍看之下，左頁的圖 A、B 兩張照片的唯一差別似乎只是圖 B 的眼睛較窄，但如果仔細比較，就會發現兩張圖有許多差異。圖 B 是眞正愉快的裘馨式笑容，兩頰較高，臉頰的形狀改變，眉毛稍微下移，這些現象都是出於眼輪匝肌外面部分的作用。

　　笑容較開闊時，只有一個線索可以區分人是否覺得愉快。如圖 C 的顯著笑容中，臉頰會向上推，使眼睛下的皮膚皺起來、眼縫變窄，甚至產生魚尾紋，這些表情都沒有涉及眼眶的肌肉。

　　相較之下，圖 D 顯示眉毛及眼瞼皺褶（眉毛與眼瞼之間的皮膚）都被環繞眼睛的肌肉下拉。圖 D 是開闊而愉快的笑容，而圖 C 是非常開闊卻不覺得愉快的笑容。附帶一提，圖 C 是合成圖，把圖 D 下眼瞼（含）以下的臉貼到中性的圖 E 上。圖 F 是另一張合成圖，把圖 D 的嘴巴貼上圖 E 而得的照片，人類無法產生圖 F 的表情，這張圖看起來會覺得很奇怪，因爲照片中的笑容如此開闊，必然會引發圖 D 中臉頰和眼睛的變化。我製作這張合成圖是爲了強調開闊的笑容不只會改變嘴巴，也會改變臉頰和眼睛下的皮膚外觀。

　　不覺得愉快的笑容有很多種不同的表現，有些只出現含笑的嘴巴，比如禮貌性的微笑。也可見於談話時，聽者表示同意或了

E（中性表情）

F

解的笑容。有些不覺得愉快的笑容，除了微笑的嘴巴，也會出現其他臉部動作。

圖 9-5 這位新幾內亞男子是村落中受敬重的人，他露出遲疑或謹慎的笑容，表示沒有傷人的意思，可是不確定接下來會發生什麼事。對村落的人而言，我是個無法預期的人，常常做出令他們感到驚訝、奇怪的事，比如點燃火柴、閃光燈突然亮一下、從一個盒子放出音樂。他常常見到我做出奇怪的事，被我吸引，覺得我是引發吃驚、興奮和逗趣的來源，但不知道什麼時候會被我嚇一跳。圖中微笑的上下唇分開，加上交叉胸前的雙手，傳達出遲疑的感覺。

聽了一整天譏諷的話之後，雷根總統終於結束對全國有色人種協進會的演講，可是在介紹他時，大會主席瑪格麗特·威爾森

圖 9-5 遲疑的笑容

（Margaret Bush Wilson）數度語中帶刺，提醒他競選總統時沒有在他們的大會現身，她宣布「全國有色人種協進會不需要贊同總統接下來即將表達的觀點」時，還引起大會代表的喝采。雷根總統在演講後擁抱威爾森時，露出標準的悽慘笑容，或稱做逆來順受的笑容。[37] 這種笑容表示情緒並不愉快，因為自己被當成笑柄，還得保持笑容地接受批評。這種表情顯示沒有試圖隱藏情緒，並說明自己的處境悽慘。有這種表情的人，至少在當時並不打算為自己的處境提出抗議。

圖 9-6 苦笑忍受

請注意圖 9-6 中，雷根的笑容雖然很開闊，卻緊閉雙唇，從下巴的皺紋可以知道他的下唇被推向上方。我們無法從照片看出眼眶的肌肉是否收縮；他還是可能在尷尬的處境中感到愉快。典型的情形下，悽慘笑容發生在沒有真正愉快感覺的時候，但還是可能有愉快的感覺，就像這個例子一樣。

前總統尼克森辭職後，在踏出白宮前，向幕僚流淚告別時，露出這個表情。大家都知道尼克森此時很不快樂，但他微笑的痕跡表示沒有崩潰，仍勉力控制內心的懊悔與很可能有的絕望感（圖 9-7）。雙唇略為下拉，這是哀傷的跡象，如果他沒有試圖露出笑容的話，哀傷的表情會更強烈。眼睛沒有愉快微笑時閃現的光芒，這種光芒是眼輪匝肌的動作產生的。嘴唇也略為緊閉，表示他企圖控制情緒。

圖 9-7 帶著笑容控制表情

最後來看幾張愉快和其他情緒混雜起來的照片。

下列照片都是混合的笑容。圖 G 是明顯的笑容加上眉毛下壓，這種結合很少見，並不是生氣的微笑，因為嘴唇沒有變薄、緊繃，上眼瞼也沒有抬高。我無法確定這種笑容的意思，因為不曾在研究中見過這種笑容。圖 H 比較簡單，從抬高的上唇可以明顯看出嫌惡的表情，笑容使表情添了一絲遲疑，但不表示此人喜歡自己的嫌惡感。圖 I 是愉快和輕蔑的混合，形成一種自鳴得意的表情，在嫌惡與輕蔑的章節中，你已看過這張照片。

G　　　　　　　　H　　　　　　　　I

運用表情提供的訊息

　　我在前幾章討論過，如何在不同的關係中，運用細微臉部表情所提供的資訊。此處不做這種分析，因為某人有愉快的情緒時，很少會造成問題。不論對方是露出真正愉快的衷馨式笑容，還是禮貌性微笑，甚至虛假的笑容，通常都沒有關係。如果老闆說了一個不好笑的笑話，你還是會含笑以對，你的老闆也不太可能仔細檢查你的表情，以確定你是否真的覺得好笑，重要的是你試圖表現出愉快的樣子。可是，你有時可能真的關心別人是否覺得愉快，在這種情形下，你已知道要觀察的部位是眉毛下方的眼瞼皺褶。

第十章

謊言與情緒

> 我們還沒有找到任何行為的改變是一定會出
> 現在每一個說謊的人身上的；這就是為什麼想要
> 揪出謊言的人必須學習對行為舉止的每一個面向
> 都很警覺，因為永遠不可能事先知道重要的資訊
> 會如何出現。

　　我並不是自己發現情緒有可能應用在評估話語的真實性。大約四十年前，我初次在大學教授一班接受精神醫學訓練的學生，當他們聽到我的研究認為情緒的臉部表情是普世共通（詳見第一章）的時候，相當地興奮，他們真正想要的是，在醫院面對關鍵決定時，能遵照某個指引來處理：由於急性憂鬱症而住院的病人，在要求請假回家一天時，會宣稱自己覺得改善很多，不再考慮自殺，我們要如何分辨病人是不是說實話？病人會不會是為了脫離醫院的管理以便去自殺而說謊？確實發生過這種情形。但如果病人說的是實話，真得覺得有所改善，那麼回家一天會是恢復正常生活的重要步驟。

　　我當時完全不知道自己會得到什麼答案。臉部表情或姿勢是否會有任何跡象顯示出情緒是偽裝的、並不是真的呢？除了訓練

有素的演員，是否有人能做出看似真誠、實則不然的表情呢？人是否能刻意壓抑而讓別人看不到任何真實感受的跡象，特別是那些非常強烈的情緒呢？是否有任何方法來看見假面具背後的真實情緒呢？

　　我從自己收藏的影片（這是在錄影帶發明之前的事，那時有聲影片是記錄表情與姿勢的唯一工具），挑出一片開始仔細檢視。我在前一年已開始拍攝精神科病人在初次住院時的會談、以及工作人員認為他們有明顯進步時的會談，還有病人出院前一週最後一次的會談。工作人員告訴我，有位病人承認自己在住院期中的會談時說謊：她聲稱自己不再憂鬱，要求週末能請假離院。就在準備離院的前幾天，她承認自己打算在離院後自殺。我很幸運，拍攝到她說謊那次的會談。

觀察隱藏的表情與情緒

　　瑪麗（假名）是四十歲女性，在住院之前曾有三次差點成功的自殺企圖。我第一次觀看住院期中的影片時，並沒有看到她隱瞞情緒的證據；她常常帶著微笑，言談樂觀，看起來很開心。若是我，一定會相信她；醫師也是如此。

　　於是我和共同研究者衛理‧弗瑞生找到一個精巧的變速放映機，以非常慢的速度和較快的速度，在一格又一格的畫面中檢視她的每一個臉部表情與姿勢。我們花了超過一百個小時才看完十二分鐘的影片，不過非常值得。

　　會談中有一刻，醫師問瑪麗對未來的計畫時，她在回答問題前停頓了一下，我們看見瑪麗臉上閃現強烈的悲痛表情，在每秒二十四格的影片中，只出現了兩格，也就是十二分之一秒的時間，然後很快就被微笑掩蓋。我們看了一次又一次，非常確定呈現出什麼情緒。停格來看時，她眞正的情緒非常清晰，然後被刻意隱藏起來。一旦我們知道要在慢速放映的連續畫面中尋找什麼之後，就又在影片中找到兩處非常短暫的悲痛表情。

弗瑞生和我把這種持續二十五分之一到五分之一秒非常短暫的的臉部動作，稱做微量表情，並發現這是以非語言的方式**洩漏出**一個人的眞正感受。[1]後來我才知道心理學家恩斯特・哈蓋德（Ernest Haggard）與肯尼斯・埃塞克斯（Kenneth Isaacs）在我們之前三年就發現了微量表情，但他們認爲無法即時觀察到，且是潛抑情緒的跡象，並不是刻意壓抑的情緒。[2]不過我們發現，如果你知道要看什麼的話，有可能不用慢動作播放就能看見微量表情，但我們那時還不知道可以很容易就教人學會辨識出它們。

我們進一步研究了刻意隱藏與潛抑的表情。[3]過去數十年的工作成果清楚顯示出，不論是刻意隱藏的情緒，好比瑪麗的案例，或是一個人並不知道自己做何感受，也就是情緒是被潛抑的，就像哈蓋德與埃塞克斯所發現的，都可能出現微量表情。重要的是，不論是壓抑或潛抑的情緒，微量表情看起來是一樣的，微量表情本身無法告訴我們是哪一種；必須透過發生的情境來判斷，且往往需要進一步的探究。

此處需要解釋我所謂的**情境**是什麼意思，因爲完全相同的微量表情在不同的情境中會有非常不一樣的意含。

情境最廣義的意義是指**對話交流的性質**，是第一次相會的對談呢？還是隨意的交談？正式的面談嗎？或是質問，對方知道自己被懷疑做了什麼壞事？

第二層情境是指**彼此過往的關係**。這次對話之前發生了什麼事？評估者與被評估的人先前彼此接觸的性質是什麼？以及各自有什麼期待，想要彼此將來有怎麼樣的關係？

第三層情境是**說話的人是誰**。微量表情出現時，這個被評估的人是正在說話還是在聽對方說話？

最後，第四層情境就是**一致性**。微量表情顯露的情緒與這個人當時言談的內容、語氣、手勢和姿勢，是符合的還是抵觸的？如果微量表情出現在這個人正在聽人說話時，是否符合評估者的言談，以及被評估者接下來說的話？

評估一個情緒的一般臉部表情或說是明顯表情時，本來就必須考慮這四層情境，但用來研究**微量表情**時，這四層情境特別能揭露其意含。當評估情緒的跡象是否在聲音、姿勢和其他認知基礎而有的線索中顯示出欺騙的訊息時，也必須考慮這四層情境。

大部分人不會注意談話時的微量表情，大家的注意力比較放在言詞、語調和手勢。我們會忽略微量表情，也是因為我們往往在思考接下來要說什麼，而沒有仔細觀察對方的微量表情。但即使當我向人展示微量表情而不讓他們知道情境時——關掉聲音，也不需要考慮去回答什麼——大部分未受過訓練的人仍沒看見許多微量表情。由於我們都不擅長觀察自己的微量表情，所以當我初次教人如何辨識微量表情時，對他們快速的學習感到非常驚訝。即使只有一個小時的指導，就能大幅改善他們辨識微量表情的能力。我相信他們能如此快速學會的基本要素，在於不論他們的判斷是否正確，都立刻給予回饋，加上重覆的練習，以及用圖像對照最常被混淆的表情，也就是憤怒與厭惡、恐懼與驚訝之間的對照。

欺騙行為的矛盾與可能線索

不過，欺騙在行為上的線索並不都與情緒有關，他們的產生有可能同時來自思考（認知）與感受（情緒）。由於本書探討的是情緒，我會比較仔細去描述感受扮演的角色，但了解思考所扮演的角色，也很重要，才能得到如何評估實話的完整圖像。情緒會影響思考（強烈的情緒，比如恐懼，可能讓人很難清晰地思考），思考也會影響情緒（可能被人抓到說謊或受到懷疑的想法，會放大恐懼）。

對於可能的謊言，最明顯的認知線索就是他對於自己做了什麼或打算做什麼的敘述出現**矛盾**之處，不過有些矛盾之辭會發生在真實的敘述之中，所以在根據矛盾之處來評估一個人是否說實話時，必須非常謹慎。很少有人會以完全相同的方式述說同一件複雜的敘事；他們會添加或刪減一些細節，比如原本遺忘的或在重新述說時忘記的細節，而造成自相矛盾的情形。

另一個明顯而有用的線索，顯示可能出了什麼差錯，就是對方在回答問題時的**遲疑**，而你預期對方如果說實話的話，應該能很快就回答。舉例來說，如果我的配偶問我昨天下午兩點把車子停在瑞吉旅店（St. Regis Hotel）門口的原因，我應該知道答案，回答時的遲疑會引人懷疑我可能沒做什麼好事，而且沒有想到會被發現，所以沒事先準備好說辭。但是，若被問到幾年後誰會出來選總統時，我的回答可能有同樣的遲疑，因為我不是政治方面的專家，也沒想過這種問題的答案，所以我的遲疑不會引人懷疑。

把任何行為（不只是遲疑）解釋成有可能說謊的指標之前，你還要考慮兩件事。首先是**相關行為的改變**，特別是在討論的主題轉變時，舉例來說，假如我在講話或試圖回想先前的事時，總是會遲疑的話，我的遲疑就不該被視為欺騙的線索，除非與我先前在談話中的遲疑有明顯的不同。如果遲疑的情形明顯增加，有可能表示我試圖編造故事以掩蓋某件事；如果明顯減少，也可能表示我預先想好要怎麼回應。其次，即使在面對應該很容易回答的問題時有明顯的遲疑，也可能是完全無辜的。即使我沒有說謊，也可能因為想到妻子是不是懷疑我或為什麼懷疑我，而表現出遲疑；我甚至可能在想要不要為此責備她。

由於矛盾與遲疑可能表示在考慮某件與欺騙無關的事，所以我把所有這些行為跡象稱為「疑點」（hot spots），而不是說謊的訊號：它們只是表示你需要找出更多資訊。在你做出結論認為行為的改變是說謊的證據之前，必須先排除其他可能的原因。

只有木偶皮諾丘在每次說謊時會有明顯的訊號，我們這些人最多只有疑點。當妻子問我怎麼會把車子停到瑞吉旅店時，即使我出現害怕的微量表情，也只是一個疑點。我可能是怕妻子不相信我，或是因為她竟然對我有這種懷疑而擔心我們的婚姻狀態；即使我沒有做任何她會認為不好的事，但也可能因為不想讓她知道我對她和我們的婚姻有這種疑問，而隱藏我的害怕。我也許是害怕姦情被逮而試圖隱藏害怕不讓她發現，但這只是眾多可能性中的一種。由於這只是一個疑點，她應該很有智慧地問更多問題，得到更多資訊，以釐清我隱藏情緒的原因。

臨時起意、未經準備的想法會在人的聲音與姿勢中透露許多跡象。某些記憶上的錯誤通常不會出現在說真話的人身上。對細節記得很完整的現象其實也會發生在說謊的人身上。尼克森時代的總統律師約翰・迪恩（John Dean）在他的書中描述他如何對事件的敘述做非常仔細的準備，因為他認為涵蓋許多細節會讓他顯得更可信。[4] 聽到他這種說法的人，如果對記憶的研究有所了解，就會做出相反的反應，因爲對於未被當場記錄下來的事件有非常詳細的記憶，是非常不尋常的。我在《說謊》（*Telling Lies*）一書談到這些疑點，並探討人爲什麼說謊，以及什麼時候最可能或最難從行爲舉止評估眞實性。[5] 我的同僚約翰‧尤里（John Yuille）從認知的角度對疑點做了令人印象深刻的研究。[6]

謊言下的情緒與表情

如果謊言關係到那個人當時的感受，比如瑪麗關於其心理狀態的謊言，通常會包含兩種要素中的一種：隱藏的情緒，和僞裝的掩飾，或稱爲**面具**。面具的發生有兩個原因，首先是因爲以一種表情掩飾情緒，比面無表情、沒有情緒的臉更爲容易。其次就是促使人說謊的處境往往需要的不只是隱藏（比如瑪麗的悲痛），還需要僞裝（比如瑪麗用愉快來掩飾）。微笑是最常見的面具，因爲大部分社交處境需要表現出正向的樣子，並隱藏所有不愉快的感受。不過，任何情緒都可能用另一種情緒來掩飾，比如第六章談到的以憤怒來掩飾恐懼。

臉部表情會以好幾種方式洩露那個人在僞裝，一種是**不對稱**的表情。僞裝的表情比自發眞誠的表情更爲不對稱，但差異通常很小，未經訓練的人不容易發現。不對稱的臉部表情可以用臉部動作編碼系統（Facial Action Coding System 簡稱 FACS）來測量。

就如我在第九章所說的，偉大的神經學家裘馨是第一位提出，缺乏因情緒而有的肌肉動作（這是大部分人無法刻意做出的動作）可以「揭穿虛僞的朋友」。[7] 缺乏這種**不由自主的動作**表示臉部表情可能是僞裝的，而不是眞誠的。微笑時，缺乏眼眶外緣肌肉（**外側眼輪匝肌**或是 FACS 編號 AU6）的動作可以辨別偽裝的微笑與眞誠的微笑。如果微笑的幅度很淺或普通，就很容易發現缺少這個動作，因爲沒有魚尾紋，臉頰也不會被縮小眼孔的肌肉活動抬高（請再次看一下第 246 頁圖 A 與 B 的對照）。另一方面，刻意做出的開闊笑容則會產生所有這些跡象，讓人較難發現是出於偽裝，所以你必須尋找更細微的線索：眉毛以及眉毛與上眼瞼之間的皮膚略微下垂，這個部位稱爲眼瞼皺褶（eye cover fold）。（請再次看看第 246 頁圖 C 與 D 的差異）。這個差異很難辨識，我們大多時候會被偽裝出來的開闊笑容愚弄，這或許可說明它爲什麼會是如此常見的面具。

其他情緒也都有典型的肌肉動作，很難刻意去做出來。假裝出來的哀傷或悲痛可能會被人發現，因爲少了眉毛內側的上揚（請見第 141 頁的圖 I 與 J）。偽裝的恐懼會少了上揚且互相靠攏的眉毛（請見第 203 頁的圖 H）。假裝的憤怒則會少了緊繃的唇緣（第 179 頁的圖 L 與 M）。不過，表現厭惡或輕蔑的臉部活動都不難刻意做出來，所以這些表情不會因爲少了什麼而被懷疑。

然而，還有第三種方式，有時可以辨識出偽裝，就是臉部**表情出現的時間**。突然出現或消失的表情就值得懷疑，除非談話的情境符合這種快速的情緒變化。同樣的，逐漸出現或緩慢消退的表情也必須符合談話的流動，才是可信的。（如前所述，這關係到情境的一致性。）

除了找出偽裝的表情，與情緒有關的謊言可能產生微量表情，呈現出隱藏的情緒，或洩露出面具之下原本感受到的情緒。舉例來說，微笑不會影響上眼瞼、眉毛與前額，所以在微笑之下所隱藏的情緒仍可能在臉的上半部表現出來。你可以看看在害怕

（第 204 頁的圖 J）、憤怒（第 178 頁的圖 E）、驚訝（第 204 頁的圖 I）與哀傷（第 143 頁的圖 S）時，出現在臉部上半的各種微量表情。

目前為止，我強調的都是如何發現隱藏或偽裝的情緒。當然了，許多謊言與感受無關，而是牽涉到行動、計劃、想法或價值觀。但即使是這種謊言，如果當事人對說謊有所感受，也可能產生可察覺的情緒疑點。人在說謊時最容易出現的三種情緒是害怕、內疚，以及有點出人意料之外的，喜悅。

說謊時最常見的情緒是害怕被逮到，但只有在風險較高時才會出現，也就是說謊的人認為可以得到的收穫與必須避免的處罰都很大的時候。但即使如此，也不是所有說謊的人都害怕被逮到。如果說謊的對象一向都很容易受騙，或是說謊的人過去一再成功騙過這個對象或與這個對象類似的人，說謊的人就不太會感受到或表現出害怕。

內疚是另一種在說謊時可能經驗到的情緒。當謊言得到授權時，就不太可能有內疚感，比如說謊的人是臥底的警察、潛入別國的間諜，或是明確被鼓勵誤導產品效果的推銷員。當說謊並沒有得到授權，或對於是否有責任說真話感到模稜兩可時，就可能因說謊感到內疚，特別是說謊的對象並不容易被指責成卑鄙或不公正的人，而說謊的人與其對象有共同的價值觀，期待擁有持久的關係時，更是如此。

另一種和說謊有關的情緒，我稱為**愚弄人的喜悅**（duping delight），我將之定義為純粹出於嘗試控制另一個人而有的挑戰與冒險，所得到的樂趣。愚弄人的喜悅感裡很有可能結合輕蔑、興奮和樂趣。這種喜悅感很難隱藏起來，往往促使人自吹自擂而被識破謊言。特別是說謊的對象若被認為是很難上當的人，而說謊的人身邊有其他人知道這是謊言時，最容易出現這種情緒。

　　進行嚴重的謊言時，會感受到的不只有上述幾種情緒。所謂嚴重的謊言是指謊言對說謊的人或對象會導致重大的後果。說謊的人可能基於種種理由，對說謊的對象感到生氣，但又認為自己必須隱藏怒氣才能讓謊言成功。同樣的，說謊的人有可能對其對象感到厭惡，或可能因為說謊而對自己有這些情緒。

辨識是否說謊必須謹慎

　　繼續深入之前，必須先談一下三件非常重要的告誡。我先前解釋過，說謊本身並沒有標誌，只有疑點。不符合情境的情緒有可能是疑點，但情緒的產生可以有諸多原因，不一定是出於說謊。我在第 95 頁強調情緒的訊號本身並沒有說明產生的原因，我們若一下跳到結論就認為觀察到的情緒是因為說謊，而沒有考慮其他可能引發情緒的因素時，就是冒著犯下奧塞羅錯誤的風險。當我們很想做出這種判斷時，必須先容許模糊的空間，直到取得更多資訊，可以確認疑點是出於說謊而不是其他因素。

　　事實上，當人知道自己處於被人評斷的處境時，評估者本身有時就有可能促使當事人表現出如果說謊會被逮到的害怕情緒；評估者甚至也可以降低說真話的人擔憂被懷疑的可能性。我的同僚馬克・法蘭克（Mark Frank）與我做過許多受試者說謊或說實話的實驗，有些與其政治信念有關，有些與他們是否拿取不屬於他們的金錢有關，我們針對評估者的影響做了實驗。[8] 我與受試者開始面談之前，會帶一本《說謊》，告訴他們這是我寫的書，我說：「我是專家，如果有人說謊，會被我逮到（增加那些可能說謊的人的恐懼），但如果說真話，我也會知道（減少說真話的人覺得不被相信的恐懼）。」即使你不是專家，也可以強調你有開放的心，不會帶著成見，但會謹慎、仔細地評估他們說的每一件事與其他所有可被觀察的事，以嘗試減少無辜的人害怕自己不被信任。

奧塞羅錯誤最容易在害怕的情境下發生，因為無辜的人可能因為不被信任而害怕，這有時是很合理的。但奧塞羅錯誤也可應用於任何情緒，誠實的人可能表現出內疚，他只是因為被懷疑就有內疚的傾向，且輕易表現出來。內疚也可能是被當下討論的主題引發的，不見得是因為說謊。比如有位陸軍中士的例子，他是第一位發現鄰居裸屍的人，對方是另一位陸軍中士的迷人妻子。審訊時，他否認謀殺，卻三度無法通過測謊。當直接證據讓真正的謀殺犯現形時，他才被釋放。這位陸軍中士為何無法通過測謊呢？原來他一直對鄰居有性幻想，當他看到她的裸露屍身時，雖然她已死亡，他卻仍感到性的興奮，他對這種反應感到內疚，每當被問到她的死亡與他發現屍體的情形時，他就覺得內疚，而這個情緒導致他無法通過測謊。內疚就像任何其他情緒一樣有許多原因。

雖然我預期無辜的人受到懷疑時不太可能表現出愚弄人的喜悅，但仍可能發生。最近有外國的警方向我諮詢案情，一位青少年被懷疑謀殺了前女友，面談的錄影中，他有許多輕蔑的表情，以及一些愚弄人的喜悅的跡象，然而並沒有說謊的其他跡象，我判斷他在面談中的情緒跡象並不足以定罪。他是反文化又有藥癮的年輕男子，這種人很容易對警察表現出優越感和輕蔑，有可能在他到底是有罪還是無辜的審訊中，很享受對審訊者的玩弄。

在所有這些情境中，情緒都不會告訴我們來源是什麼，而疑點也不是說謊的證據。微量表情中隱藏的情緒，或是與言詞、聲音、手勢矛盾的正常臉部表情，都表示我們需要進一步的解釋，如此而已。因為很重要，所以我再說一遍：疑點表示我們需要找出更多資訊，以對真實性做出正確的評估。

事實上，由於微量表情發生得如此快速，很可能被忽略。若用最近相當受歡迎的麥爾坎‧葛拉威爾（Malcolm Gladwell）在他非常有趣的書中用語來說，就是一瞬間。葛拉威爾在《決斷2秒間》（*Blink*）【譯註】提供許多實例說明印象的形成與判斷的產生，是如何根據非常短暫的行為而在一瞬間形成的，並明確地以微量表情做為其例。[9] 但大多數人除非受過訓練，否則不會注意非常快速的微量表情。而許多事其實又更為複雜，即使知道有隱藏的情緒，也不足以了解其意含，特別在針對某人說謊還是說真話中要做出準確的評估時，更是如此。要做出判斷，需要更長的行為觀察，並了解其情境。

最後一項警告：並不是每一位壓抑或潛抑某個情緒的人都會表現出相關的微量表情。我們在研究中發現，刻意說謊的人大約有半數會找到微量表情。微量表情的出現代表有某種意義（存在某個情緒，且被隱藏起來），但沒有微量表情並不能說明這個人是否隱藏了情緒。我們仍然不知道為什麼只有一些人會在隱藏情緒時產生微量表情。

有可以發現說謊的具體線索嗎？

整體說來，我們還**沒有**找到任何行為的改變是一定會出現在每一個說謊的人身上的；這就是為什麼想要揪出謊言的人必須學

【譯註】　英文原書名 Blink 的意思就是一眨眼之間。

習對行為舉止的每一個面向都很警覺，因為永遠不可能事先知道重要的資訊會如何出現。這件事總是讓電視節目採訪者和出版媒體的作家感到洩氣，因為我無法告訴他們一個在欺騙時非常確切的行為線索，他們都很失望。真的沒有這種線索！若有任何人說到有一個絕對可信的訊號指明人在說謊，假如不是受到誤導，就是在吹牛。

最重要的是，我不想給人一種印象，以為大部分謊言被發現是因為微量表情或任何其他與情緒有關的行為。有時謊言被發現與說謊者的行為舉止完全無關。謊話有可能被其他來源的明確證據拆穿，比如可靠的目擊者或實質證據。有時說謊的人忍不住向人自誇，向不可靠的人透露自己的祕密，因而被告發。惡名昭彰的間諜約翰‧渥克（John Walker）把機密賣給蘇聯，讓蘇聯知道美國如何為核子潛艇製造無聲的推進器，在他洩密之前，無聲推進器讓美國得到巨大的戰術優勢：蘇聯不知道美國的潛艇躲在哪裡，但蘇聯潛艇嘈雜的推進器會向美國海軍洩露自己的位置。渥克並沒有被測謊器或精明的審訊者逮到，而是向妻子吹噓蘇聯付給他多少錢，卻忘了她已是前妻的事實，而他還拖延贍養費的給付！她告發了他。

有時一切都是依據行為舉止的評估，例如，當沒有確切無疑的證據可以判定有罪或無辜時，罪行的起訴會進入審判（而不是在答辯中達成協議），由陪審團判斷真實性：根據證人說話的內容與方式，決定誰說的是真話。陪審團成員通常和證人沒有關係，也沒有多少時間觀察他們在主題改變時是否有行為上的改變。如果陪審團發現疑點，也很少提出後續的詢問，而是將之留給律師與法官。證人知道自己的陳述會被評估真實性，且說謊被識破的風險有時會很高。

然而，有些環境中，是否受過訓練來辨識欺騙時的情緒疑點，是非常重要的。911 劫機者在他們把飛機撞上世貿雙塔與五角大廈之前，多次被簽證面談官、移民局官員和機場工作人員詢問，只要他們的謊言有一部分被發現，就有可能預防 911 災難的一部分（如果不是全部）。這差一點就成真，一位機場審查官事後說他原本不相信一位劫機者，覺得對方的舉止很奇怪，可是他所受的訓練不足以讓他有把握根據疑點而有所作為，所以沒有留置那位劫機者加以進一步檢查，並核對其背景。

　　執法單位或國安職務裡的人目前大部分都沒有被教過如何進行面談，或是學到錯誤的觀念，以為有確切無疑的線索可以揪出說謊的人。更糟的是，當他們相信不可靠的線索時，很少得到回饋來了解自己做了錯誤的判斷，或是太晚才知道，以至於不記得是什麼因素造成他們做出錯誤的判斷。

　　那些接受訓練來評估真實性的人，大部分都是收到並非根據科學證據而有的資訊，有時甚至是科學研究已發現有誤的資訊。在一項實驗中，一個獨立實驗室訓練過的一群人運用目前專門訓練警察的公司所教導的線索（事實上，這間公司訓練的警察比美國任何其他公司都要多），結果發現那些受過訓的人在評估真實性時變得較不準確！ [10]

新的評估真實性訓練

　　我和心理學家馬克・法蘭克和約翰・尤里（他對語言和記憶的專業就相當於我對臉部表情與手勢的專業），以及已退休的兇殺案警探與心理側寫專家約翰・雅爾伯羅（John Yarbrough），根據科學證據與實地經驗，一起發展出一套新的方法，來訓練人如何評估真實性。我們只教導已被科學研究與實驗證實的資訊（許多是由我們自己的實驗室進行的），以及執法經驗得到的資訊（與我們一起發展課程的執法人員在真實世界的觀察）。我們想要提供至少三天的訓練，這樣才有時間演練與得到回饋，但由於我們教導的人大多都公務繁忙，無法休假三天，於是我們把課程壓縮到兩個整天。我們也教導美國、英國和加拿大的警方審訊員。由於警察本來就會懷疑學術理論是否能提供實用的資訊，所以我們在教導評估真實性的課程時，總是會安排具有多年執法經驗的人與研究行為和說謊的科學家一起教學，以預防他們的懷疑。他們發現透過訓練課程，可以看見並了解先前無法了解或產生誤判的行為。

我們還不知道什麼人會學到最多——那些原本最不擅長評估真實性的人，還是原本表現最好的人——或是否每一個人都有進步。我們也還不知道這種進步會維持多久，或是否需要複習的課程。幸運的是，美國政府將提供資金進行研究，來解答上述的疑問。

我們也為軍事情報與反情報官員提供訓練。軍事情報官員要審訊軍事行動的對象，比如在伊拉克，還有被懷疑想要傷害美國的對象。雖然許多宣傳資料談到審訊時會用不人道、殘酷或虐囚的方法，但很少人知道我們已教導一群情報局官員用我們的非強制方法來評估真實性。那些官員後來被分配到審訊方式備受爭議的巴格達中央監獄，並回報說我們的訓練在那個高張力的環境中是有用的。

反情報則完全是另一回事，目的是偵查那些刻意或在無意中向外國政府提供資訊的人，這些對象大多不知道自己正被人評估，直到做出逮補或驅逐出境的決定時，被懷疑的人才知道自己受到評估。有些被懷疑是間諜的人，會被餵以假訊息或只是被監視多年。反情報官員不會洩漏自己的身分，但會找到方法與嫌疑犯進行日常的對話，有時會持續一段時間。在這些情形下，我們不會教導評估者偽裝自己或隱藏意圖（也就是掩飾自己的疑點），而是教他們如何運用我們評估真實性的資訊來評估嫌疑犯。

數年前，我們受邀協助美國政府的外交辦事處（Foreign Service Institute，簡稱 FSI）訓練新進人員，他們的主要任務將會是面談想要申請美國簽證的外國人，目的之一是對那些說自己只是為了度假或短期停留，其實是想要非法打工的人，找出辨識謊言的方法。更重要的是辨識那些偷運毒品或金錢，甚至想要進行恐怖活動的人。

為了幫 FSI 發展課程，我們以兩人為一組，一位是科學家，一位是執法人員，將他們分別送到多倫多、開羅和墨西哥市，讓他們觀察新進的外事人員如何進行簽證面談。大量的申請人使得他們必須在每次不到三分鐘的面談時間裡，就要決定是否接受簽證的申請，或是要轉給別人進行更深入的面談。我去了墨西哥市，看到他們一天大約要面談一千件簽證申請。

當我一開始聽說面談只有三分鐘時，認為要教導 FSI 人員任何可以在這麼短暫的時間就能應用的方法，是不可能的事。但觀察了墨西哥市的面談，以及多倫多的面談錄影帶之後，就非常清楚我們的成果是可以應用的。如果提出的問題夠銳利、要求不只有「是」或「不是」的回應，且評估者注意疑點的話，三分鐘會發生許多事。

FSI 也在美國人來大使館或領事館想得到建議、更新簽證、安排撫養的小孩和他們一起出境等等事務中，運用我們的訓練來辨識疑點。舉例來說，經過我們訓練的一位外事人員，注意到一位海外美國人在面談中，被問到他自稱的家鄉時，臉部往上拉，有一瞬間出現典型的厭惡微量表情，這就足以引起懷疑，而由副領事進一步調查，並發現護照真正的持有者另有其人，正被關在佛羅里達的監獄。申請者本身是美國公民，但因為搶劫與性侵被另一州通緝。他已逃亡數年，先前使用假身分的護照。於是荷蘭警方逮捕了他。

機場安檢是更難以辨識那些想要進行破壞或犯罪者的環境，因為可能有問題的人數，占了很小的比例。每天有兩百萬人進入美國機場，超過百分之九十九的人是沒有問題的。試圖在他們之中找出恐怖分子就好像諺語所說的「在乾草堆中找一根針」，但找不到這根針卻會導致巨大的損害。根本不可能面談每一位要進入美國機場的人，以色列的安檢可以這樣做，因為每天只有五萬人經由單一的國際機場進入這個國家，但美國無法一一面談每天兩百萬的旅客。

機場安檢除了檢查機票、掃描行李和核對是否名列安檢名單之外，現在又多了新的一頁——行為觀察。交通安全局（Transportation Security Administration，簡稱 TSA）開發的方案現在包含了我們評估真實性的訓練，稱為篩檢旅客的觀察技巧（Screening Passengers by Observational Techniques，簡稱 SPOT），我們也為英國機場開發出相似的方案。SPOT 的人員並不是檢查你的背包或要你脫下鞋子的人，他們會站在一旁觀察每一個人，注意有沒有任何不對勁的事，尋找那些與其他排隊的人有不一樣行為的人，也許是一個微量表情，或是清單上眾多行為中的一種。如果出現好幾個可疑的跡象，SPOT 官員就會靠過去，向仍在排隊的那個人詢問幾個問題。在不可勝數的實例中，他們發現不尋常的行為大多有一個無辜的理由，比如有位表現出許多焦慮跡象的人是因為試圖回想出門前是否關好爐火。有些情形下會將人扣留，進一步詢問，這些人有很高的比例是通緝的罪犯、走私藥物或金錢、非法移民，或是恐怖分子。

評估真實性對公司風險管理也很重要，因為可以找出那些意圖傷害公司的人，比如商業間諜。我們正開始把我們的訓練應用到這個領域。

這套方法還可以用來協助提供醫療照護的醫師與護理師，比如健康照護專業人士可以更精確地評估病人是否為了獲得工作津貼而裝病，或是發現那些為了自己或子女身上不存在的問題而想要開刀的人（罕見的孟喬森症候群〔Munchausen Syndrome〕與代理型孟喬森症候群〔Munchausen Syndrome in proxy〕）。較常見的是，病人並沒有惡意，卻出於不好意思或害怕被拒絕，而往往隱藏其恐懼，比如對治療計劃或提供健康照護的人抱持懷疑的態度。病人也可能對他們是否遵循醫囑、服用藥物的詢問感到內疚而故意說謊。對於得了某種疾病，或是因為生病失去自立能力而產生的羞愧感，也可能促使人隱瞞自身症狀的嚴重性。到目前為止，健康照護專業人士，包括梅歐醫學中心醫學院的人，還只是為了瞭解情緒而接受訓練，未來有可能也會應用我們評估真實性的方法。

雖然大部分讀者不會想參加或無法參加我們評估真實性的課程，但這些課程中有一部分是可以不用上課就學會的。我發現我教的東西可以快速學會看見微量表情，於是設計了一套自學的互動式光碟「微量表情訓練工具」（Micro Expression Training Tool，簡稱 METT），使用 METT 大約一小時之後，就能明顯改善一個人看見微量表情的能力，METT 一直是訓練自己看見微量表情的最有效方法之一，且已得到證明。

　　由於微量表情總是因為有所隱藏──不管是刻意隱瞞或是潛抑的結果──你務必一直記住，你運用的資訊並不是對方想要告訴你的。如果不想讓那種知識對你和其他人造成破壞性的影響，就必須謹慎考慮要如何運用那份資訊。請不要擅自以為你知道自己看見的情緒是什麼原因造成的。憤怒的微量表情並不表示這個人對你生氣，他或她也許是對自己生氣，或是想起先前讓他或她覺得生氣的事件。第一個要考慮的問題是情緒指向什麼人。

　　第五到八章用實例說明在家庭生活、工作場所和朋友之間，如何運用你對各個情緒的微量表情和細微表情所取得的資訊。我在此要提出一些通用的原則，可以運用於你從微量表情或細微表情中取得的任何情緒資訊。

　　最好的做法往往是，對於你看到的，什麼都不要說，而是留意任何可能性。或是你可以問：「關於你的感受，還有沒有什麼想說的呢？」下一步也許會是：「我有個感覺，你剛才感受到的好像比你說出來的還要多。」你或許甚至可以具體指出你看見的情緒。你該如何回應，則要依據你們之間的關係，包括過去的關係與將來想要有的關係，以及你對這個人的了解。

　　你並不總是有權可以對你發現的情緒做出評論，即使只是模糊地評論也是如此。不過，我相信當人了解並承認彼此的感受時，關係通常會比較好，雖然並不總是如此。小心，不要讓別人覺得自己沒有隱私。

結論

與情緒共處

情緒有共通的主題，反映出演化的歷史，再加上許多從文化學來的變型，這些變型反映出個人的經驗。亦即，與祖先有關以及與自身生活有關的事，都能引發情緒。

我們體驗到相同的情緒，卻對這些情緒有不同的經驗。例如，我和太太生氣的經驗並不完全相同，我們一起住了二十幾年，彼此都知道這一點，卻覺得很難描述這種差異。我們就像大多數人一樣，並沒有檢視雙方經驗的參考架構有何異同。我們確知兩人生氣的誘因不完全相同，我開始生氣的速度比她快，除此之外，就不知如何進一步描述彼此的差異。當一方或雙方生氣時，我們會努力找出兩人生氣經驗的差異。可是，我們的經驗還是有某些共通性：使我們生氣的事通常都會妨礙我們正在進行的事；我們的臉部表情非常相似、聲音都變得尖銳、心跳加快、手掌變得更暖。我們的個別差異圍繞著情緒的共通性打轉。

我在本書最後一章談到情緒經驗的個別差異，是很恰當的，因為是根據我目前正在進行的研究而寫的，另一方面，我的朋友兼同事雷文生已經在過去十年對這個主題下過不少工夫。我最著名的成就雖然是情緒的共通部分，但目前正檢視相反的部分，就是個別的情緒經驗有什麼獨特性。我在研究共通性時，也注意到個別差異，而且在所有情緒研究中都可見到，只是因為情緒共通性的證據過於明顯，才暫時對個別差異置之不理。

我過去被共通性的疑問深深吸引，因為這個問題由來已久，許多著名的人都有不同的看法。我為了滿足自己而想解決這個爭議，至於個別差異的研究會吸引我，是因為能加深我對自己、家人和朋友的了解。我並不是想找出情緒經驗為什麼有差異，而是想先辨識人與人有哪些差異，知道我們的立足點，以建立個人體驗各個情緒時獨特的情緒圖像。令人驚訝的是，關於個人情緒經驗有何不同的最基本問題，竟然不曾被人提起，惶論提出解答。

我們確實知道人對特定情緒的經驗，在強度上會有個別差異，有些人的特徵就是非常強烈的生氣反應，有些人則是中度或輕微的生氣（而且不是出於刻意的控制）。有些人開始生氣的速度比較快，有些人的生氣會持續較久，有的人爆發生氣的時間很短暫。一旦生氣開始平息，有可能很快消失，也可能以很慢的速度消退。所以先從這四種方式來看情緒經驗的差異：情緒開始的速度、情緒反應的強度、情緒持續的時間、情緒消退所花的時間。由此可以提出許多有趣的問題：生氣速度快的人，也會比較快消退，還是需要較長的時間才能平息？如果你開始生氣的速度很快，是否表示會有很強的生氣反應，還是強度也可以不高？如果生氣非常強烈的話，是否表示持續的時間會很短，還是會持續很久？

根據我的研究看來，這些問題已得到一些答案。令人吃驚的是，每一種可能的組合都會發生。以反應強度和速度之間的關係來看，我原本預期反應快速的人通常也是反應強烈的人，結果卻發現反應強烈和微弱的比例是一樣的。而反應速度慢的人，同樣包括反應強烈和微弱的人。反應期間（情緒持續的時間）和反應強度的關係，也是如此。我以為反應強烈的人，情緒會持續較久，結果不然，反應強烈的人，有些持續較久，有些持續較短；而反應微弱的人，也是有些持續較久，有些持續較短。我們還在進行這項研究，提出其他問題以了解個別差異。

　　情緒發生的頻率是了解個人**情緒圖像**（emotional profile）的另一個重要特徵，你可能是生氣速度較慢的人，從來沒有大發雷霆，持續的時間相當長，然後立刻消退，但你可能一年只生氣幾次，也可能一週就生氣好幾次。出現情緒的時候，會如何控制言行和感受，也是各人情緒圖像的重要部分，而另一個面向就是以什麼方式讓別人知道我們的感受。有些人即使沒有試圖控制自己的感受，也只以非常隱微的跡象表現感受；有些人則表現得很強烈，即使企圖控制情緒，還是在表情和聲音中清楚表現出情緒。最後一項差異則是各人最容易引發情緒的誘因有何不同。

　　我們表現某種情緒時的特徵（比如生氣），也適用於害怕或哀傷嗎？一個人的生氣、害怕、哀傷是否只有一種情緒圖像呢？比如快速發生、中等強度、較長期間、快速恢復、常常出現、容易用一種清楚的跡象來控制。我們可以從另一個層面來問：如果一個人的表情或聲音有強烈的情緒訊號，是否自主神經系統也會有強烈的變化，還是兩種情緒反應系統之間是無關的呢？如果根據情緒圖像中我們已經能檢視的部分：一個人的反應力量從生氣、害怕、哀傷到嫌惡，都是相似的，且在表情中顯示的力量，與自主神經系統反應的力量是相似的，就此而言，這些問題的答案似乎是「是的」。但我們還需要更多研究，以印證這項發現，並檢視情緒圖像的其他面向。

如果你有興趣畫出自己的情緒圖像，以及另一個與你親近的人的情緒圖像，可以從下述網站找到工具：paulekman.com。

　　現在容我來描述在情緒裡發現的共通特徵。綜合前述各章的觀念，情緒有下述明確的特徵：

- 情緒是我們體驗到的一種感受、一組身體感覺，而且我們常常能覺察到它。

- 情緒事件可能很短，有時只持續幾秒，有時比較久。如果持續到幾個小時，就稱為心情，而不是情緒。

- 情緒是某種對人很重要的東西。

- 我們對情緒的經驗，好像是發生在我們身上的事，而不是出於我們的選擇。

- 我們會不斷掃描周遭環境，尋找對我們重要的事，這種評估過程通常是自動的。除非超過一段時間，否則不會意識到自己的評估。

- 情緒有一段不反應期，在情緒剛開始時，會過濾記憶儲存的資訊和知識，只取用支持當時情緒的資料。不反應期可能只持續幾秒鐘，也可能持續很久。

- 完成起初的評估後，一旦情緒被啟動，我們就知道自己出現情緒。如果能意識到自己陷在情緒之中，就能重新評估當時的處境。

- 情緒有共通的主題，反映出演化的歷史，再加上許多從文化學來的變型，這些變型反映出個人的經驗。換句話說，與祖先有關以及與自身生活有關的事，都能引發情緒。

- 渴望經驗或不要經驗某個情緒，會激發許多行為。

- 有效的訊號（清楚、快速、共通），能讓別人知道我們的情緒。

- 雖然不容易，但偽裝的情緒表情根據以下幾點是可以看穿的：明顯的不對稱，缺少真誠表情中很難刻意做出來的特定肌肉動作，表情出現的時間與說出來的話並不一致。
- 情緒被微笑遮掩時，仍可能在上眼瞼、眉毛與額頭洩露出真正的情緒。

　　結束本書前，我想稍微談一下內疚（guilt）、羞愧（shame）和尷尬（embarrassment）。[2]*這些情緒並沒有獨特的臉部表情。內疚與羞愧很難與哀傷區別，唯一可能不一樣的就是頭可能會轉開來。不過，對內疚和羞愧而言，這種情形是合理的，因為一個人感受到這些情緒時，本來就不想讓別人知道，所以可能沒有演化出明顯的訊號。尷尬則較有問題，臉紅並不足以成為尷尬的訊號，因為無法觀察深膚色的人是否臉紅。凱特納曾證明尷尬不同於生氣、害怕、嫌惡、輕蔑、哀傷和快樂，並沒有獨特的瞬間表情，而是在一段時間中出現一系列表情。[3]也許尷尬比較晚才進入演化史，沒有足夠的時間發展出有效的訊號。

　　羨慕（envy）也是一種情緒，符合上述大部分的情緒特徵，唯一的例外是似乎沒有訊號。[4]我不認為**妒忌**（jealousy）是一種情緒，而是情緒的場景或情節，其中有三個演員，有一個人害怕失去另一人的注意，第三人則是競爭者。在這種情節中，我們可以描繪各人可能有什麼情緒，但他們的情緒並不是固定的。競爭

---

* 我相信達爾文在一八七二年的主張是正確的，他說：「引發尷尬的原因，主要是對自己的注意，特別是針對自己的外觀，感覺就好像對稱讚的反應有如受到貶抑一樣。」

者可能覺得內疚、羞恥、害怕、生氣或輕蔑，要視情境而定。擔心另一人對自己失去興趣的人，可能覺得生氣、害怕、哀傷或嫌惡。被第一人和競爭者爭取注意的另一人，也可能有許多不同的情緒。

雖然尷尬、內疚、羞恥和羨慕都沒有清楚有效的訊號，但我毫不懷疑它們都是情緒。由於我沒有針對這些情緒做研究，所以決定不另立章節討論。

我已描述許多充斥生活中的情緒，解釋各個情緒的常見誘因、情緒的用處、如何辨識情緒最細微的表情，以及如何在工作場合、家庭生活和友誼中，運用細微表情傳達的資訊。開頭幾章提出大多數人在情感生活的經驗中，最值得深思的兩個問題，解釋為什麼情緒升起後非常難改變，但不是不可能改變，只是很困難。我們需要辨識自己最強烈的誘因，了解有哪些因素會影響我們是否能減輕誘因。同樣困難，但不是不可能的，就是在情緒當頭如何改變我們的行為，不致於對別人或自己造成傷害。關鍵在於發展我所謂「專注」的覺察力，能在情緒開始的時候就知道自己有情緒。我提供了一些練習，有助於覺察情緒中的身體感覺，使我們更加注意情緒，我同時還談了其他覺察情緒的方法。

數十年前，我開始研究情緒時，全世界沒有幾個人做這方面的研究，現在已有好幾千人。最近剛出版一本手冊，內容有四十幾章，分別描述關於各種情緒、心情和情感傾向的發現和疑問，[5] 我在本書不打算含蓋所有已知的學問，只篩選出有助於了解與改善情感生活的知識，以及我最熟悉的部分。未來十年，必然還會增加許多新的發現。

後記

> 　　學習正念有益於對情緒性行為的覺察，有些人
> 最終會改善對衝動的覺察。當我們知道如何看表情
> 時，有時可能會在顯露出細微表情的人表現出情緒
> 前，就知道他們有何感受，而這也是本書強調的重
> 點之一。

　　我想再分享一些想法，與本書一開始概略提到的情緒技巧之
一有關，就是當情緒出現時，加以留意，有意識地去覺察。

　　大自然並沒有讓我們在情緒浮現的早期，就能輕易做出有意
識的覺察，更何況我們會自動對引發情緒的周遭世界做出評估。
大部分人都不太可能覺察到引發情緒事件的自動評估過程，丹尼
爾‧高曼稱之為**對評估的覺察**（appraisal awareness）。[1]但若透過
辛苦的努力，發展出一些大自然沒有提供、不容易獲得的技巧，
有些人可以因此學會**對衝動的覺察**，也就是在行動之前就覺察到
引發情緒的衝動。我不認為情緒的演化方式會促進我們對衝動的
覺察，比較像是情緒系統並不想讓我們的意識系統進行干涉。

　　我的心理治療督導法蘭克‧戈曼（Frank Gorman）早在
四十五年前就告訴我，要把目標放在幫助病人強化衝動與行動之
間的間隙。佛教徒談到在火焰（意指表現出情緒的行為）之前就
辨認出火星（意指引發情緒的因素）。他們都沒有要我們辨認會

引發火星的評估。西方人與佛教徒對此的觀點是相同的。

　　對衝動的覺察是很高的標準，我不認為每一個人都能達到，即使有人達到這個標準，也很難持續做到。[2] 但為了發展對衝動的覺察而做的努力，會有益於我們**對情緒性行為的覺察**，也就是一旦開始以語言和行動來表現情緒狀態時，能加以辨認，這是幾乎每一個人都有可能做到的。如果你能在情緒開始驅動行為時就加以覺察，就能有意識地考慮自己的情緒狀態在當下的情境是否適當，如果適當的話，則要覺察你的反應強度是否恰當，並以最具建設性的方式來表現。

　　由於這一點非常重要，所以我要在此總結一下可以增進**情緒性行為的覺察**的一些方法，這對某些人而言，有時也可以增進**對衝動的覺察**：

- 經常做一些練習來促進自己覺察情緒升起時的身體變化，這些變化會提醒你有情緒升起。（第五、六、七、八章中間可見到這些練習。）
- 將自己的情緒事件記錄下來，特別是你將會後悔的情緒表達方式，好讓自己辨識在什麼時候會升起情緒。這會讓你在遇到強烈的誘因之前就預先做好準備，並藉由考慮自己是否夾帶了過去情緒經驗的腳本，而讓這些誘因得以冷卻下來。（若想了解更多，請回顧第 80-90 頁。）
- 學習去觀察你的交談對象的情緒反應，透過他們的反應來看見自己升高的情緒。

　　我還想談一個與此互補的取向，正念冥想（mindfulness meditation）。【譯註】我在本書的初版並沒有多談，因為冥想可以改善情緒生活的證據才剛開始累積，結果充滿希望，但現在要說發生了什麼確切的進步、是否對每一個人都有益、效益可以維持多久，還爲時太早。再者，我先前也無法了解爲什麼把覺察力聚焦在呼吸會對情緒生活有益。

就如諺語所說的晴天霹靂那樣的突然，我寫這篇後記之前幾個星期，忽然想到了解釋。學習把注意力的焦點放到不需要意識監控的自動過程，這種練習本身就會創造出注意其他自動過程的能力。我們的呼吸不需要經過思考，不需要有意識的指示各個吸氣與吐氣，大自然並沒有要我們把注意力放到呼吸。當我們試著專注於每一次呼吸，會發現很難持續超過一分鐘，思緒會讓我們分心。學習把注意力聚焦在呼吸，需要每天練習才能發展出新的神經路徑讓我們做這件事。奧妙之處在於：這些技巧會轉移到其他自動過程——有益於**對情緒性行爲的覺察**，有些人最終會改善**對衝動的覺察**。我向知名的冥想專家、還有情緒與大腦的專家請教，請他們檢視我的解釋，他們都認爲有道理。[3]

我建議嘗試正念冥想，看看對你是否有用。就如我先前所說，這並不容易，而且除非規律練習，否則對你的情緒生活沒有多少益處。每一個大城市的電話簿都會列出教導冥想的地方，且大多都不收費。有許多種不同的冥想方式，建議你找的是正念冥想。也有許多書籍教你學習自己做。[4]

接下來要談增進對別人有何感受的覺察。

我在第十章談到微量表情可以顯露出隱藏的情緒，但沒有談到臉部表情的**細微變化**，這是在第五到八章談到的。如果你知道

【譯註】　第四章談到mindfulness時，譯爲「觀照」，因該處上下文有做動詞使用，譯爲「正念」並不順暢。但近年此冥想方式已在台灣流行，故此處從眾譯爲「正念」，以免讀者混淆。但要強調正念並不是指正確的觀念，而是不偏不倚如實覺察。

要看什麼，有時可能會在顯露出細微表情的人表現出情緒前，就知道他們有何感受。有時在對方知道自己做何感受，但不想表現出來的時候，仍會表現出細微表情，也就是避開了他們想要審查自身表情的企圖，我稱之為洩露。[5]

附錄中的測驗，以及第五到八章伊芙的圖片，展示了我發現的所有細微表情。我製作了一片光碟叫細微表情訓練工具（Subtle Expression Training Tool 簡稱 SETT），讓這些照片在你眼前生動的閃現，你越練習就會越擅長辨識。

我發展出一片同時提供微量表情訓練工具（Micro Expression Training Tool，簡稱 METT）與細微表情訓練工具（SETT）的光碟，已經有許多職業中成千上萬的人使用，我也才剛完成這些工具的改良版。第二版的微量表情訓練工具裡面有八十四位不同人的照片，一半男性一半女性，分屬六個不同的族群。第二版的細微表情訓練工具則含蓋了分屬六個族群的男男女女的照片，以及本書裡的照片。

技術的取得並不容易。有些需要持續練習才能維持，比如我先前談到的覺察技術；有些則像學騎腳踏車，一旦學會就不會忘記，不需要持續練習。我認為你從 METT 和 SETT 學到的比較像後者，練習會有一段時間的效益，然後很快就可以減少練習，接著你就擁有它，你的眼睛已受到良好的教育。

但只有技術而沒有知識是不夠的。若要改善你的情緒生活，你就必須了解各個情緒：它的故事背景、引發該情緒的普遍主題、這些主題有些會有較常見的變形、情緒的功能（對我們有什麼用處）、情緒與心情的關聯，以及可能在什麼時候、會如何涉及情緒疾病，就如第五到九章解釋過的。由於情緒的研究持續快速增加，我相信不出幾年就會有更多資訊，請拭目以待。

【附錄一】
表情判讀測驗

　　我建議讀者在閱讀本書前，先做一次附錄的測驗，讀完五到九章後，再做一次。如果你第一次做這個測驗，特別是尚未研讀本書時，請先閱讀本文，了解如何從測驗得到最大的收穫後，才去看接下來幾頁的照片。

　　你爲什麼想做這個測驗呢？難道不是每個人都已知道如何解讀臉部的表情嗎？我的研究不是證明解讀表情是天生就有的能力嗎？我雖然相信人不需要學習，就知道如何產生情緒的臉部表情（因爲這是透過演化事先設定的，在情緒升起時會自動出現），但我還不確定辨識情緒訊號的能力，也是由事先設定的指令來運作，還是早年生活學來的。而且可能還有介於兩者之間的觀點，就是極度混亂的早年經驗會破壞或傷及事先設定的指令。雖然無法確定辨識能力受損的眞正原因，但已知道受忽視和虐待的兒童，在辨識情緒的不同表情時，不如健康成長的兒童。[1]

　　幸運的是，大部分人的童年沒有受到忽視和虐待，當表情明顯或沒有刻意隱藏情緒跡象時，可以從面容和聲音辨識情緒的表現。但現實生活卻不是如此，我的研究[2]顯示大部分人不會運用本書所提較細微表情所含蓋的訊息。在許多對話中，較常見到細微的表情，比例遠高於強烈的表情；細微的表情常常是最重要的，因爲能知道對方有什麼未說出的話。

當情緒剛開始出現，又不強烈時，肌肉輕微的收縮會顯示非常「不明顯」的表情，或是只露出「部分」表情：只在臉上某個部分看得到，並沒有「完整的」表情。（請注意，並不是所有情緒在一開始出現時的強度都不高，有可能從一開始就非常強烈。）當人試圖調整自己的情緒表現，避免露出跡象時，也可能產生不明顯或部分的表情。所以，看見不明顯或部分的表情時，可以假定情緒剛開始出現，或是被對方控制而減弱。

如果試圖消除所有情緒的跡象，也可能產生「微量」表情，就是表情出現的時間很短，通常不到五分之一秒。當人刻意隱藏感受的所有跡象時（此人知道自己的感受，但不想讓別人知道），會出現微量表情。微量表情也可能出於潛意識的抑制，這時本人並不知道自己的感受。

微量表情可能是非常短暫的完整表情，也可能是短暫、不明顯的部分表情。三者結合起來時（非常短暫、部分表現，又不明顯），可說是最難辨識的表情。但你還是可以學會如何辨識。

測驗說明

準備一張有橫格的紙，從一到十四標出號碼，頂端寫好下述字眼：生氣、害怕、哀傷、嫌惡、輕蔑、驚訝、愉快。這些是下列十四張照片所顯示表情的可能選項，如果你覺得上述七種情緒都不適用於某張照片的表情時，可以用你自己的話來寫。你還需要一張紙片當書籤。

看每張照片的時間，只能有幾分一秒，好像觀察微量表情一樣。稍後，你還會有機會看久一點，並看看是否能有更好的解讀。

你看見的臉孔大小應該和真實生活一樣，也就是正常人的臉孔大小。由於照片中的臉比正常人小，所以你必須放在一隻手臂遠的距離來觀看，使其大小相當於平常談話距離的臉孔。

一次只能看一張照片，盡可能以最短的時間來看，然後立刻闔起書本。（記得放書籤，以便看下一張照片。）你通常無法知道照片中人的情緒是什麼，但請不要看第二次，根據直覺來判斷，必要的話，不妨用猜的，因為你可能看過這種表情（請記得，這些表情是共通而根深柢固的），卻不了解其意義。從答案紙上方列出的情緒名稱，擇一寫下，或是用你自覺比較適合的字眼。照這樣的步驟，逐一看完十四張照片。

接下來是你的第二次機會，這次可以看久一點。最好先休息幾分鐘，並使用另一張答案紙，才不會受上一次作答的影響。做好準備後，把書放在一隻手臂遠的距離，每張照片只看一秒鐘（你可以緩緩地說「一千零一」，大約等於一秒的時間），然後寫下你的解讀。你可能覺得奇怪，表情通常會持續更久，為什麼只能看一秒鐘？因為我們發現在談話時，大部分表情持續的時間在半秒鐘到兩秒半之間。雖然許多表情比一秒鐘久，但在平常對話中，你的注意力會被對方的言語、聲音和身體動作吸引，加上你會思考對方的言行，更何況還有其他令你分心的事。

現在已做了兩次測驗，如果你很有耐性的話，可以再做一次，這次你想看多久都沒關係。

想看答案時，請翻到第 298 頁。請計算你憑直覺所得的分數，和反覆練習後得到的分數。

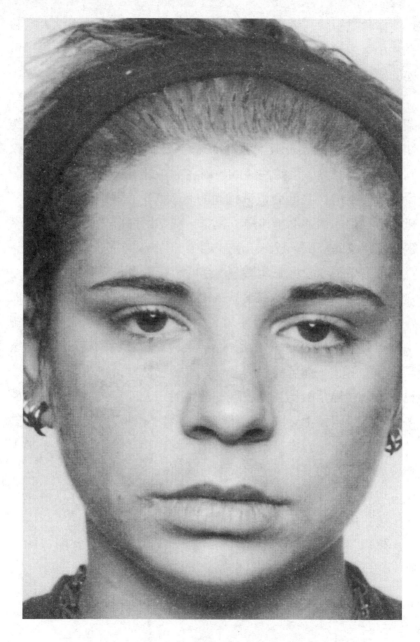

照片一

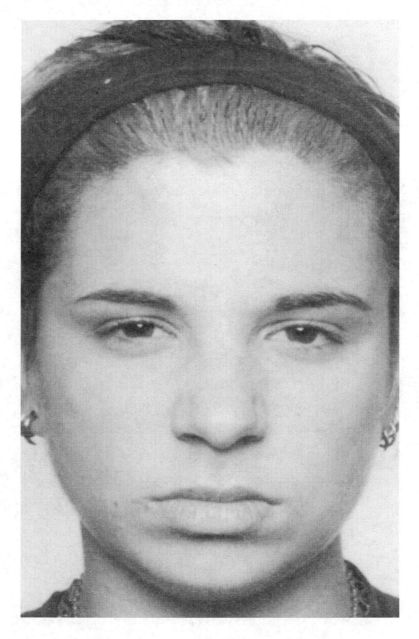

照片二

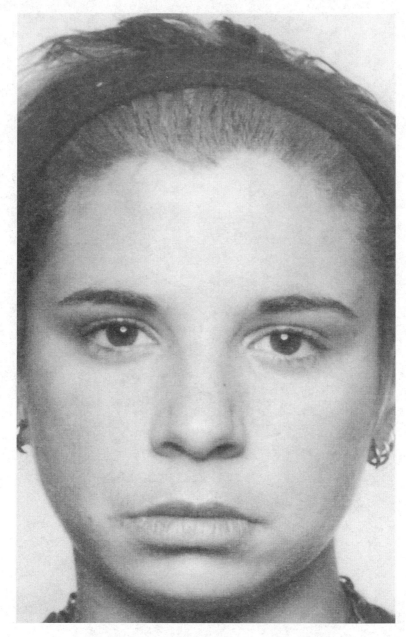

照片三

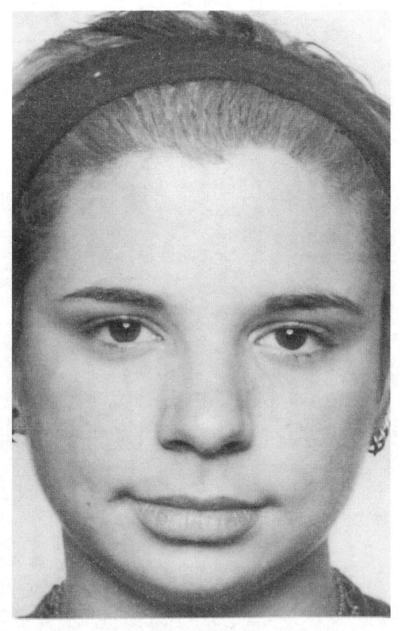

照片四

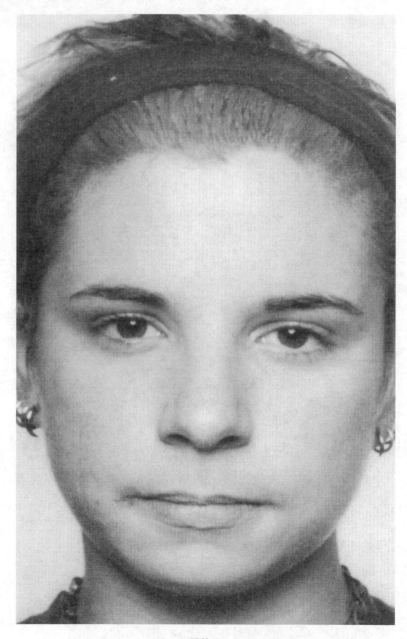

照片五

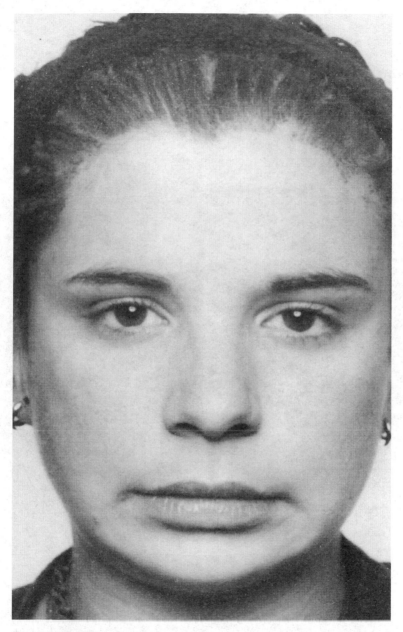

照片六

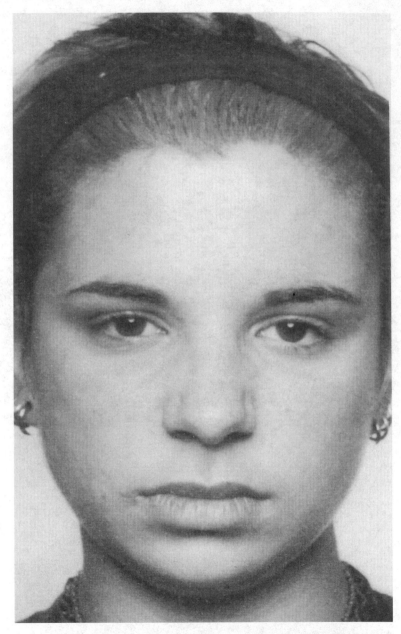

照片七

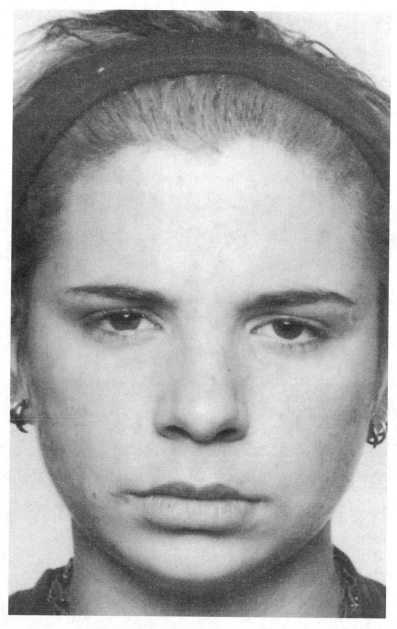

照片八

照片九

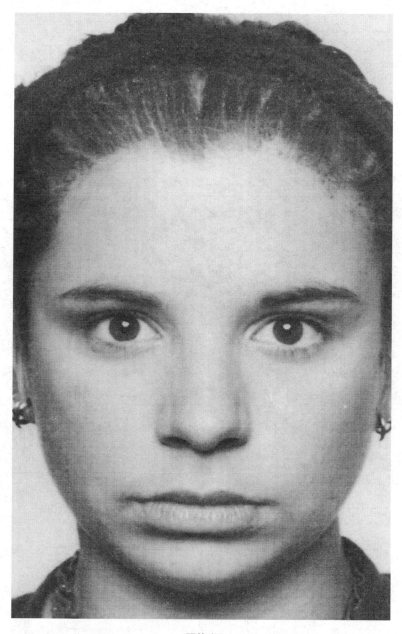

照片十

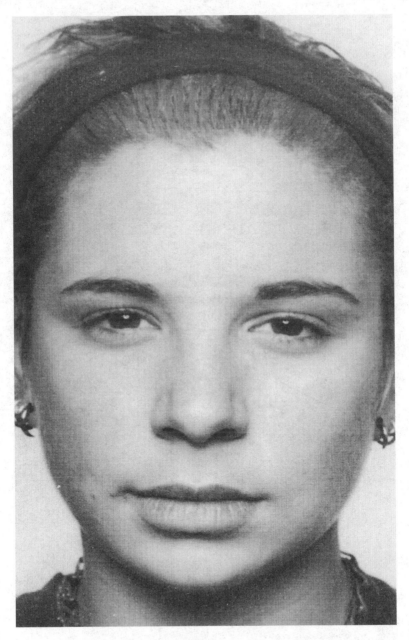

照片十一

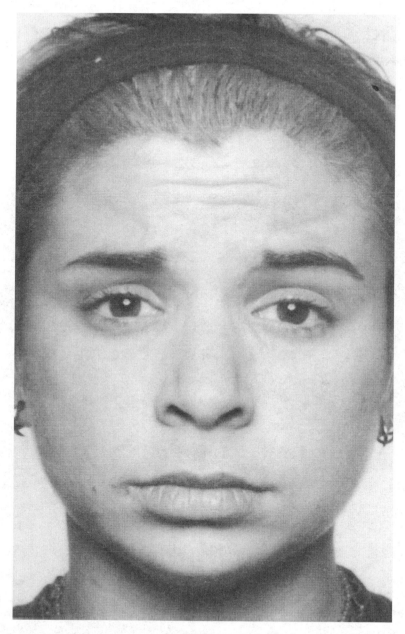

照片十二

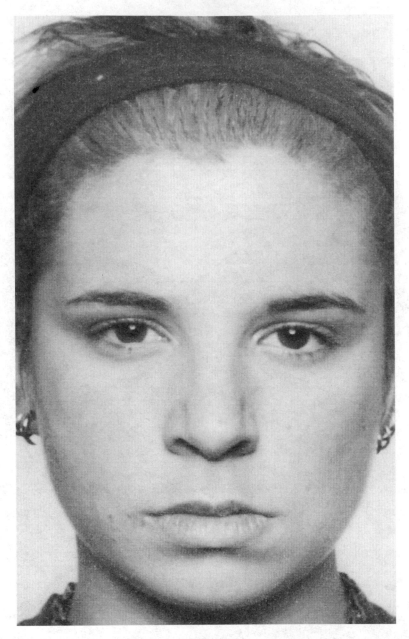

照片十三

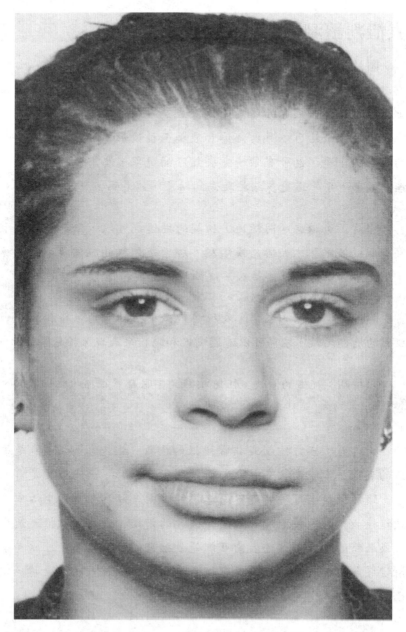

照片十四

表情判讀測驗的答案

照片一：輕微的哀傷。如果你想到任何相關的字眼，比如「沮喪」、「情緒低落」、「憂鬱」，都算正確答案。這個表情的上眼瞼下垂，如果你的答案是疲倦或想睡，也算正確，因為照片中下垂的上眼瞼可以見於疲倦和哀傷兩種情形；可是，疲倦造成的上眼瞼下垂，也會有眼睛失去焦點的現象，偶爾會有打呵欠或搖動頭部。想知道更多關於哀傷的跡象，請看第五章。

照片二：嫌惡。同樣地，相關的描述也可以，但不能是與生氣有關的字眼，比如惱怒或煩躁。線索是輕微的肌肉收縮，使鼻子皺起來和眼睛變窄。第八章詳細解釋生氣和嫌惡的差異。

照片三：輕微的哀傷，表現於輕微下拉的嘴角。請和照片一放鬆的嘴巴比較。哀傷可以透過嘴巴和眼瞼來表現，詳見第五章。

照片四：輕微的愉快，任何相關的字眼都算正確，比如高興、覺得很好、舒服。請和照片一的嘴巴比較。第九章描述愉快的表現。

照片五：極力控制或非常輕微的生氣（惱怒），也可能是果斷的表情。當線索只有嘴唇稍微緊閉和變窄時，無法確定是哪一種。雖然模稜兩可，卻是不應忽視的線索，因為在真實生活中看見這種表情時，從當時的氛圍和彼此的對話，或許可以推斷是生氣或果斷的跡象。這種表情可能是最初期的生氣跡象，可以在事情變得無法挽回前提醒你；有時當事人還不知道自己生氣時，就已出現這種訊號。第六章談到更多生氣的跡象。

照片六：輕微或高度控制的害怕。解讀這種表情時，最常見的錯誤就是看成嫌惡的跡象。害怕的線索在於略為拉長的嘴唇，有時在描述或想起以前令人害怕的事，但當下並沒有真正害怕的感覺時，也會露出這種細微的害怕表情。第七章討論害怕。

照片七：嫌惡。這張照片的線索不在眼睛或鼻子，而是略為抬高的上唇。也可以用「輕蔑」來描述這種表情。第八章詳細討論嫌惡。

照片八：不舒服、不快樂、不幸、困惑……都有可能，也都和生氣的主題有關，也就是在達到目標的路上遇到阻礙。這種表情甚至可能是高度控制的生氣，下壓的眉毛、繃緊的下眼瞼，都是生氣的訊號。想有更多了解的話，請看第六章。

照片九：經過掩飾的生氣表情。這個人看起來很快樂，因為有微笑的嘴巴，可是眉毛不符合愉快的情緒，有可能是企圖以笑容掩飾生氣（從眉毛得知），也可能是生氣和愉快的混合，或是因為困惑而覺得逗趣。照片中的眉毛和照片八相同，可是動作更明顯。關於生氣，請看第六章。

照片十：害怕或驚訝，也可能是全神貫注的表情。當線索只有抬高的上眼瞼時，很難確定是哪一種情形。如果是害怕或驚訝的話，有可能是情緒很輕微，或是受到高度控制的強烈感受。第七章詳述害怕和驚訝。

照片十一：受到控制的生氣，剛升起而非常輕微的惱怒，或是精神無法集中於某件事（包括字面和比喻的意含）。當線索只有繃緊的眼瞼時，要靠當時的背景來解釋對方的情緒。關於生氣，請看第六章。

照片十二：擔心、憂慮或受到控制的害怕。眉毛的位置是這些感受最可靠的訊號之一。第七章說明如何從眉毛區分這些感受和驚訝的差別。

照片十三：受到控制的生氣或惱怒。線索在向前推的下巴，下眼瞼也略為繃緊。第六章詳述各種程度的生氣表情。

照片十四：輕蔑、自鳴得意或不屑。一側嘴角繃緊，顯示是這方面的情緒。關於輕蔑的詳細內容，及其與嫌惡的區別，請看第八章。

不論你誤判了幾張照片，都不用擔心。大部分人快速看這些照片時，答對的題目不會超過五個，即使看久一點，也很少有人超過十個。這些照片很難判讀，因為都是部分或輕微的表情，有時還有兩種表情混雜在一起。等你看過內文的解釋，了解各個情緒如何在臉上流露，並看了許多細微表情的照片，更了解臉部的訊號之後，就比較容易辨識這些情緒了。

我在本篇文章一開始，解釋有三種細微的表情：部分、輕微、微量。如果你能掌握本測驗中輕微和部分的情緒表情，或是別人臉上一閃而過的微量表情，請牢牢記住，你無法確知對方為什麼以這種方式顯露表情。以下是幾種可能性：

輕微表情
- 情緒剛剛開始
- 輕微的情緒
- 減弱的情緒
- 試圖隱藏情緒，但不成功

部分表情

- 輕微的情緒
- 減弱的情緒
- 試圖隱藏情緒，但不成功

微量表情

- 刻意壓抑情緒
- 潛意識壓抑情緒

　　有這麼多可能性，好像難以有效運用表情的資訊，不過，能覺察別人感受到的情緒，已是改善溝通的一大步。在某些情形中，根據背景和部分或輕微的表情，或許能辨識別人剛剛升起的情緒；你在對方不反應期的回應方式，可能產生相當不同的結果（詳見第三章）。有時，你可能在對方還不自知時，已先知道他的情緒，特別是壓抑造成的微量表情訊號，會讓你有這種先見之明。你也可能偶然發現對方試圖減弱或隱藏情緒的流露，進而影響你對其言行的反應。當你越來越熟悉五到九章描述的各個情緒家族，並練習分辨輕微和部分的表情後，就會發現這種強而有力的資訊可以應用到友誼、工作場合和家庭生活。

　　如果想買光碟片，以練習辨識本書所有的細微表情，請到 https://www.paulekman.com/ 網站購買，此網站也提供其他光碟片，可以學習如何辨識非常短暫的微量表情。[譯註]

【譯註】該網站已把光碟的販售改為線上教學。

【附錄二】
註 釋

第一章　跨越文化的情緒

1. Ekman, P. & Friesen, W. V. 1969. "The repertoire of nonverbal behavior: Categories, origins, usage, and coding." *Semiotica*, 1: 49–98. Ekman, P. & Friesen, W. V. 1974. "Nonverbal behavior and psychopathology." In R. J. Friedman & M. N. Katz (eds.), *The Psychology of Depression: Contemporary Theory and Research*. Washington, D.C.: J. Winston. See pages 203–32.
2. I am in debt to Carrol Emmons who wrote to each of us and suggested that we meet because of our overlapping interests.
3. Ekman, P., Sorenson, E. R. & Friesen, W. V. 1969. "Pan-cultural elements in facial displays of emotions." *Science,* 164 (3875): 86–88.
4. Izard, C. 1971. *The Face of Emotion.* New York: Appleton-Century-Crofts.
5. Birdwhistell, R. L. 1970. *Kinesics and Context.* Philadelphia: University of Pennsylvania Press.
6. I first described display rules in a *Semiotica* article with Wallace V. Friesen, "The repertoire of nonverbal behavior," 1969. A less elaborate version of this idea can be found in the writings of Otto Klineberg and others who preceded me, although I did not know that at the time I wrote. Kleinberg, O. 1940. *Social Psychology.* New York: Holt.
7. Ekman, P. 1972. "Universals and cultural differences in facial expressions of emotion." In J. Cole (ed.), *Nebraska Symposium on Motivation, 1971.* Lincoln, Neb.: University of Nebraska Press. See pages 207–83.
8. Johnson, H. G., Ekman, P. & Friesen, W. V. 1975. "Communicative body movements: American emblems." *Semiotica,* 15 (4): 335–53.
9. Joining me were my colleague Wally Friesen, my then wife, Diana Russell, and Neville Hoffman and his wife. During my first trip to New Guinea in 1967, Neville was just finishing his two-year term as the Australian doctor who worked at a hospital in the district station, where villagers would come if they were very sick. He was well liked and well known. He and his wife also knew Pidgin very well.
10. Ekman, P., Friesen, W. V., O'Sullivan, M., Chan, A., Diacoyanni-Tarlatzis, I., Heider, K., Krause, R., LeCompte, W. A., Pitcairn, T., Ricci-Bitti, P. E., Scherer, K. R., Tomita, M. & Tzavaras, A. 1987. "Universals and cultural

differences in the judgments of facial expressions of emotion." *Journal of Personality and Social Psychology,* 53: 712–17. Ekman, P. 1999. "Facial expressions." In T. Dalgleish & T. Power (eds.), *The Handbook of Cognition and Emotion.* Sussex, U.K.: John Wiley & Sons. See pages 301–20.

11. Karl was then married to the former roommate (Eleanor Rosch) of my then wife, Diana, and had heard through his wife, from my wife, about what I claimed to have found.

12. Ekman, "Universals and cultural differences in facial expressions of emotion."

13. Wierzbicka, A. 1999. *Emotions Across Languages and Cultures: Diversity and Universals.* Paris: Cambridge University Press.

14. Thompson, J. 1941. "Development of facial expression of emotion in blind and seeing children." *Archives of Psychology,* 37. Fulcher, J. S. 1942. "'Voluntary' facial expression in blind and seeing children." *Archives of Psychology,* 38. Eibl-Eibesfeldt, I. 1970. *Ethology, the Biology of Behavior.* New York: Holt, Reinhart and Winston. Galati, D., Scherer, K. R. & Ricci-Bitti, P. E. 1997. "Voluntary facial expression of emotion: Comparing congenitally blind with normally sighted encoders." *Journal of Personality and Social Psychology,* 73: 1363–79.

15. Ekman, P. & Friesen, W. V. 1978. *Facial Action Coding System: A Technique for the Measurement of Facial Movement.* Palo Alto, Calif.: Consulting Psychologists Press. An electronic second edition was published in 2002. Ekman, P. & Rosenberg, E. L. 1997. *What the Face Reveals: Basic and Applied Studies of Spontaneous Expression Using the Facial Action Coding System (FACS).* New York: Oxford University Press. Cohn, J. F., Zlochower, A., Lein, J. & Kanade, T. 1999. "Automated face analysis by feature point tracking has high concurrent validity with manual FACS coding." *Psychophysiology,* 36: 35–43. Bartlett, M. S., Viola, P. A., Sejnowski, T. J., Golomb, B. A., Larsen, J., Hager, J. C. & Ekman, P. 1996. "Classifying facial action." In D. Touretzky, M. Mozer, & M. Hasselmo (eds.), *Advances in Neural Information Processing Systems 8.* Cambridge, Mass.: MIT Press. See pages 823–29.

16. See a number of articles and books for further information: Levenson, R. W., Ekman, P., Heider, K. & Friesen, W. V. 1992. "Emotion and autonomic nervous system activity in the Minangkabau of West Sumatra." *Journal of Personality and Social Psychology,* 62: 972–88. Levenson, R. W., Carstensen, L. L., Friesen, W. V. & Ekman, P. 1991. "Emotion, physiology, and expression in old age." *Psychology and Aging,* 6: 28–35. Levenson, R. W., Ekman, P. & Friesen, W. V. 1990. "Voluntary facial action generates emotion-specific autonomic nervous system activity." *Psychophysiology,* 27: 363–84. Ekman, P., Levenson, R. W. & Friesen, W. V. 1983. "Autonomic nervous system activity distinguishes between emotions." *Science,* 221: 1208–10. Ekman, P. & Davidson, R. 1994. *The Nature of Emotion: Fundamental Questions.* New York: Oxford University Press. Ekman, P. & Davidson, R. J. 1993. "Voluntary smiling changes regional brain activity." *Psychological Science,* 4: 342–45. Davidson, R. J., Ekman, P., Saron, C., Senulis, J. & Friesen, W. V. 1990.

"Emotional expression and brain physiology I: Approach/withdrawal and cerebral asymmetry." *Journal of Personality and Social Psychology*, 58: 330–41. Ekman, P., Davidson, R. J. & Friesen, W. V. 1990. "Emotional expression and brain physiology II: The Duchenne smile." *Journal of Personality and Social Psychology*, 58: 342–53.

17. Ekman, P. 1985. *Telling Lies: Clues to Deceit in the Marketplace, Marriage, and Politics.* New York: W. W. Norton. A third edition was published by W. W. Norton in 2002. Ecoff, N. L., Ekman, P., Mage, J. J. & Frank, M. G. 2000. "Lie detection and language loss." *Nature,* 405: 139. Frank, M. G. & Ekman, P. (submitted). "Appearing truthful generalizes across different deception situations." Bugental, D. B., Shennum, W., Frank, M. & Ekman, P. 2000. "'True Lies': Children's abuse history and power attributions as influences on deception detection." In V. Manusov & J. H. Harvey (eds.), *Attribution, Communication Behavior, and Close Relationships.* Cambridge: Cambridge University Press. See pages 248–65. Ekman, P., O'Sullivan, M. & Frank, M. 1999. "A few can catch a liar." *Psychological Science,* 10: 263–66. Ekman, P. 1997. "Lying and Deception." In N. L. Stein, P. A. Ornstein, B. Tversky, & C. Brainerd (eds.), *Memory for Everyday and Emotional Events.* Hillsdale, N.J.: Lawrence Erlbaum Associates. See pages 333–47. Frank, M. G. & Ekman, P. 1997. "The ability to detect deceit generalizes across different types of high-stake lies." *Journal of Personality and Social Psychology,* 72: 1429–39.

18. The participants at this meeting were: Richard Davidson, Paul Ekman, Owen Flannagen, Daniel Goleman, Mark Greenberg, Thupten Jinpa, Matthieu Ricard, Jeanne Tsai, Francisco Varela, and B. Alan Wallace.

19. Thanks to the Mind Life Foundation for inviting me to participate in this meeting, especially to Adam Engle, Richard Davidson, and Dan Goleman.

20. LeDoux, J. E. 1996. *The Emotional Brain: The Mysterious Underpinnings of Emotional Life.* New York: Simon and Schuster. Pankssepp, J. 1998. *The Foundations of Human and Animal Emotions.* New York: Oxford University Press. Damasio, A. R. 1994. *Descartes' Error: Emotion, Reason and the Human Brain.* New York: Putnam. Rolls, E. T. 1999. *The Brain and Emotion.* New York: Oxford University Press.

第二章　情緒的產生

1. Unlike psychologists in other fields, those who study emotion recognize the importance of automatic processes, although a few emotion theorists still cling to the notion that we consciously decide when we will become emotional.

2. Goldie, P. 2000. *The Emotions.* Oxford: Oxford University Press. See page 47.

3. Boucher, J. D. & Brandt, M. E. 1981. "Judgment of emotion: American and Malay antecedents." *Journal of Cross-Cultural Psychology*, 12: 272–83.

4. Scherer, K. R., Wallbott, H. G. & Summerfield, A. B. (eds.) 1986. *Experiencing Emotion: A Cross-cultural Study.* Cambridge: Cambridge University

Press.

5. Richardson, P. J. & Boyd, R. 2002. "Culture is part of human biology: Why the superorganic concept serves the human sciences badly." In M. Goodman & A. S. Morrat (eds.), *Probing Human Origins.* Cambridge, Mass: American Academy of Arts and Sciences.

6. Ekman, P. & Friesen, W. V. 1975. *Unmasking the Face: A Guide to Recognizing Emotions from Facial Clues.* Upper Saddle River, N.J.: Prentice Hall.

7. Lazarus, R. 1991. *Emotion and Adaptation.* New York: Oxford.

8. This phrase is Magda Arnold's. Arnold, M. (ed.). 1970. *Feelings and Emotions.* New York: Academic Press. See chapter 12.

9. Levenson, R. W., Ekman, P., Heider, K. & Friesen, W. V. 1992. "Emotion and autonomic nervous system activity in the Minangkabau of West Sumatra." *Journal of Personality and Social Psychology,* 62: 972–88. Levenson, R. W., Carstensen, L. L., Friesen, W. V. & Ekman, P. 1991. "Emotion, physiology, and expression in old age." *Psychology and Aging,* 6: 28–35. Levenson, R. W., Ekman, P. & Friesen, W. V. 1990. "Voluntary facial action generates emotion-specific autonomic nervous system activity." *Psychophysiology,* 27: 363–84. Ekman, P., Levenson, R. W. & Friesen, W. V. 1983. "Autonomic nervous system activity distinguishes between emotions." *Science,* 221: 1208–10. Ax, A. F. 1953. "The physiological differentiation between fear and anger in humans." *Psychosomatic Medicine,* 15: 433–42.

10. Frijda, Lazarus, and Scherer all agree with this view. See Scherer, K. R., Schoor, A. & Johnstone, T. 2001. *Appraisal Processes in Emotion.* New York: Oxford University Press.

11. Ohman, A. 1993. "Fear and anxiety as emotional phemonena: Clinical phenomenology, evolutionary perspectives, and information processing." In M. Lewis & J. Haviland (eds.), *The Handbook of Emotions.* New York: The Guilford Press. See pages 511–36.

12. Note that not all scientists accept Ohman's interpretation of his findings. For a good review of the counter interpretations, see Mineka, S. & Cook, M. 1993. "Mechanisms involved in the observational conditioning of fear." *Journal of Experimental Psychology,* 122: 3–38.

13. Darwin, C. 1998. *The Expression of the Emotions in Man and Animals.* 3rd edition. New York: Oxford University Press. See page 43.

14. I am grateful to Toobey and Cosmides's writings about emotion for emphasizing this point. Cosmides, L. & Tooby, J. 2000. "Evolutionary psychology and the emotions." In M. Lewis and J. M. Haviland-Jones (eds.), *The Handbook of Emotions.* 2nd edition. New York: The Guilford Press. See pages 91–115.

15. Magda Arnold's concept of "affective memory" and how it operates is very similar, but she did not emphasize, as I do, that some of what is stored is given not learned.

16. Mayr, E. 1974. "Behavior programs and evolutionary strategies." *American Scientist,* 62: 650–59.

17. Frijda, N. H. 1986. *The Emotions.* Cambridge: Cambridge University Press. See page 277.
18. I am indebted to Phil Shaver for reminding me that Tom Scheff has treated this matter extensively in his book. Scheff, T. 1979. *Catharsis in Healing, Ritual, and Drama.* Berkeley, Calif.: University of California Press.
19. I am grateful to Nico Frijda for reminding me of this.
20. Ekman, P. & Friesen, W. V. 1978. *Facial Action Coding System: A Technique for the Measurement of Facial Movement.* Palo Alto, Calif.: Consulting Psychologists Press.
21. Levenson et al., "Emotion and autonomic nervous system activity in the Minangkabau of West Sumatra." Levenson et al., "Emotion, physiology, and expression in old age." Levenson, Ekman & Friesen, "Voluntary facial action generates emotion-specific autonomic nervous system activity." Ekman, Levenson & Friesen, "Autonomic nervous system activity distinguishes between emotions."
22. Ekman, P. & Davidson, R. 1994. *The Nature of Emotion: Fundamental Questions.* New York: Oxford University Press. For more detailed discussion, see the following articles: Ekman, P. & Davidson, R. J. 1993. "Voluntary smiling changes regional brain activity." *Psychological Science,* 4: 342–45. Davidson, R. J., Ekman, P., Saron, C., Senulis, J. & Friesen, W. V. 1990. "Emotional expression and brain physiology I: Approach/withdrawal and cerebral asymmetry." *Journal of Personality and Social Psychology,* 58: 330–41. Ekman, P., Davidson, R. J. & Friesen, W. V. (1990). "Emotional expression and brain physiology II: The Duchenne smile." *Journal of Personality and Social Psychology,* 58: 342–53.

第三章　改變情緒誘因的影響力

1. I am grateful to Peter Goldie for drawing my attention to this example described by David Hume.
2. My thinking on this issue was sharpened by the discussion of my ideas at a meeting with His Holiness, the Dalai Lama about destructive emotions in March 2000. See the recent book by Daniel Goleman about this meeting. 2003. *Destructive Emotions: How Can We Overcome Them?.* New York: Bantam Books. I am especially grateful to Alan Wallace for the problems he raised about my earlier formulation.
3. LeDoux, J. E. 1996. *The Emotional Brain: The Mysterious Underpinnings of Emotional Life.* New York: Simon and Schuster. See page 204.
4. Ibid. See page 146.
5. LeDoux notes that Donald Hebb first introduced this term in his book *The Organization of Behavior.* 1949. New York: John Wiley & Sons.
6. Davidson, R. J. Forthcoming. "Affective style, psychopathology and resilience: Brain mechanisms and plasticity." *American Psychologist.*

7. Ekman, P. & Davidson, R. (eds.). 1994. *The Nature of Emotion: Fundamental Questions*. New York: Oxford University Press.

8. Lazarus, R. 1991. *Emotion and Adaptation*. New York: Oxford University Press. Gross, J. J. 1998. "Antecedent- and response-focused emotion regulation: Divergent consequences for experience, expression and physiology." *Journal of Personality and Social Psychology,* 74: 224–37. Gross, J. J. 1998. "The emerging field of emotion regulation: An integrative review." *Review of General Psychology,* 2: 271–99.

9. For further discussion of this technique, see Gross, "The emerging field of emotion regulation."

10. Segal, Z. V., Williams, J. M. G. & Teasdale, J. D. 2002. *Mindfulness-based Cognitive Therapy for Depression: A New Approach to Preventing Relapse*. New York: The Guilford Press.

11. For a number of different views on mood and emotion, see chapter 2 in Ekman, P. and Davidson, R. J. (eds.). 1994. *The Nature of Emotion*.

12. I thank Jenny Beers for suggesting this to me.

第四章　情緒性行為

1. I am indebted here to Peter Goldie's discussion of this topic in his book *The Emotions*. 2000. New York: Oxford University Press. See page 113.

2. Ekman, P. 1985. *Telling Lies: Clues to Deceit in the Marketplace, Marriage, and Politics*. New York: W. W. Norton. The third edition was published by W. W. Norton in 2002.

3. Gottman J. M. & Levenson R. W. 1999. "How stable is marital interaction over time?" *Family Processes,* 38: 159–65.

4. For a discussion of Othello's error in the context of suspecting a lie, see my book *Telling Lies*.

5. Scherer, K., Johnstone, T. & Klasmeyer G. Forthcoming. "Vocal Expression of Emotion." In R. Davidson, H. Goldsmith & K. R. Scherer (eds.), *Handbook of Affective Science*. New York: Oxford University Press.

6. Ekman, P., O'Sullivan, M. & Frank, M. 1999. "A few can catch a liar." *Psychological Science,* 10: 263–66. Ekman, P. & O'Sullivan, M. 1991. "Who can catch a liar?" *American Psychologist,* 46: 913–20.

7. Banse, R. & Scherer, K. R. 1996. "Acoustic profiles in vocal emotion expression." *Journal of Personality and Social Psychology,* 70: 614–36.

8. Frijda's description of the actions that characterize each emotion includes what I have said and quite a bit more. I believe it is only these rudimentary, initial postural moves that are inbuilt, automatic, and universal.

9. Levenson, R. W., Ekman, P., Heider, K. & Friesen, W. V. 1992. "Emotion and autonomic nervous system activity in the Minangkabau of West Sumatra." *Journal of Personality and Social Psychology,* 62: 972–88. Levenson, R. W., Carstensen, L. L., Friesen, W. V. & Ekman, P. 1991. "Emotion, physiology, and expression in old age." *Psychology and Aging,* 6: 28–35. Levenson, R. W., Ekman, P. & Friesen, W. V. 1990. "Voluntary facial action generates emotion-

specific autonomic nervous system activity." *Psychophysiology,* 27: 363–84. Ekman, P., Levenson, R. W. & Friesen, W. V. 1983. "Autonomic nervous system activity distinguishes between emotions." *Science,* 221: 1208–10.

10. Stein, N. L., Ornstein, P. A., Tversky, B. & Brainerd, C. (eds.). 1997. *Memory for Everyday and Emotional Events.* Mahwah, N.J.: Lawrence Erlbaum Associates.

11. Davidson, R. J., Jackson, D. C. & Kalin, N. H. 2000. "Emotion, plasticity, context and regulations. Perspectives from affective neuroscience." *Psychological Bulletin,* 126: 890–906.

12. Gross describes front-end regulation, but he is not focusing on this involuntary, near-instantaneous regulation that Davidson proposes. Instead he is looking at more deliberately imposed attempts to reinterpret what is occurring. Gross, J. J. 1998. "Antecedent- and response-focused emotion regulation: Divergent consequences for experience, expression and physiology." *Journal of Personality and Social Psychology,* 74: 224–37. Gross, J. J. 1998. "The emerging field of emotion regulation: An integrative review." *Review of General Psychology,* 2: 271–99.

13. Greenberg, M. T. & Snell, J. L. 1997. "Brain development and emotional development: The role of teaching in organizing the frontal lobe." In P. Salovey & D. J. Sluyter (eds.), *Emotional Development and Emotional Intelligence.* New York: Basic Books.

14. Zajonc, R. B. 2001. "Emotion." In D. T. Gilbert, S. T. Fisk, & G. Lindzey. (eds.), *The Handbook of Social Psychology.* Vol. 1. 4th edition. Boston: McGraw-Hill. See pages 591–632.

15. It is more popular today to use connectionist models. I don't disagree with those formulations, but they are more difficult to understand, and for my purposes here I believe the computer metaphor of a program and instructions is more useful.

16. Mayr, E. 1974. "Behavior programs and evolutionary strategies." *American Scientist,* 62: 650–59.

17. I do not believe this is all apparent in the first day of life, but agree with the findings of Linda Camras and Harriet Oster that these emerge gradually as the infant develops. Camras, L., Oster, H., Campos, J., Miyake, K. & Bradshaw, D. 1992. "Japanese and American infants' responses to arm restraint." *Developmental Psychology,* 28: 578–82. Also, Rosenstein, D. & Oster, H. 1988. "Differential facial responses to four basic tastes in newborns." *Child Development,* 59: 1555–68.

18. Heim, C., Newport, D. J., Heit, S., Graham, Y. P., Wilcox, M., Bonsall, R., Miller, A. H. & Nemeroff, C. B. 2000. "Pituitary-adrenal and autonomic responses to stress in women after sexual and physical abuses in childhood." *Journal of the American Medical Association,* 284: 592–97.

19. Wallace, A. 1993. *Tibetan Buddhism, from the Ground Up.* Boston: Wisdom Publications. See page 103.

20. Ibid. See page 132.

21. Nigro, G. & Neisser, U. 1983. "Point of view in personal memories." *Cognitive Psychology,* 15: 467–82.

22. Langer, E. 2002. "Well-Being, Mindfulness versus Positive Evaluation." In C. R. Snyder & S. J. Lopez (eds.), *The Handbook of Positive Psychology*. New York: Oxford University Press.

23. Wyner, H. Unpublished. "The Defining Characteristics of the Healthy Human Mind."

24. I am grateful to Dan Goleman for suggesting this terminology to make clear my thinking about this.

25. Goldie, *The Emotions*. See page 65.

26. Schooler, J. W. 2001. "Discovering memories of abuse in light of meta-awareness." *Journal of Aggression, Maltreatment and Trauma*, 4: 105–36.

第五章　哀傷與悲痛

1. We used the word *distress* instead of *agony*, but subsequent research suggested that distress covers more than agony; there is a fear element as well. Ekman, P. & Friesen, W. V. 1975. *Unmasking the Face: A Guide to Recognizing Emotions from Facial Clues*. Upper Saddle River, N.J: Prentice Hall.

2. Rynearson, E. K. 1981. "Suicide internalized: An existential sequestrum." *American Journal of Psychiatry*, 138: 84–87.

3. Vingershoets, A. J. J. M., Cornelius, R. R., Van Heck, G. L. & Becht, M. C. 2000. "Adult crying: A model and review of the literature." *Review of General Psychology*, 4: 354.

4. Ekman, P., Matsumoto, D. & Friesen, W. V. 1997. "Facial expression in affective disorders." In P. Ekman & E. L. Rosenberg (eds.), *What the Face Reveals: Basic and Applied Studies of Spontaneous Expression Using the Facial Action Coding System (FACS)*. New York: Oxford University Press. My first research grant supported my studies of patients with mental disorders, but at that time I had no way to measure facial behavior and so focused simply on body movements. The results I described here were obtained twenty years later, after we had developed the Facial Action Coding System described in chapter 1. In the mid-1960s, influenced by Silvan Tomkins, and with the funding to do cross-cultural research, I left the study of psychiatric patients to focus on emotions themselves, rather than emotional disorders. When I turned away from studying mental patients, we had neither the tools nor the basic knowledge about emotion to do research on severely disturbed patients. Fortunately, a number of investigators, using our Facial Action Coding System and other tools for measuring patients' facial and vocal expressions, are now doing such work; a number of examples are reported in *What the Face Reveals*.

第六章　生氣

1. Sternberg, C. R., & Campos, J. J. 1990. "The development of anger expressions in infancy." In N. L. Stein, B. Leventhal, & T. Trabasso (eds.), *Psychological and Biological Approaches to Emotions*. Hillsdale, N.J.: Lawrence Erlbaum Associates. See pages 247–82.

2. Berkowitz, L. 1969. "The frustration-aggression hypothesis revisited." In L. Berkowitz (ed.), *Roots of Aggression*. New York: Atherton Press. See pages 1–28.

3. My daughter Eve asked His Holiness, the Dalai Lama why we get angry with those we love, and he offered this explanation.

4. For an interesting discussion of the costs from an evolutionary viewpoint, see McGuire, M. & Troisi, A. 1990. "Anger: An evolutionary view." In R. Plutchik & H. Kellerman (eds.), *Emotion, Psychopathology and Psychotherapy*. New York: Academic Press.

5. Joseph Campos, University of California, Berkeley, and Mark Greenberg, Pennsylvania State University. 2000. Personal communication.

6. Holden, C. 2000. "The violence of the lambs." *Science,* 289: 580–81.

7. Konner, M. 2001. *The Tangled Wing: Biological Constraints on the Human Spirit*. 2nd edition. New York: Henry Holt. See chapter 9.

8. For a discussion of the role of genetic inheritance and environment in aggressive behavior, see Plomin, R., Nitz, K. & Rowe, D. C. 1990. "Behavioral genetics and aggressive behavior in childhood." In M. Lewis & S. Miller (eds.), *Handbook of Developmental Psychopathology*. New York: Plenum. Also see Miles, D. R. & Carey, G. 1997. "Genetic and environmental architecture of human aggression." *Journal of Personality and Social Psychology,* 72: 207–17.

9. Dalai Lama. Personal communication, 2001. See also Goleman, D. 2003. *Destructive Emotions: How Can We Overcome Them?*. New York: Bantam Books.

10. Tavris, C. 1989. *Anger: The Misunderstood Emotion*. New York: Touchstone Books.

11. Ibid. See pages 125–27.

12. McGuire and Troisi, "Anger."

13. Lemerise, E. & Dodge, K. 2000. "The development of anger and hostile interactions." In M. Lewis & J. Haviland-Jones (eds.), *Handbook of Emotions*. 2nd edition. New York: The Guilford Press. See pages 594–606.

14. McGuire and Troisi, "Anger."

15. Gottman, J. M. & Levenson, R. W. 1999. "How stable is marital interaction over time?" *Family Processes,* 38: 159–65.

16. Lazarus, R. 1991. *Emotion and Adaptation*. New York: Oxford University Press.

17. Goleman, *Destructive Emotions*.

18. See Izard, C. 1972. *Patterns of Emotions*. San Diego, Calif.: Academic Press. On depression and anger, see Harmon-Jones, E. "Individual differences in anterior brain activity and anger: Examining the roles of attitude toward anger and depression." Under review.

19. Harmon-Jones, "Individual differences."

20. Chesney, M. A., Ekman, P., Friesen, W. V., Black, G. W. & Hecker, M. H. L. 1990. "Type A behavior pattern: Facial behavior and speech components." *Psychosomatic Medicine,* 53: 307–19.

21. Rosenberg, E. L., Ekman, P., Jiang, W., Babyak, M., Coleman, R. E., Han-

son, M., O'Connor, C., Waugh, R. & Blumenthal, J. A. 2001. "Linkages between facial expressions of emotion in transient myocardial ischemia." *Emotion*, 1: 107–15. Rosenberg, E. L., Ekman, P. & Blumenthal, J. A. 1998. "Facial expression and the affective component of cynical hostility." *Health Psychology*, 17: 376–80.

22. Barefoot, J. C., Dahlstrom, W. G. & Williams, R. B. 1983. "Hostility, CHD incidence, and total mortality: A 25-year follow-up study of 255 physicians." *Psychosomatic Medicine*, 45: 59–63. Williams, R. B., Haney, L. T., Lee, K. L., Kong, Y., Blumenthal, J. & Whalen, R. 1980. "Type A behavior, hostility, and coronary atherosclerosis." *Psychosomatic Medicine*, 42: 539–49. Ironson, B., Taylor, C. B., Boltwood, M., Bartzokis, T., Dennis, C., Chesney, M., Spitzer, S. & Segall, G. M. 1992. "Effects of anger on left ventricular ejection fraction in coronary artery disease." *American Journal of Cardiology*, 70: 281–85. Mittleman, M. A., Maclure, M., Sherwood, J. B., Mulry, R. P., Tofler, G. H., Jacobs, S. C., Friedman, R., Benson, H. & Muller, J. E. 1995. "Triggering of acute myocardial onset by episodes: Determinants of myocardial infarction onset study investigators." *Circulation*, 92: 1720–25. Rosenberg, "Linkages."

23. Ekman, P. 1979. "About brows: Emotional and conversational signals." In M. von Cranach, K. Foppa, W. Lepenies, & D. Ploog (eds.), *Human Ethology*. New York: Cambridge University Press. See pages 169–248.

24. See Helena Cronin's excellent book, *The Ant and the Peacock: Altruism and Sexual Selection from Darwin to Today*. 1991. New York: Cambridge University Press.

25. Correctional Service of Canada report, as cited by Gayla Swihart, John Yuille, & Stephen Porter in *The Role of State-Dependent Memory in "Red-Outs."*

26. Laura Helmuth's report of the findings of University of New Hampshire sociologist Murray Straus in Helmuth, L. 2000. "Has America's tide of violence receded for good?" *Science*, 289: 585.

27. Davidson, R. J., Putnam, K. M. & Larson, C. L. 2000. "Dysfunction in the neural circuitry of emotion regulation—a possible prelude to violence." *Science*, 289: 591–94.

28. Raine, A. 1970. "Antisocial behavior in psychophysiology: A biosocial perceptual and a prefrontal dysfunction hypothesis." In D. M. Stoff, J. Breiling, & J. D. Maser (eds.), *The Handbook of Antisocial Behavior*. New York: John Wiley & Sons. See pages 289–303.

29. See Michael Rutter's discussion of findings by other investigators on adolescent-limited and adolescent-onset delinquency in the introduction to his *Genetics of Criminal and Antisocial Behavior*. 1996. New York: John Wiley & Sons.

30. American Psychiatric Association. 1994. "Intermittent explosive disorder." In *Diagnostic and Statistical Manual of Mental Disorders: DSM-IV*. Washington, D.C.: American Psychiatric Association. See pages 627–30.

31. For overviews on many of these issues, see the special section in the July 28, 2000, *Science* magazine [289 (28): 569–94]. Also for a good compilation of

different approaches to antisocial behavior, see Stoff, D. M., Breiling, J. & Maser, J. D. 1997. *The Handbook of Antisocial Behavior.* New York: John Wiley & Sons.

32. See Peter Goldie's interesting paper, "Compassion: A natural moral emotion." Forthcoming. In *Deutsche Zeitschrift fur Philosophie.*

第七章　驚訝與害怕

1. Ekman, P., Friesen, W. V. & Simons, R. C. 1985. "Is the startle reaction an emotion?" *Journal of Personality and Social Psychology,* 49(5): 1416–26.

2. Levenson, R. W., Ekman, P., Heider, K. & Friesen, W. V. 1992. "Emotion and autonomic nervous system activity in the Minangkabau of West Sumatra." *Journal of Personality and Social Psychology,* 62: 972–88. Levenson, R. W., Carstensen, L. L., Friesen, W. V. & Ekman, P. 1991. "Emotion, physiology, and expression in old age." *Psychology and Aging,* 6: 28–35. Levenson, R. W., Ekman, P. & Friesen, W. V. 1990. "Voluntary facial action generates emotion-specific autonomic nervous system activity." *Psychophysiology,* 27: 363–84. Ekman, P., Levenson, R. W. & Friesen, W. V. 1983. "Autonomic nervous system activity distinguishes between emotions." *Science,* 221: 1208–10.

3. This would be predicted by psychologist Leonard Berkowitz's theory, in which he maintains that the aversive events can result in either anger or fear, depending upon situational influences, prior learning, and inherited dispositions. Berkowitz, L. 1999. "Disgust: The body and soul emotion." In T. Dalglish & M. J. Power (eds.), *Handbook of Cognition and Emotion.* Chichester, U.K.: John Wiley & Sons. See pages 429–46.

4. I rely here on Rhudy and Meagher's study of fear and anxiety, although I am imposing my own terminology in describing their findings, and the findings of others they report. Rhudy, J. L. & Meagher, M. W. 2000. "Fear and anxiety: Divergent effects on human pain thresholds." *Pain,* 84: 65–75.

5. Ibid.

6. Schmidt, L. A. & Fox, N. A. 1999. "Conceptual, biological and behavioral distinctions among different categories of shy children." In L. A. Schmidt & J. Sculkin (eds.), *Extreme Fear, Shyness, and Social Phobia: Origins, Biological Mechanisms, and Clinical Outcomes.* New York: Oxford University Press. See pages 47–66.

7. Ibid.

8. Kagan, J. 1999. "The concept of behavioral inhibition." In ibid. See pages 3–13.

9. Crozier, W. R. 1999. "Individual differences in childhood shyness: Distinguishing fearful and self-conscious shyness." Schmidt & Fox, "Conceptual, biological and behavioral distinctions." See pages 14–29 and 47–66.

10. I draw heavily here on Ohman's very interesting chapter. Ohman, A. 2000. "Fear and anxiety: Evolutionary, cognitive, and clinical perspectives." In M. Lewis & J. Haviland-Jones (eds.), *The Handbook of Emotions.* 2nd edition. New York: The Guilford Press. See pages 573–93.

11. See my discussion in Ekman, P. 1985. *Telling Lies*. New York: W. W. Norton. The third edition was published by W. W. Norton in 2001.

第八章　嫌惡和輕蔑

1. Ekman, P. & Friesen, W. V. 1975. *Unmasking the Face: A Guide to Recognizing Emotions from Facial Clues*. Upper Saddle River, N.J.: Prentice Hall. See pages 66–67.
2. As quoted by Miller, W. I. 1997. *The Anatomy of Disgust*. Cambridge, Mass.: Harvard University Press. See page 97.
3. Ibid. See page 22.
4. Ibid. See page 118.
5. Rozin, P., Haidt, J. & McCauley, C. R. 1999. "Disgust: The body and soul emotion." In T. Dalglish & M. J. Power (eds.), *Handbook of Cognition and Emotion*. Chichester, U. K.: John Wiley & Sons. See page 435.
6. The percentages don't add up to 100 percent because there were some unclassified responses.
7. Gottman, J. M. & Levenson, R. W. 1999. "How stable is marital interaction over time?" *Family Processes,* 38: 159–65. Gottman, J., Woodin, E. & Levenson, R. 2001. "Facial expressions during marital conflict." *Journal of Family Communication,* 1: 37–57.
8. Miller, *The Anatomy of Disgust*. See pages 133–34.
9. Ibid. See pages 137–38.
10. Nussbaum, M. C. 2000. "Secret sewers of vice: Disgust, bodies and the law." In S. Bandes (ed.), *The Passions of Law*. New York: New York University Press. See pages 19–62.
11. Ibid. See page 44.
12. Ibid. See page 47.
13. Ibid.
14. Levenson, R. W. & Reuf, A. M. 1997. "Physiological aspects of emotional knowledge and rapport." In W. J. Icles (ed.), *Empathic Accuracy*. New York: The Guilford Press. See pages 44–47.
15. Ekman, P. & Friesen, W. V. 1975. *Unmasking the Face*. See page 67.
16. Miller, *The Anatomy of Disgust*. See page 207.
17. Ibid. See page 221.
18. Phillips, M. L., Senior, C., Fahy, T. & David, A. S. 1998. "Disgust—the forgotten emotion of psychiatry." *British Journal of Psychology,* 172: 373–75.

第九章　愉快的情緒

1. Buell, H. (ed.). 1999. *Moments*. New York: Black Dog and Leventhal. See page 108.
2. See, for example, Synder, C. R. & Lopez, S. J. (eds.). 2002. *The Handbook of Positive Psychology*. New York: Oxford University Press. For a critique of this work, see R. Lazarus. Forthcoming. "Does the positivity movement have legs?" *Psychological Inquiry.*

3. Fredrickson, B. L. & Branigan, C. 2001. "Positive emotions." In T. J. Mayne & G. A. Bonanno (eds.), *Emotions: Current Issues and Future Directions*. New York: The Guilford Press. See pages 123–51.

4. For discussion of humor, see Ruch. W. & Ekman, P. 2001. "The expressive pattern of laughter." In A. W. Kaszniak (ed.), *Emotion, Qualia, and Consciousness*. Tokyo: Word Scientific Publisher. See pages 426–43. Also see Bachorowski, J. & Owren, M. J. 2001. "Not all laughs are alike: Voiced but not voiced laughter readily elicits positive affect." *Psychological Science,* 12: 252–57.

5. Ekman, P. 1992. "An argument for basic emotions." *Cognition and Emotion,* 6: 169–200.

6. Keltner, D. & Haidt, J. Forthcoming. "Approaching awe, a moral, aesthetic, and spiritual emotion." *Cognition and Emotion.*

7. Thanks to Paul Kaufman, who noted I had left out this emotion.

8. I consulted another Italian expert on emotion, Pio Ricci Bitti, who confirms that *fiero* is probably the best word for what I am describing, although he mentions an alternative word, *appagato*. I chose fiero because the sound of it seems to fit better with the experience. But the word itself doesn't matter; what matters is to specify another different type of enjoyment.

9. Lewis, M. 2000. "Self-conscious emotions." In M. Lewis & J. Haviland-Jones (eds.), *The Handbook of Emotions*. 2nd edition. New York: The Guilford Press.

10. Rosten, L. 1968. *The Joys of Yiddish*. New York: Pocket Books. See page 257.

11. Ibid.

12. Haidt, J. 2000. "The positive emotion of elevation." *Prevention and Treatment,* 3.

13. Lazarus, R. & Lazarus, B. N. 2001. "The emotion of gratitude." Paper presented at a meeting of the American Psychological Association, San Francisco, Calif.

14. Smith, R. H., Turner, T. J., Garonzik, R., Leach, C. W., Vuch-Druskat, V. & Weston, C. M. 1996. "Envy and *Schadenfreude.*" *Personality and Social Psychology Bulletin,* 22: 158–68, Brigham, N. L., Kelso, K. A., Jackson, M. A. & Smith, R. H. 1997. "The roles of invidious comparison and deservingness in sympathy and *Schadenfreude.*" *Basic and Applied Social Psychology,* 19: 363–80.

15. Thanks to Jenny Beer for bringing this to my attention.

16. For a very interesting treatment of love, see Solomon, R. C. 1988. *About Love*. New York: Simon & Schuster. For a recent review of research on romantic love, which considers it to be an emotion, see Hatfield, E. & Rapson, R. J. 2000. "Love and attachment processes." In Lewis and Haviland-Jones, *The Handbook of Emotions.*

17. See the following articles: Diener, E. 2000. "Subjective well-being: The science of happiness and a proposal for a national index." *American Psychologist,* 55: 34–43; Myer, D. G. 2000. "The funds, friends, and faith of happy peo-

ple." *American Psychologist,* 55: 56–67.

18. For review of this and related research, see Averill, J. R. & More, T. A. 2000. "Happiness." In Lewis and Haviland-Jones, *The Handbook of Emotions.* See pages 663–76.

19. Ibid.

20. Peterson, C. 2000. "The future of optimism." *American Psychologist,* 55: 44–55.

21. For a recent review and new findings, see Danner, D. D., Snowdon, D. A. & Friesen, W. V. 2001. "Positive emotions in early life and longevity: Findings from the nun study." *Journal of Personality and Social Psychology,* 80: 804–13.

22. Peterson, "The future of optimism."

23. Ibid. See page 49.

24. Ekman, P. 1992. "An argument for basic emotions." *Cognition and Emotion,* 6: 169–200.

25. Frank, M. G., Ekman, P. & Friesen, W. V. 1993. "Behavioral markers and recognizability of the smile of enjoyment." *Journal of Personality and Social Psychology,* 64: 83–93. Frank, M. G. & Ekman, P. 1993. "Not all smiles are created equal: The differentiation between enjoyment and non-enjoyment smiles." *Humor,* 6: 9–26.

26. Duchenne de Boulogne, G. B. 1990. *The Mechanism of Human Facial Expression.* Translated and edited by A. Cuthbertson. New York: Cambridge University Press. (Original publication 1862.)

27. Ibid. See page 72.

28. Ekman, P., Roper, G. & Hager, J. C. 1980. "Deliberate facial movement." *Child Development,* 51: 886–91.

29. Darwin, C. 1998. *The Expression of the Emotions in Man and Animals.* 3rd edition. New York: Oxford University Press.

30. Ekman, P. & Friesen, W. V. 1982. "Felt, false and miserable smiles." *Journal of Nonverbal Behavior,* 6(4): 238–52.

31. Fox, N. A. & Davidson, R. J. 1987. "Electroencephalogram asymmetry in response to the approach of a stranger and maternal separation in 10-month-old children." *Developmental Psychology,* 23: 233–40.

32. John Gottman, University of Washington, Seattle. 2000. Personal communication.

33. Keltner, D. & Bonanno, G. A. 1997. "A study of laughter and dissociation: Distinct correlates of laughter and smiling during bereavement." *Journal of Personality and Social Psychology,* 4: 687–702.

34. Harker, L. & Keltner, D. 2001. "Expressions of positive emotion in women's college yearbook pictures and their relationship to personality and life outcome across adulthood." *Journal of Personality and Social Psychology,* 80: 112–24.

35. Konow, James D. & Earley, Joseph E., as reported in *The New York Times,* May 19, 2001, page 17.

36. Ekman, P., Davidson, R. J. & Friesen, W, V, 1990. "Emotional expression and brain physiology II: The Duchenne smile." *Journal of Personality and*

Social Psychology, 58: 342–53.

37. Ekman, P. 1985. *Telling Lies: Clues to Deceit in the Marketplace, Marriage, and Politics.* New York: W. W. Norton. See page 153.

第十章 謊言與情緒

1. Ekman, P. and Friesen, W.F. "Nonverbal Leakage and Clues to Deception. Psychiatry, 1969, 32,88–105.

2. Haggard, Ernest A. and Isaacs, Kenneth S. 1966. "Micro-momentary Facial Expressions as Indicators of Ego Mechanisms in Psychotherapy." In Louis A. Gottschalk & Arthur H. Auerbach (eds.), *Methods of Research in Psychotherapy.* New York: Appleton-Century-Crofts.

3. I am grateful to Mardi J. Horowitz, MD, for providing the opportunity to examine interviews with patients who had repressed specific emotions.

4. Dean, John. 1976. *Blind Ambition.* New York: Simon & Shuster.

5. Ekman, P. 1985. *Telling Lies: Clues to Deceit in the Marketplace, Marriage, and Politics.* New York: W. W. Norton. The third edition was published by W. W. Norton in 2002.

6. Porter, S., Yuille, J.C., and Birt, A. 2001. "The Discrimination of Deceptive, Mistaken, and Truthful Witness Testimony." In R. Roesch, R. R. Corrado, and R. Dempster (eds.), *Psychology in the Courts: International Advances in Knowledge.* New York: Routledge.

7. Duchenne de Boulogne, G. B. 1990. *The Mechanism of Human Facial Expression.* Translated and edited by A. Cuthbertson. New York: Cambridge University Press. (Original publication 1862.)

8. Mark Frank, PhD, Associate Professor, Communications Department, State University of New York, Buffalo.

9. Gladwell, Malcolm. 2005. *Blink: The Power of Thinking Without Thinking.* New York: Little, Brown.

10. Kassin, S.M. & Fong, C.T. 1999. "I'm Innocent!: Effects of Training on Judgments of Truth and Deception in the Interrogation Room." *Law & Human Behavior,* 23: 499–516.

結論 與情緒共處

1. For other work on what I have called emotional profiles, see Hemenover, S. H. Forthcoming. "Individual differences in mood course and mood change: Studies in affective chronometry." *Journal of Personality and Social Psychology;* and Davidson, R. J. 1998. "Affective style and affective disorders." *Cognition and Emotion,* 12: 307–30.

2. For work on shame, see Scheff, T. 2000. "Shame and the social bond." *Sociological Theory,* 18: 84–98; also Smith, R. 2002. "The role of public exposure in moral and nonmoral shame and guilt." *Journal of Personality and Social Psychology,* 83(1): 138–59. On embarrassment, see Rowland, S. & Miller, I. 1992. "The nature and severity of self-reported embarrassing circum-

stances." *Personality and Social Psychology Bulletin,* 18(2): 190–98.

3. Keltner, D. 1995. "Signs of appeasement: Evidence for the distinct displays of embarrassment, amusement, and shame." *Journal of Personality and Social Psychology,* 68: 441–54. See my chapter challenging these findings in Ekman, P. 1997. "Conclusion: What we have learned by measuring facial behavior." In P. Ekman & E. L. Rosenberg (eds.), *What the Face Reveals.* New York: Oxford University Press. See pages 469–95.

4. To learn more about envy, see Salovey, P. (ed.). 1991. *The Psychology of Jealousy and Envy.* New York: The Guilford Press. Also see chapter 10 in the fascinating book by Ben Ze'ev, A. 2000. *The Subtlety of Emotions.* Cambridge, Mass.: MIT Press.

5. Davidson, R. J., Scherer, K. R. & Goldsmith, H. H. 2003. *Handbook of Affective Sciences.* New York: Oxford University Press.

後記

1. Goleman, D. 2003. *Destructive Emotions: How Can We Overcome Them?* New York: Bantam Books.

2. There has been virtually no research as yet on this matter. I base what I have said on talking to people who, from my personal experience, have impulse awareness. They report that it is not always possible for them.

3. I talked with Richard J. Davidson, a professor at the University of Wisconsin, and with His Holiness the Dalai Lama.

4. Bennett-Goleman, T. & the Dalai Lama. 2002. *Emotional Alchemy: How the Mind Can Heal the Heart.* New York: Three Rivers Press. Wallace, A. & Quirolo, L. (eds.). 2001. *Buddhism with an Attitude.* Ithaca, N.Y.: Snow Lion Publications. Kabat-Zinn, J. 1995. *Wherever You Go There You Are: Mindfulness Meditation in Everyday Life.* New York: Hyperion.

5. Ekman, P. 1985. *Telling Lies: Clues to Deceit in the Marketplace, Marriage, and Politics.* New York: W. W. Norton. The third edition was published by W. W. Norton in 2002.

6. Ekman, P. In preparation. *Reading Faces.* Princeton, N.J.: Educational Testing Service.

附錄一　表情判讀測驗

1. Bugental, D. B., Shennum, W., Frank, M. & Ekman, P. 2000. " 'True Lies': Children's abuse history and power attributions as influences on deception detection." In V. Manusov & J. H. Harvey (eds.), *Attribution, Communication Behavior, and Close Relationships.* Cambridge: Cambridge University Press. See pages 248–65.

2. Ekman, P., O'Sullivan, M. & Frank, M. 1999. "A few can catch a liar." *Psychological Science,* 10: 263–66. Ekman, P. & O'Sullivan, M. 1991. "Who can catch a liar?" *American Psychologist,* 46: 913–20.

圖片來源

第 49 頁：From *The Face of Man: Expressions of Universal Emotions in a New Guinea Village*. Copyright © 1980 Paul Ekman.

第 49 頁：From *The Face of Man: Expressions of Universal Emotions in a New Guinea Village*. Copyright © 1980 Paul Ekman.

第 121 頁：Bettye Shirley at press conference. Copyright © 1974 Associated Press. Reprinted by permission of AP/Wide World Photos.

第 127 頁：Refugee camp in Tuzla, Bosnia. Copyright © 1995 Luc Delahaye/Magnum Photos. Reprinted by permission.

第 137 頁：From *The Face of Man: Expressions of Universal Emotions in a New Guinea Village*. Copyright © 1980 Paul Ekman.

第 149 頁：Canadian demonstrators become violent. Copyright © Corbis/Bettman. Reprinted by permission.

第 155 頁：Maxine Kenny being restrained in courtroom. Copyright © 1998 Jay Racz/The Press-Enterprise. Reprinted by permission.

第 175 頁：From *The Face of Man: Expressions of Universal Emotions in a New Guinea Village*. Copyright © 1980 Paul Ekman.

第 186 頁：The fall. Copyright © 1979 Louis Liotta/*New York Post*. Reprinted by permission.

第 189 頁：Bus accident in Surabaya, East Java. Copyright © 1996 Jawa Pos Daily. Reprinted by permission.

第 200 頁：Accident at the roller derby. Copyright © 1973 Gene Kappock/*New York Daily News*. Reprinted by permission.

第 200 頁：Jack Ruby shoots Kennedy assassin Lee Harvey Oswald. Copyright © 1963 Robert H. Jackson/*Dallas Times-Herald*. Reprinted by permission.

第 210 頁：From *The Face of Man: Expressions of Universal Emotions in a New Guinea Village*. Copyright © 1980 Paul Ekman.

第 229 頁：Stirm family reunion. Copyright © 1973 Slava Veder/Associated Press. Reprinted by permission of AP/Wide World Photos.

第 235 頁：Jennifer Capriati displays *fiero*. Copyright © 2001 Clive Brunskill/Allsport. Reprinted by permission of Getty Images.

第 244 頁：(Duchenne) Page 209: From The Face of Man: Expressions of Universal Emotions in a New Guinea Village. Copyright © 1980 Paul Ekman.

第 248 頁：From *The Face of Man: Expressions of Universal Emotions in a New Guinea Village*. Copyright © 1980 Paul Ekman.

第 249 頁：Ronald Reagan at the NAACP. Copyright © 1981 Associated Press. Reprinted by permission of AP/Wide World Photos.

第 250 頁：Richard Nixon says farewell. Copyright © 1974 Associated Press. Reprinted by permission of AP/Wide World Photos.

All other photos: Copyright © 2003 Paul Ekman

延伸閱讀

《憂鬱的醫生，想飛：王浩威醫師的情緒門診 2》（2013），
王浩威，心靈工坊。

《不被情緒綁架：擺脫你的慣性與恐懼》（2012），佩瑪・丘
卓（Pema Chodron），心靈工坊。

《生命的 12 堂情緒課：王浩威醫師的情緒門診》（2012），
王浩威，心靈工坊。

《是情緒糟，不是你很糟：穿透憂鬱的內觀力量》（2010），
馬克・威廉斯（Mark Williams, PhD）、約翰・蒂斯岱（John
Teasdale, PhD）、辛德・西格爾（Zindel Segal, PhD）、喬・卡巴
金（Jon Kabat-Zinn, PhD），心靈工坊。

《說謊：揭穿商場、政治、婚姻的騙局》（2005），保羅・艾
克曼（Paul Ekman），心靈工坊。

《解密陌生人：顛覆識人慣性，看穿表相下的真實人性》
（2020），麥爾坎・葛拉威爾（Malcolm Gladwell），時報出版。

《情緒跟你以為的不一樣——科學證據揭露喜怒哀樂如何生
成》（2020），麗莎・費德曼・巴瑞特博士（Lisa Feldman Barrett,
Ph.D.），商周出版。

《感官之旅》（2018），黛安・艾克曼（Diane Ackerman），
時報出版。

Holistic 145

心理學家的面相術：解讀情緒的密碼【全新增訂版】
Emotions Revealed, Second Edition
Recognizing Faces and Feelings to Improve Communication and Emotional Life
保羅‧艾克曼（Paul Ekman）—著　易之新—譯

出版者—心靈工坊文化事業股份有限公司
發行人—王浩威　總編輯—徐嘉俊
特約編輯—王郁兮　責任編輯—饒美君
封面設計—陳恩安　全書版型設計與排版—李宜芝
通訊地址—10684台北市大安區信義路四段53巷8號2樓
郵政劃撥—19546215　戶名—心靈工坊文化事業股份有限公司
電話—02）2702-9186　傳真—02）2702-9286
Email—service@psygarden.com.tw　網址—www.psygarden.com.tw
製版‧印刷—中茂製版印刷股份有限公司
總經銷—大和書報圖書股份有限公司
電話—02）8990-2588　傳真—02）2290-1658

通訊地址—248新北市五股工業區五工五路二號
二版一刷—2021年8月　ISBN—978-986-357-216-9　定價—480元

國家圖書館出版品預行編目資料

心理學家的面相術：解讀情緒的密碼【全新增訂版】/保羅.艾克曼(Paul Ekman)作；易之新譯. -- 二版.
-- 臺北市：心靈工坊文化事業股份有限公司, 2021.08
　面；　公分. -- (Holistic ; 145)
譯自：Emotions Revealed, Second Edition : Recognizing Faces and Feelings to Improve Communication and Emotional Life
ISBN 978-986-357-216-9(平裝)

1.情緒　2.人際關係

176.5　　　　　　　　　　　　　　　　　　　　　　110012744